秘书业务知识丛书

秘书理论与实务

（第二版）

朱传忠　叶　明 主编

《秘书业务知识丛书》编委会

目　　录

第一章　秘书学概述

在我国，秘书工作古已有之，源远流长，已有四千多年的历史。作为研究秘书工作规律的秘书学，还是一门年轻的学科，诚如杨尚昆同志所指出的，"确立中国社会主义秘书学的理论体系，是一个甚为艰巨的任务"①，还需要我们作出坚持不懈的努力，去不断地探索和发展。本章仅就秘书学研究中的一些基本问题，作简明扼要的介绍。

第一节　秘书、秘书工作与秘书学

对于秘书、秘书工作涵义的界定，是秘书学研究的起点。任何学科研究的首要任务，是界定并阐释其研究对象的基本概念。

一、秘书的涵义

秘书，是一种职务名称，指处于枢纽地位，主要以办文、办会、办事来辅助决策并服务于领导的人员，是领导的参谋和助手。

---

①　徐瑞新、安成信主编：《中国秘书理论与实践》丛书总序，高等教育出版社 1993 年版。

尽管学术界对“秘书”的定义众说纷纭，尚无定论。但我们认为，上述涵义，简要地表述了秘书的职责、地位和作用，对现代秘书可以有一个较为完整的科学的认识。

（一）秘书，是秘书职务的统称。所谓“职务”，《现代汉语词典》释义为“工作中所规定担任的事情”。以从事的工作，担负的职责来界定秘书，符合当前国内的实际。我国没有评定秘书的专业职称，因而，秘书的称谓与分类不一。纵向的秘书层次划分，主要以行政职级来确定，诸如秘书长、办公厅（室）主任、秘书处长、科长、科员、秘书，等等；横向的秘书分类，主要以其工作职责来确定，诸如党委秘书、行政秘书、机要秘书、文字秘书、生活秘书、外事秘书，等等。近些年来，还出现由私人出资聘用的私人秘书。社会主义市场经济体制的建立，必将加速秘书的社会职业化，“它不从属于任何一行业，但又为任何一行业所必需。有三百六十行，就有三百六十行的秘书”①。因而，以“工作中所规定担任的事情”来说明秘书，更切合实际。

（二）秘书处于枢纽地位，这就指明了秘书在机关、团体、企事业单位（本书所述的企业，包括国有企业、集体企业、“三资”企业以及私人企业）中，是处于承上启下、沟通左右、联系内外的关键部位。秘书贴近领导中枢，直接为领导层与领导者服务。这种特殊地位区别于同样服务于领导的各职能部门的人员。

（三）秘书服务于领导的主要工作内容，是办文、办会、办事。这是办公室程序性的工作，符合秘书工作的实际，也为学术界所认同。秘书是在办文、办会、办事的过程中辅助领导决策与管理，为领导既提供参谋性服务，也提供事务性服务，两者是辩证的统一，不是截然分离的。

---

① 光积昌、汲典编译：《现代社会的第361行——秘书》。

(四)辅助决策,指明了秘书服务的本质带有辅助性。秘书不是领导,没有决策或参与决策的权力,他们只能在领导决策的过程中提供辅助性的服务。必须说明,所谓决策,包括了决策的制定与决策的实施。因为人们的社会实践是连续地进行的,决策的制定与决策的实施,也是相互渗透、交替进行,既是两个不同的阶段,又是一个统一的、完整的决策过程。

(五)领导的参谋和助手。既是秘书的基本职责,也反映了秘书和秘书工作所起的主要作用,即参谋助手作用。对此,将在本书第三章加以阐述。

从上述对于秘书涵义的分析中,可以看出,这个定义和劳动与社会保障部 2003 年制定的《秘书国家职业标准》中对“秘书”的阐述:“从事办公室程序性工作,协助上司处理政务及日常事务,并为决策及实施提供服务的人员”是一致的。

“秘书”的涵义,有一个由物及人的演变过程。

“秘书”一词,由来已久。在我国,最早出现“秘书”一词,当在汉代。《汉书》中有多处叙及:“光禄大夫刘向校中秘书”(《汉书·成帝纪》),“诏向领校中五经秘书”(《汉书·刘向传》),“及歆校秘书,见古文春秋左氏传,歆大好之”(《汉书·刘歆传》),“游博学有俊材,……与刘向校秘书”(《汉书·叙传》)。《汉书》所述秘书,皆指宫禁之秘籍。可见,“秘书”起始是指物而不是指人。嗣后,逐渐由物及人。东汉桓帝时,设“秘书监”,既是官署,也是官职,职掌典籍,其职位相当于皇家的图书馆长。至曹魏,曾置“秘书令”,“典尚书奏事”(《文献通考》),始掌机要,但为时极短,曹丕称帝,即改为中书令。魏晋南北朝时,有秘书丞、秘书郎,仍是掌管典籍的官员。隋唐均置秘书省“典司经籍”(《隋书·百官志》),“掌邦国经籍图书之事”(《旧唐书·职官二》)。唐设“秘书郎”,分掌“经、史、子、集”。综观中国古代冠以秘书的官署与官员,一般多指掌经史图籍的机构与官吏,与现代秘书的涵义不同。在古代,从事秘书工作(以文书工作为主要标志)的官吏,名目繁多,且不断更迭,诸如中书令、中书舍人、翰林学士、翰林供奉、掌书记、主簿、录事、书吏、文案、押司、稿案师等,一般都不用"秘书"称谓。

"秘书"一词比较接近于现代秘书的涵义,始于辛亥革命后。孙中山先生创建的南京临时政府,仿照欧美国家的行政体制,实行总统制。总统府下设秘书处,临时政府各部设承政厅(相当于现在的办公厅),各省都督府设秘书员。秘书处与承政厅均设秘书长、秘书等,秘书工作的体制与工作职责大体与现代秘书相近。

在国外,尤其在西方发达国家,秘书是一种走俏的带有激烈竞争性的社会职业。美国的高等秘书学校和设秘书专业或开设秘书课程的高等院校有一千三百多所。国际职业秘书组织是以欧美发达国家为主的跨国秘书组织,它给秘书所下的定义是"具有熟练的办公室工作能力,不需上级敦促即能主动负责、积极进取、干练果断、能在授权范围内作正确决定的经理助手"(严华编译《韦氏秘书手册》)。这大致上反映了国外秘书的职能作用,也说明了我国现代秘书的职责与国外有其基本相通之处。

二、秘书工作与秘书学

秘书工作,是指协助领导决策与管理所进行的各项辅助性工作。这一定义反映了秘书工作与领导活动的关系,准确地指明了秘书工作的辅助性这一本质特征。

秘书工作总是围绕着领导活动的全过程进行的,有领导活动,就有为领导服务的秘书工作。领导,是指引和影响社会组织实现特定目标的行为过程。领导的职责,就是制定并实施决策来掌管全局。领导者在决策与管理的过程中,需要秘书人员掌握与处理信息,进行决策的辅助与咨询;需要秘书人员撰拟和处理文书,下达指令,传达与贯彻领导的决策意图;需要秘书人员组织会议,搞好会议服务,以便进行决策指挥;需要秘书人员进行综合协调,以保证整个机构能畅通运转;需要秘书人员进行督促检查,使决策得以落实;需要秘书人员进行联络接待,完成交办事项,协助处理日常事务,等等。领导者不可能事必躬亲,需要秘书人员作为自己的参谋和助手,以便能集中精力与时间进行决策与管理。总之,领导者在为掌管全局所进行的组织、指挥、协调与控制的行为过程中,离不开辅助性质的秘书工作;否则,就难以保证全局的正常运转,难以进行有效的管理。

秘书学,是研究秘书工作内在规律及其应用的科学,是一门综合性的应用学科。秘书工作是秘书学研究的基础和本源。离开了对秘书工作实践的考察、归纳和总结,秘书学就成了无源之水,无本之木,也失去了秘书学研究的意义。

第二节　秘书学的学科性质与特点

一、秘书学的性质

秘书学,从学科大类来说,属于社会科学范畴。在社会科学诸多门类的学科中,就总体而言,秘书学应当归属于管理科学。秘书学是管理科学中一门独立的综合性的应用学科。

管理作为一门科学,是近代产生的,是从管埋实践中逐步形成和发展的。管理学是一门新兴学科,它是一门系统地研究管理过程的普遍规律、基本原理和一般方法的科学。管理学与其他学科的融合,导致了各分支学科的建立,诸如经济管理学、企业管理学、行政管理学、教育管理学等。

秘书工作离不开领导活动，反之，领导在决策指挥与管理全局的过程中，也离不开辅助性质的秘书工作。因此，秘书工作也是一种管理工作，但它不同于一般的管理，是一种特殊的管理活动，即带有辅助性质的管理（辅助领导进行管理），简言之，即辅助管理。秘书学作为研究辅助管理的学科，有自己独特的研究对象，它要揭示秘书工作的内在规律性，理所当然地，它作为一门独立的学科而成为管理科学中的一枝新秀。秘书学所具有的综合性与应用性的特点，也决定了它又是一门综合性的应用学科。

二、秘书学的特点

秘书学具有政治性、综合性与应用性的特点。

秘书学的政治性。一般来说，社会科学都具有政治倾向性，秘书学也不例外。秘书工作为领导服务，与领导活动紧密相连。领导与领导活动，总是执行并服务于一定政治集团的路线、方针与政策。中国社会主义秘书学的研究，必须坚持党的基本路线，坚持改革开放，促进社会主义现代化建设，决不允许偏离这个根本方向。就此而言，它与西方资本主义国家的秘书学，有着本质的区别。

秘书学的综合性，是由它的研究对象所涉及的领域和进行研究所运用的知识范围决定的。秘书学以秘书工作作为研究对象。秘书工作的全部内容，就是辅助领导总览全局并提供综合性的服务。秘书工作的综合性决定了秘书学的综合性。现代科学的高度分化与高度综合的一致性，导致了现代科学发展的整体化趋势，即学科间的综合、交叉、渗透日趋增多与强烈，促使边缘学科和综合学科的不断产生与迅速发展。秘书学也同样体现了这种当代科学发展的整体化趋势。同时,研究秘书学,所吸收运用的相关学科知识与研究成果相当宽泛,涉及管理学、领导科学、信息科学、文书学、档案学、社会学、行政学、写作学、公共关系学、计算机科学,等等。秘书学吸纳相关学科的知识综合运用而自成体系,形成了秘书学综合性的特点。

秘书学的应用性,表现在秘书学的研究是为了直接指导秘书工作的实践。秘书学是秘书工作实践的理论升华。它既要指导秘书工作的实践,同时也受到秘书工作实践的检验。杨尚昆同志深刻地指出:“在应用科学领域里,那些共同经历过的正确体验,那些一贯行之有效的工作方法,那些经过实践检验证明其合理性的章程和条例,往往就是一些最质朴、最富有实际效应的理论胚胎,往往就是这个领域实践与理论的最佳契合点,它和纯粹理论领域中的定义和定理具有同等的指导意义。”(《〈中国秘书理论与实践〉总序》)秘书学研究的终极目的,是为了促进秘书工作的科学化管理,提高秘书工作的质量和效率。秘书学的应用性,还体现在秘书学的研究内容,包括了对秘书工作的具体任务、业务规范与方法技能的研究和探讨。离开中国秘书工作的实践去研究秘书学,坐而论道,毫无实际价值。当前,我们已经进入了全面建设小康社会、加快推进社会主义现代化的新的发展阶段,在新的历史条件下,对秘书工作也提出了新的更高的要求,秘书学更应注意研究新情况,提出新问题,总结新经验,促进秘书工作的改革与发展。

第三节　秘书学研究的对象与范围

一、秘书学研究的对象

任何一门学科,都有其特定的研究对象。比如,档案学是以档案和档案工作为其研究对象,领导科学则以领导活动为其研究对象。"科学研究的区分,就是根据科学对象所具有的特殊的矛盾性。因此,对于某一现象的领域所特有的某一种矛盾的研究,就构成某一门科学的对象。"(毛泽东《矛盾论》)领导活动是客观存在的社会现象。所有的社会组织,不论是政治的、经济的、文化的、科学的、教育的,等等,必然有行使指挥职能的领导活动。有领导活动,伴之而来就有秘书工作。所以,秘书工作也是客观存在的社会现象,古今中外,概莫能外。秘书学的特定研究对象就是秘书工作。它要研究秘书工作所特有的矛盾及其规律性。具体来说,它要研究秘书工作的产生和发展、性质和特点、任务和作用、原则和方法等,揭示其内在的规律以指导现实的秘书工作。

二、秘书学研究的范围

秘书工作是秘书学研究的基础和本源。研究秘书工作,必然涉及从事秘书工作的主体,即对秘书人员的研究。秘书人员的素质和秘书队伍的建设,是提高秘书工作效率和质量的决定因素。研究秘书工作,也要涉及秘书工作的管理体制,即对秘书机构的研究。秘书工作的特性、任务和作用,由秘书机构在机关、单位内的性质、地位和职能所决定。秘书工作、秘书人员与秘书机构,这三者在秘书学研究中密不可分。

具体来说,秘书学的研究范围,主要包括以下五个方面:

(一)对当代秘书工作规律性与发展趋势的研究

既要研究新时期秘书工作的指导思想、特性、任务、程序、方法及工作原则,也要研究秘书工作的发展趋势。社会主义市场经济体制的建立,对秘书工作的改革与发展,必然带来深远的影响。秘书工作正面临着许多新情况、新问题,需要去认真研究,不断探索,以把秘书工作提高到富有时代特色的新水平。

(二)对秘书工作管理体制的研究

要研究秘书机构的设置、地位与职能。特别是如何提高秘书机构的整体功能,完善运转机制,高效优质地为领导决策和管理服务。随着秘书的社会职业化,秘书工作的管理体制也必将有相应的变革。秘书机构的职能也必然随着社会的发展、领导活动的需要而不断调整、充实与完善,不可能永远停留在一个水平上。现在,我们加强秘书机构的参谋职能,加强督促检查与综合协调,使秘书工作有了飞跃性的拓展,就是例证。

(三)对秘书人员职业素养与秘书队伍建设的研究

秘书工作的发展,必然会对秘书人员的政治素质、智能结构、职业道德与业务能力诸方面提出新的更高的要求。秘书人员应该是知识面宽、德才兼备的复合型人才。秘书队伍建设的群体优化问题已现实地摆在我们面前,不搞好就难以适应当代领导对秘书工作的需求。

(四)对中国秘书史和外国秘书工作的研究

研究中国秘书发展史,在于把握我国历史上秘书工作发展的脉络,寻根溯源,温故知新。重点应放在研究建党后特别是中华人民共和国成立以来秘书工作的宝贵经验,继承我党我国秘书工作的优良传统,并发扬光大。研究外国秘书工作,要从中国国情出发，借鉴国外秘书工作的理论与实践经验，面向世界，拓宽视野，有利于秘书学研究的深入。

（五）对秘书学与相关学科关系的研究

在当代社会，社会科学、自然科学各学科的互相交叉渗透，已成必然的发展趋势。秘书学作为综合性的应用学科，必须重视吸收相关学科诸如管理学、领导科学、信息科学、文书学、档案学等的研究成果，以不断丰富和发展秘书学的理论体系。

第四节 秘书学研究的目的与方法

一、秘书学研究的目的

（一）总结秘书工作的经验，指导秘书工作的实践

秘书工作源远流长，有着丰富的历史经验与新鲜经验。生物学家达尔文提出了“科学”的定义：“科学在于综合事实，从而从中得出一般的法则和结论。”秘书学就是要分析、综合丰富多彩的秘书工作，从中总结出普遍的规律，即一般的法则或结论，并以此指导实际的秘书工作，这就是秘书学产生的缘由和依据。现在，我国正处在一个重要的历史发展时期，秘书工作也面临着许多新的课题。比如，当前“信息高速公路”的浪潮已席卷全球，21世纪将是信息化的时代。为了使秘书工作适应时代的要求，必须认真研究如何加强信息网络建设，搞好信息资源的整体开发和综合利用，提高信息质量，这是提高秘书工作效能的关键所在。办公自动化的迅速发展，正猛烈地冲击与改变着传统的秘书工作模式，对于秘书部门和秘书人员来说，这也是一场现代化思维和现代化工作方式的变革。秘书部门办公自动化的研究和

实施,其重要性和紧迫性不言而喻。总之,秘书学要特别注重对当代秘书工作规律的探讨,促进秘书工作的规范化、制度化和科学化。

(二)提高秘书人员的素养,促进秘书队伍的建设

建设具有中国特色的社会主义,是一项伟大的系统工程,政治、经济、思想、文化等各个领域,都在经历着深刻的变革。现代领导所面对的对象是因素众多、联系广泛、变化迅速的各种社会问题,使得当代领导工作愈来愈具有综合性、复杂性和多变性。这些新的特点,对领导者提出了比以往任何时候更高的要求。"领导者要有两方面的素养,一个方面是方法,就是指领导、决策的科学方法和所需要的学识;另一方面是胆略,就是指领导、决断的气魄、决心、胆识和眼光。要做到科学领导和决策,这两个方面缺一不可。"(钱学森等著《现代领导科学与艺术》)在这种情势下,秘书人员要当好现代领导的参谋和助手,同样地要提高自身的素养,完善知识结构,增长才干,不仅要勤于办实事,还要善于当参谋。秘书人员正从传统的注重文笔的"秀才型"向既能办文办事又能出谋献策的"参谋型"转变。秘书学对秘书工作主体即秘书人员资格的研究,具有现实的指导意义。

从秘书队伍的建设来说,长期以来,对秘书人员的培养,局限在以老带新、经验传授为主的培养方式,这无论在数量上、质量上都已难以适应时代的要求。因之,研究秘书学,就为秘书人员的专业培训提供了条件,通过多种途径开展不同层次的秘书专业教育,成批地培养秘书人才,有利于加速秘书队伍的建设。特别是 1986 年,国家教委将秘书专业纳入高等院校专业设置系列,为秘书专业人才的培养、秘书学的研究与发展奠定了基础。现在,全国秘书专业教育、各种短期的秘书培训班如"雨后春笋",蓬勃发展,也正是秘书学研究得到社会的重视与关注的必

然结果。

(三)建立有中国特色的社会主义秘书学,填补社会科学领域中的空白

"每一时代的理论思维(我们这一时代的理论思维也是如此)都是一种历史的产物。"(恩格斯《自然辩证法》)秘书学是十一届三中全会以来,伴随着我国管理科学、领导科学的崛起而产生的,是时代的必然。我国秘书学的研究,开始于 20 世纪 80 年代初期。尽管起步较晚,但发展迅猛。现在,不少高等院校以及成人高校、自学考试,都已开设秘书专业,各地纷纷建立秘书学会、秘书协会,编撰秘书专著,出版秘书刊物,开展学术讨论,以及中华秘书网站的开通,等等,促使秘书学的研究不断深入发展。但是,秘书学的研究毕竟为时尚短,尚未形成比较成熟的理论体系。中国社会主义秘书学的真正确立,还需要在理论与实践上作艰辛的努力,需要一个理论深化与实践检验的过程。我们深信,经过坚持不懈的努力,中国社会主义的秘书学,必将屹立于社会科学之林。

二、秘书学的研究方法

秘书学所具有的应用性与综合性的特点,决定了秘书学的研究方法必须坚持理论与实践的紧密结合,同时,要注意相关学科间的融合渗透。

理论与实践相统一,是我党一贯倡导的优良学风,也是秘书学研究的根本方法。秘书学是一门应用学科,要通过理论与实践的结合,使秘书学理论在实践中得到检验,从而深化认识,发展理论。脱离秘书工作实践的理论,不可能对实际工作产生指导作用。从理论到理论,或者故弄玄虚,那就走进了秘书学研究的死胡同,使秘书学丧失应有的生命力。

秘书学所具有的综合性，要求秘书学的研究，应十分重视吸纳相关学科的有关知识，注意相关学科间的融合渗透。这种融合，在现实的秘书工作中大量存在。比如，进入21世纪以来，社会信息化的趋势日益明显，计算机技术、网络技术、智能化技术等多种技术集成，加速了办公自动化的进程，与之相应，必然促使秘书工作的深刻变革。又如，把公共关系学的原则和方法，运用到秘书工作中，增强秘书人员的公关能力，更好地发挥秘书部门的协调作用。深入探讨秘书人员如何高效优质地为决策服务，当好领导的"左右手"，涉及领导科学、决策科学的有关内容。总之，秘书学的研究应充分运用相关学科的研究成果，以求得秘书学的丰富和发展。

第二章　秘书文化的起源与发展

秘书工作历史(秘书史)是秘书学体系的组成部分之一。

评述秘书工作发展的过程,探索它的规律,给各时期的秘书工作以应有的地位与恰当的评价,依照各时期秘书工作发展的实际状况勾画出它们的面貌以及它们的源流演变,是为了加深秘书理论研究的力度,也是为现行的秘书实务提供经验与教训。只有正确地认识过去,才能科学地预见未来。

第一节　中国古代秘书文化

秘书工作是领导阶层与领导部门的辅助性工作,它是因着管理工作的出现而产生,随着管理工作之需要而发展的。

秘书机构、秘书工作、秘书人员是与阶级、国家、文字相伴而生的。斯大林在《马克思主义与语言学问题》中指出:“生产向前发展,出现了阶级,出现了文字,出现了国家的萌芽,国家进行管理需要较有条理的文书,商业发展了,更需要有条理的往来书信。”斯大林的研究说明了两个问题:一是秘书工作产生于国家形成之后;二是秘书工作产生于文字出现之后。当代研究表明,我国在国家产生以前,在殷商甲骨文出现之前,在原始社会的后期——氏族部落联盟时期,就已出现了管理之需的公务文件(从仰韶文化遗址、河姆渡遗址、良渚文化遗址、龙山文化遗址等处的出土陶文可以印证,原始陶文可视为中国文字之源头),秘书文化已开始萌芽。

我国的秘书工作源远流长,但在上古至先秦,并无“秘书”、“秘书机构”、“秘书工作”之称谓。“秘书”一词首次具有当今秘书词义是在曹操称魏王之时,“置秘书令典尚书奏事”,秘书令辅助曹操处理政务、管理事务、制定法规、发布政令。然曹操之子曹丕称帝后,即撤“秘书令”职官,改“秘书令”为“中书令”。中国古代名实相符的秘书与秘书工作为时极短,故我们研究古代秘书文化的轨迹,不能机械地从“秘书”之名望文生义,而需从彼时实际上的“秘书”、“秘书工作”与“秘书机构”去考察。

“秘书”一词,最初是指皇宫秘藏之籍。“游博学有俊材……与刘向校秘书。每奏事,游以选受诏进读群书。上器其能,赐以秘书之副。”(《汉书·叙传》)“君执事无恙。走昔以摩研编削之才,与国师公从事出入,校定秘书。”(《后汉书·苏竟传》)“诏向领校中五经秘书。”(《汉书·刘向传》)“及得汲郡中古文竹书,诏勖撰次之,以为《中经》,列在秘书。”(《晋书·荀勖传》)上列的“秘书”均指宫禁之秘籍。

东汉后,“秘书”也指谶纬图篆之类的书籍。《说文》:“秘书说曰:日月为易。”段注:“秘书谓纬书。”“遂博稽六艺,粗览传记,时睹秘书纬术之奥。”(《后汉书·郑玄传》)上列的“秘书”均指用隐语来附会人事吉凶祸福,预言治乱兴废,推测气数之类的迷信书籍,隋时被列为禁书。

东汉桓帝时,“秘书”系指官职(相当于国家图书馆馆长、国家档案馆馆长)。“桓帝延熹二年,始置秘书监一人,掌典图书。”(《文献通考》)“梁朝全盛之时,贵游子弟,多无学术。至于谚云:‘上车不落则著作,体中何如则秘书。’”(《颜氏家训·勉学》)上列的“秘书”均指官职。

但上列“秘书”概念并不具有现行“秘书”之涵义。即使在当今的党、政、军、群团之机关中,在各企、事业单位中,从事秘书工作的人,也并非都冠以“秘书”之称谓,有的称“办公厅主任”,“办公室主任”,有的称“参谋”、“干事”,而军队中营级机构中从事秘书工作的人员,则称之为“书记”。现今的秘书机构,实际上也多称为“办公厅”、“办公室”,而不名为“秘书厅”、“秘书室”。

为叙述脉络之清晰,依照各时期秘书文化发展的实际状况来勾画它们的面貌以及它们的源流演变,给各个时期的秘书文化以应有的地位与恰当的评价,旨在加深秘书学理论研究的力度,也是为现行的秘书实务提供经验与教训。只有正确地认识过去,才能科学地预见未来。

一、上古至先秦时期

20 世纪 80 年代的研究表明,我们的祖先进入有文可征的信史时期,是在公元前 21 世纪。90 年代,随着考古工作的进展,有关学者推断出上古时期的秘书工作起源于黄帝至舜的时期。最早的秘书人员称为“史”。《说文》曰:“‘史’记事者也,从又持中。中,正也。”“史”系会意字,篆文为“[illegible]”。“[illegible]”指右手,关于“[illegible]”,众说纷纭,有专家认为是简册,有学者认为可写作“[illegible]”,象笔形,也有人认为是公正无私,故认为“史”系掌文书者。

传说黄帝之始,已有主管秘书工作的“史”辅助政务,有“史皇作图”、“沮涌作书”、“羲和占日”、“常仪占月”等传说。史官仓颉,为黄帝记载国事。虞舜时的史官称为“纳言”。《尚书·尧典》记载:舜曾封龙为“纳言”官。帝曰:“龙,朕疾谗说殄行,震惊朕师。命汝作纳言,夙夜出纳朕命,惟允!”纳言的职责是上情下达，下情上传，“掌传达”这就具有秘书工作的性质。

尧与舜已注重“信访”，让民“参政议政”。尧执政时，曾在庭前置“进善旌”与“诽谤之木”；舜继位后，在庭前设“敢谏之鼓”，其目的是为了广纳群言，修明政治。“古代之治天下，朝有进善之旌，诽谤之木，所以通治道而来谏者也。”（《汉书·文帝记》）在《淮南子·主术训》、《后汉书·杨震传》等籍中也同样作了类似记载。“进善之旌、诽谤之木、敢谏之鼓”可视为中国信访工作之发源。

夏商周三朝，史官的主要工作是替国君记录言行，为国君起草文件，保管文书，掌管典志。殷商时期的“祝”、“卜”、“巫”，假借神的名义，成了沟通人神之间的一种职位，故常以“祝史”、“卜史”、“巫史”连称。“上思利民，忠也；祝史正辞，信也”（《左传·桓六年》）、“祝嘏辞说，藏于宗祝巫史”（《礼记·礼运》）、“托鬼神以陈政事”（《礼记·表记》），祝史、卜史、巫史的主要任务是对大事记载，对未来预卜，对经验总结。

商末周初，王朝设置了史官的官署，朝廷中出现了最早的秘书机构——太史寮。长官为太史，主要工作是掌管国王的册命、祭祀等事务。周代的太史寮机构较商趋于完备，较系统地设置了太史、小史、内史、外史、御史等，史官各司其职。“太史掌国之六典，小史掌邦、国之志，内史掌书王命，外史掌书使乎四方，左史记言，右史记事”（《史通·史官建置》）。

我国历史上第一个中央档案管理机构——天府，建立于西周。

二、春秋战国时期

春秋战国时期，范文澜《中国通史》称之为由封建主制度变为地主制，郭沫若《中国史稿》称之为由奴隶制转变为封建制。

春秋战国时期各国都设有史官。史官的记载有记事和记言之别。记事的称之为“春秋”,记言的称之为“语”,还有记宗谱的,称作“世”或“世系”。“左史记言,右史记事,事为春秋,言为尚书。”(《后汉书·艺文志》)

春秋战国时期的文书已由商朝的以甲骨文书为主要形式发展为以简牍文书为主要形式。

三、秦汉时期

被后世誉为“千古一帝”的秦始皇统一中国后,秘书机构与国家机构的发展趋于同步。秘书工作的体制日益完备,设有丞相府、御史府。丞相府的左右丞相相当于中央政府的秘书长,“掌丞天下,助理万机”。御史府具“受公卿奏事,举劾案章”与“掌国籍秘书”之职能(《通典·职官》)。

汉袭秦制,初期仍设丞相府、御史大夫府。丞相“贵极富溢,权倾一时”,“总理收受天下文书,掌承天下,助理万机”。丞相府下设奏曹(掌章奏)、户曹(掌户籍)、民曹(主吏人上书)、常侍曹(主公卿事)。由于相权危及王权,汉武帝任命大司马霍光领尚书事,避开丞相府,“亲裁庶政”,尚书署已替代丞相府成为中央机要秘书部门。汉成帝时,设“尚书台”,“出纳帝命,为王喉舌”(《后汉书·包荣传》)。尚书台中的“尚书令”、“尚书仆射”、“尚书郎”因受皇帝宠信而使百官望而生畏,“凡三公、列卿、将、大夫、五营校尉行复道中,遇尚书仆射、左右丞、郎、御史中丞、侍御史,皆避车,豫相回避,卫士传‘不得忤台官’,台官过后乃得去”(《后汉书》)。

秦汉时期的秘书文化有以下几个特点:

1. 秘书官员的选拔由秦时的世袭至汉代变为察举、征辟。汉代对秘书人员的业务素质与能力已有相当要求:年龄须在17

岁以上，籀书须能背诵9000字以上，经郡级考试合格者，才能参加京城太史的面试，经二级考试后方能任尚书郎中，实习一年的，称职者可迁为尚书郎。

2. 地方官府衙门中已配备专职秘书官员。在郡太守、县令属下设主簿、令史等。“主簿”一职延至明清，“古者官府皆有主簿一官，上至三公及御史府，下至九寺五监，以至郡县多置之，所职者簿书，盖曹掾之流耳”(《文献通考》)。

3. 私人秘书队伍日益庞大。始于春秋战国的养士之风，至秦汉更盛，吕不韦手下云集食客三千。

4. 我国历史上的专制政府制度，创建于秦，秦所建立的一系列制度，被历代王朝所承袭，并与封建社会始终。故谭嗣同说：“二千年来之政，秦政也。”(谭嗣同《仁学》)秦所形成的秘书机构、官职，为皇帝辅助与处理事务这职能代相沿袭，尽管称谓有别，然工作宗旨不变。

四、魏晋南北朝时期

自东汉末年魏、蜀、吴三分天下至隋统一，历时约400年。

曹操称魏王时，曾设“秘书令”，这是中国秘书史上首次与当代秘书之实际内涵相吻合的秘书官员。曹丕继位后，改“秘书令”为“中书令”，下设“中书侍郎”、“中书舍人”，“掌赞诏令，记令时事，典作文书，典尚书奏，若密诏下州郡及边将，则不由尚书”(《三国职官表》)。晋时又设置门下省，主要官员是“侍中”、“黄门侍郎”、“散骑常侍”等，“侍中为长，参政议政”，“明帝即位，拜侍中，机密大谋，多所参综，诏令文翰，亦悉豫焉”(《晋书·温峤传》)。

魏晋南北朝时期秘书文化的特点：

1.“秀才型”秘书群的涌现。陈琳《为袁绍檄豫州》、阮瑀《为曹公作书与孙权》之类的书檄式公文擅名文坛、政坛。

2. 大事记与会议记录发轫。皇朝中有专事皇帝起居的秘书官员,记载皇帝生活中言行的同时也记录皇帝在朝廷上与群臣议政的言行,可视之为后代“大事记”与“会议记录”之源头。

3. 公文写作理论问世。魏晋时期正如李泽厚在《美的历程》中所评述的,“是一个哲学重新解放,思想非常活跃,问题提出很多,收获甚为丰硕的时期”。曹丕的《典论·论文》、应玚的《文质论》、陆机的《文赋》、挚虞的《文章流别论》、刘勰的《文心雕龙》相继问世。曹丕称文章为“经国之大业,不朽之盛事”。刘勰对诏策、章表、议对、檄移等11种公文体裁的起源、特色、写作技法作了研究与探索,可视为中国秘书史上第一个系统研究公文写作理论的专家。

五、隋唐五代时期

隋文帝使南北对峙再次统一,秘书工作机构有尚书省(掌政令)、中书省(掌拟诏令、书敕及部门与地方的奏章)、门下省(掌出纳诏令及审核封驳中书省制订的公文)。隋文帝为避父讳,把中书省改称为内史省。

唐袭隋制,继承并发展了三省六部制:中书省(掌决策、制订公文)、门下省(掌封驳、审查公文)、尚书省(掌执行、收发、处理公文)。三省各司其职,互为牵制,“中书出令、门下审议、尚书执行”。

唐玄宗又设置“学士院”,通过考试选拔“翰林学士”。据《新唐书·百官志》记载:“中书务剧,文书多壅滞,乃选文学之士,号翰林供奉,与集贤殿学士掌制诏书敕。”唐代的节度使(相当于大军区司令员)配有秘书“掌书记”。

隋唐五代秘书文化有如下几个特点:

1. 公文拟写中，普遍采用“一文一事”制，并已建立公文移交制度。

2. 信访工作由检察御史专管。武则天称帝后，又在中书省单立“匦使院”，受理民间冤、假、错案的申诉，及对政府官员有关时政、经济问题的控告。这是中国秘书史上最早的中央级专职信访机构。

3. 秘书官员的选拔、任用，主要通过科举考试。考试的方法，除笔试外，还须口试（口才、判事能力）与面测（身材相貌），对秘书官员的素质已有较高、较全面的要求。这也导致了学士型、名士型秘书群的涌现。诗仙李白曾以“翰林秉笔回英盼，麟阁峥嵘谁可见”之诗句对他的短命的“供奉翰林”生涯作了追忆。张九龄、权德舆任过中书舍人，虞世南任过秘书监，李商隐任过秘书郎，高适、岑参任过掌书记。太宗李世民对虞世南上通天文地理、下晓鸡毛蒜皮之博学欣赏至极，誉之为“行秘书”（相当于现今所说的“活字典”、“记忆人”）。

4. 秘书学专著问世。唐德宗时的陆贽曾任翰林学士、宰相，撰写《陆宣公奏议》22 卷。陆贽所作制诰、奏议，内容涉及当时的政治、理财、藩镇、边防、民间疾苦等。这 22 卷奏议行文流畅，文辞典雅，因出自于皇帝秘书之手，故极富史料价值。

六、宋代时期

宋太祖因“和平演变”建政，故对前朝官员采用统包留用政策，导致置官芜杂，有名无实，“居其官不知其职者，十常八九”（《宋史·职官制》）。宋朝设置“枢密院”。秘书工作分工更趋细密，有通进司、进奏院、开拆房、主事房、催驱房等部门。朝廷开设宏词科，通过考试选拔秘书人才，宏词科考试起点甚高，应试者须具进士资格，考试内容为撰制 6 种公文。

宋代秘书文化有如下特点：

1."一文一事"的行文规则已制度化。制度规定："皆直述事状，即上表事多，表内不可尽谕者，表前画一条折。"

2. 文书处理已规范化。文书的收发、登记、送阅、催办已环环相扣，程序分明。

3. 档案工作已程序化。档案的收集、整理、保管、鉴定、销毁、查阅各环节已形成工作制度。

4. 信访制度更趋完备。宋设登闻鼓院与登闻检院。上访者如觉鼓院处理不当，可向检院继续申诉。

5. 由宋敏求编撰的《唐大诏令》130卷问世。该书为唐代帝王诏令制敕之集大成，是研究唐代秘书工作、唐代公文的重要史料。

七、元代时期

历史推进至元代，阶级矛盾、民族矛盾空前尖锐，统治者为了维护政权，也通过考试从汉人中选拔秘书人员。据《元典章·吏部》记载："年深通晓刑名，练达公事，廉慎行止，不作过犯"；"首论行止，次取吏能，又次计日月多者为优"。元朝对秘书人员的录用工作进入了一个新的层次，不惟"以诗赋取士"，而视品行，谨慎、廉洁为首位，同时也注重办事能力与秘书工作的经历、资历。元代以中书省独掌行政大权，不设门下、尚书二省。因疆域扩大，在各地又设"行中书省"，行中书省下置检校所、照磨所、承发司、架阁库等分支机构，各司文书之检查、校对、发送、立卷、归档之职。

元代秘书文化有如下几个特点：

1. 元代注重秘书工作在机关中的"中枢"职位，正职须由蒙古人（色目人）担任，汉人与南人只能任副职。

2．文书档案工作已采用“一案一卷”制。立卷与归档已注意到新案与旧案的分别，注重案卷的“问题特征”。

3．紧急公文的传递已有相应的“急传铺”作为保证。公务文书的传递机构，秦、汉称之为“邮”、“亭”，隋唐命之为“驿”，元代在全国各地遍设“驿站”，以及“急传铺”，这使中央政府与地方政府之间的信息通道更为畅快。

4．白话进入公文，《元典章》的《诏令》、《圣政、朝纲》、《台纲》等可谓是元代公文之汇编，近年日本对此书甚为关注，研究者甚众，然在中国曾被贬为“所载皆案牍之文，兼杂方言俗语”，或讥讽其“细碎猥杂”、“陈奏诏令，直用当时俗语”，舞文弄墨者以其“无从句读”而嗤之以鼻，弃之不顾。从现代秘书学的角度观之，乃公文撰制之一大飞跃。用白话写公文，能家喻户晓，人人明白，便于法令之推行。

八、明代时期

历史至明代，封建君主制度达到了空前专制的程度，朱元璋废丞相，集君权、相权于己身。明代建立了特务机构厂卫，形成了内阁官僚制度。清代修的《明史》，系据明各朝的《实录》、邸报、档案、文集、奏议等史料编纂而成，是二十四史中较好、较完善的一部，是研究明代秘书文化的珍贵史料。

明代的内阁，系皇帝的办公厅，服务于中央高度集权之需。朱元璋开了皇帝亲自过问公文写作之先河：“洪武时，刑部主事茹太素疏论时务，累万余言。太祖令人诵之再三，采其切要可行者，才五百余言。因叹曰：‘朕所以求言者，欲其切于事情而有益于天下。彼浮词者，徒乱听耳！’遂令中书行其言之善者，且定为建言格式，颁示中外，使言者陈得失无烦文。”（《明史·艺文志》）

明太祖置“通政使司”，以加强信访之力度。通政使司“掌受内外章疏敷奏封驳之事”,其职能为受理“四方陈情建言,申诉冤滞,或告不法等事”。“政犹水也,欲其常通”,朱元璋这一政识略高于李世民水舟论一筹。明代还建立了“票拟”制度,即由阁臣先在上行的奏章上拟出处理意见,供皇帝参考,此系现代文书处理“拟办”之萌芽。

明代秘书文化有如下几个特点:

1. 禁冗文,减案牍。朱元璋因废丞相,直接过问秘书工作,故对“文山”似有切肤之痛,屡次下诏禁冗长而烦琐的官样文章。

2. 选拔秘书人员的科举考试已趋于成熟。从县试到殿试、馆选逐级挑选。使经严格考试而录用的秘书人员之比重已提高到十分之六,增强了秘书队伍的整体素质。

3. 可供秘书史研究资料之丰硕。《明史》共有 336 卷,是我国历史上编纂时间最长的官修史籍。从顺治二年编制至乾隆四年,历时 94 年。

九、清代时期

清朝是我国历史上第二个由少数民族建立的封建王朝。清初仍继明制,崇德三年设内三院:内国史院、内秘书院、内弘文院。雍正七年设办理军机处,简称军机处,军机处由军机大臣与军机章京组成。军机章京“掌书谕旨,综军国之要,以赞上机务”(《钦定大清令典》)。军机章京从内阁及六部司员中遴选,精选时已注重入选者之形象、气质、体质、书法及工作效率等。嘉庆时定编,仅 32 人(满汉各 16 人)。

清朝后期,政风腐败,鬻爵卖官之风盛行。无德无才之官员都依赖幕客帮办政务与事务。幕客,俗称“师爷”,师爷多出于浙江绍兴,故现今把善于替主子出谋划策者仍戏称为“绍兴师爷”。绍兴一带为培养秘书人才的幕馆应时而生,为谋职而求学者趋之若鹜。师爷属私人秘书性质。

清代秘书文化有如下几个特点：

1. 秘书史之研究资料可靠、完整。清代中央一级的档案资料多达900余万件，其中有内阁的题本（官员向皇帝汇报政务的公文）、军机处的朱批奏折、录副奏折等。除中央档案外，地方档案与私家档案也甚为丰富。私家档案中以山东曲阜孔府档案为最。

2. 民间以培养秘书人才为宗旨的“幕馆”应运而生。秘书已成为一种社会职业。

3. 政府注重秘书部门的办事效率。军机章京办事有“密”、“勤”、“速”之特色。

综上所述，中国古代的秘书工作，尽管人员、机构之称谓有别，然秘书部门作为国家机关之中枢部门的地位始终不变，拟写公文、办理文书、传达政令、充当参谋、传递信息，联络上下之职能始终不变。

学习、研究中国古代秘书文化，其目的是为了探求秘书工作与政治、经济、文化、教育的关系，了解秘书工作在各个历史阶段的沿革、变迁与异同，为秘书、准秘书、欲从事秘书工作的人员，以及有关的教学、研究人员提供翻检史料之思路、方法，以加强秘书学之理论研究。通过秘书批评，为现行的秘书实务提供经验与教训。

第二节　中国近代秘书文化

从鸦片战争至五四运动，中国社会处于半封建半殖民地之形态，社会发生了大变革，经济基础、上层建筑、国内生活、国际关系之变化的广度与深度都超越历朝各代，浩如烟海的公私档案，多如牛毛的书报杂志，给近代秘书史的学习、研究提供了更为丰富的史料。据近代史专家介绍，日、美、英、法、苏等国及港、台地区的研究成果(专著与论文)数量多于大陆。

鸦片战争后，民族危难加深，资产阶级领导的民主革命酝酿、发展，迫使晚清政府炮制"预备立宪"之骗局。清政府模仿日本政府组织制度，推出了国家机关的近代形式。宣统三年五月(1911 年)清政府颁布《内阁属官官制》，该制取消了六部分工之方式，采取了分科理事的办法，导致了近代形式的秘书机构(承宣厅、制咨局、司务厅、庶务厅、秘书厅)的产生。在陆军部置承政厅，承政厅下设秘书科，在资政院设秘书厅，配有秘书长。这是中国近代秘书史中首次名实相符之秘书工作机构。与之相应，各地方政府(总督巡抚衙门)也设置了名副其实的秘书机构，配备了秘书人员。

民主革命先驱孙中山于 1913 年聘请宋庆龄为秘书。宋庆龄在美国佐治亚州梅肯市卫斯理女子大学受过高等教育，能娴熟地辅助孙中山先生处理事务，办理文书。宋庆龄为中国近代史上的女秘书树立了卓越之形象。

辛亥革命期间，"能秘会书"成了革命党人委任秘书之标准。为使战机绝密，常常由各社团主要负责人亲任秘书。宋教仁曾任科学补习所文书。詹大悲曾任文学社文书部长，起草文学社章程。章程中强调秘书"掌管社中往来之文件，均应亲行缮写，决不委之他人，致有漏泄之事"。

武昌起义成功后，军政府宣告成立。革命党人意识到秘书工作之枢纽地位，便在《中华民国鄂军政府改订暂行条例》中规定军政府设秘书处，文书局改隶于秘书处，把文书局从立宪派的控制中摆脱出来。

军政府对秘书的职责之规定已作扩充,强调了秘书之协调职能"承司长之命掌理机要文牍,并办理不属各科之一切事项"。这规定使秘书具"不管部部长"之职能。

1912 年 1 月,孙中山任中华民国临时大总统。南京临时政府对秘书机构、公文拟写、文书处理等作了以下改革。

1. 总统府下设秘书处。政府各部下置承政厅。《南京临时政府内务部承政厅办事规则》中规定:"承政厅置秘书长一员,承总长之命,总理厅务,并掌管机要文书。承政厅分纂辑处、文牍处、收发处、监印处、庶务处、会计处,置秘书六员,承总长之命,分掌其事务。"我国现代秘书工作之体制、模式由此而始。

2. 废除"制"、"诏"、"题"、"奏"之类封建的文书程式。由南京临时政府内务部颁布的《公文程式咨》规定行政公文分为五种:"甲:上级公署职员行用于下级公署职员曰'令',公署职员行用于人民者曰'令'或'谕';乙:同级公署职员互相行用曰'咨';丙:下级公署职员行用于上级公署职员及人民行用于公署职员曰'呈';丁:公署职员公告一般人民者曰'示',但经参议院议决之法规,应由大总统宣布者曰'公布';戊:任用职员及授赏徽章之证书曰'状'"。

公文程式"令、咨、呈、示、状"替代"制、诏、题、奏"应视为秘书文化的一次革命。

3. 文书处理规范化。南京临时政府各部公文,先由收发处收文后,送秘书长、次长、总长逐级审阅,然后再分送各主办机关拟稿,文稿经部长官判行后,送监印处盖印,最后由收发室封发。

然辛亥革命以孙中山解职与临时政府北迁为标志而告失败,袁世凯在海内外反动势力的支持下,摘取了胜利之果实。袁的皇帝梦使近代秘书工作一度重返封建,使秘书机构、公文撰制又呈封建王朝之色彩。

第三节　中国现代秘书文化

五四运动作为中国革命史之转折点,标志着无产阶级领导的新民主主义革命的开始。十月革命一声炮响,给中国送来了马列主义。1921 年中国共产党创建于上海。1924 年共产党同国民党第一次合作。孙中山联俄、联共、扶助工农的三大政策的实施,导致了大革命的胜利。1927 年蒋介石发动政变,大革命流产。历史赋予了中国现代秘书文化特有之色彩。

一、国民党时期

国民党政府官僚主义、文牍主义成风,为维护统治,曾对秘书工作作过几次改革:

1. 在中央政府、各省政府、县政府设置秘书处、秘书室等机构。

2. 1933 年,行政院召集"改革公文档案会议",研讨了公文处理改良办法;1937 年内政部次长甘乃光提出了"文书档案连锁法",简化了公文处理手续;1938 年行政院颁布"公文改良办法"。

3. 1940 年拟定"三联制大纲",推行行政设计、行政执行、行政考核三者相联之制度,建立幕僚长(即秘书长)制度,对公文撰制与文书处理实行"分层负责制"。

4. 1947 年在国统区举行了"文书处理竞赛"。

5. 国民党政府为维护其统治,对秘书人员录用也有相当严格的要求。据《国民政府秘书及科员任用规则》规定:凡秘书,须为"国民党员",具"国内外大学或专门学校以上毕业的学历",有

“任文职三至四年的资历”及“特殊的学识经验”。严格的要求迫使谋生求职者急于求文牍之成,文化人为适时之需,于是一批秘书学专著问世。如《国民政府公文程式大观》,1928 年上海世界书局版;《标准公文程式大全》、《公文程式评论》,1931 年上海法学会社版;《现代公文程式大全》,1933 年上海政法公牍研究社版;《时代公文程式大全》,1934 年学生书局版;《公文用语大辞典》,1936 年教育书店版;《公文用语辞典》,1948 年上海春明书店版。

尽管国民党政府视秘书工作之改革为提高行政效率之重要环节,尽管蒋介石曾痛斥“似此稽延贻误,殊属不成事体”,然腐败的制度决定了秘书工作之迂腐,当时的广西省政府在公文处理中,环节竟有 36 道之多(详见龙兆佛《档案管理法》,龙曾在当时主持过广西之档案管理工作)。

二、共产党建党初期

中国共产党建立初期,处于地下状态,秘书工作由党的首脑兼管。党中央的第一位秘书是中华人民共和国的缔造者毛泽东。

1923 年 6 月在广州召开的党的第三次代表大会通过的《中国共产党中央执行委员会组织法》规定:“秘书负本党内外文书及通信及开会记录之责任,并管理本党文件,本党的一切函件须由委员长及秘书签字”,“执行委员会的一切会议,须由委员长与秘书召集之”。据《文物天地》1981 年 6 月介绍,该组织法系出于毛泽东手笔。

周恩来在党的旅欧支部任负责人的同时也亲自从事拟写文件等秘书工作。旅欧支部的秘书是中国改革开放的总设计师邓小平。他主编《赤光》,亲自刻蜡版、誊印,被旅欧革命青年誉为

"油印博士"。

1926 年 7 月,党中央四届三中全会决定建立中央秘书处。

三、土地革命时期

1927 年蒋介石叛变,大革命失败。1927 年 4 月 27 日,在党的第五次全国代表大会上,中央秘书处改为中央秘书厅。

八一南昌起义胜利后,党成立了革命委员会,革委会中设置秘书厅,秘书长系吴玉章。

1927 年 11 月,中央扩大会议后,邓小平任中央秘书长。

1928 年 6 月在莫斯科召开的党的第六次全国代表大会上,周恩来当选为中央常委秘书长兼组织部长。

1928 年 12 月中央颁发了《中央关于文书工作给各省委的通知》、《中央关于秘密工作的技术问题的通知》。

在城市地下党省委机关与工农红军机关中皆设有秘书处。江华曾任红四军政治部秘书长。

1929 年,毛泽东、朱德率红四军进驻闽西,同年 8 月中共闽西一大召开,会上通过《苏维埃组织法》。组织法规定:区、乡苏维埃政权中设秘书 1 名,县苏维埃政权中设秘书处。

1931 年 7 月 20 日,在江西瑞金举行第一次全国苏维埃代表大会,中华苏维埃共和国临时中央政府成立。毛泽东为中央政府主席。中央政府制定了我党秘书史上第一个《文件处理办法》。

四、抗日战争时期

中央红军爬雪山过草地,转战万里,传奇般到达陕北后,即召开了具有转折意义的瓦窑堡会议,制定了抗日民族统一战线之政策。1936 年 10 月薄一波任中共山西工委书记,11 月任山西牺牲救国同盟会秘书，主持抗日团体牺盟会工作。

1937年1月中央机关迁驻延安。1938年9月在延安举行了扩大的六届六中全会。会议通过了《各级党委暂行组织机构的决定》。决定规定：区以上的各级党委都设与组织部、宣传部并列的秘书处。秘书处之职责是："管理边区政府委员会会议通知及记录，撰拟、保存及收发文件，管理边区政府会计杂务，编制统计及报告，登记边区政府各厅、部、处职员进退，典守印信以及不属于各厅、部、处的各种事务。"

在陕甘宁边区、晋冀鲁豫边区、晋察冀边区的政权机关中均设秘书处。各边区政府对公文程式进行了改革：

1．1938年4月，晋察冀边区颁布《改革公文程式的理论与实际》之指示。

2．1940年7月，晋察冀边区颁布《公文程式再加改革令》。

3．1942年1月，陕甘宁边区颁布《陕甘宁边区新公文程式》。

五、解放战争时期

解放战争时期，革命根据地日益扩大、巩固，政务、事务日趋繁杂，党的秘书工作有了新的发展。党中央设置了书记处办公处，任弼时任中央书记处书记，习仲勋任西北局书记，邓小平任中原局书记。

1948年，晋察冀边区政府与晋冀鲁豫边区政府合并，组建了华北人民政府，下设与各部、委、院平行的秘书厅。北平市人民政府成立后，仿照华北人民政府之建制，也下设秘书长领导下的秘书厅，政府中的秘书处、行政处、人事处、新闻处、交际处、调查研究室等部门划归秘书厅统一领导。这也为日后各省、市一级政府秘书机构的设置提供了"北平模式"。

解放战争时期，毛泽东亲自领导了公文改革。1948 年 1 月 7 日，为中央起草《关于建立报告制度》的指示。指示中规定：“各中央局和分局的书记每两个月作一次综合报告，自己动手，不要秘书代劳；报告文字每次一千字左右为限，除特殊情况外，至多不要超过两千字；一次不能写完全部问题时，分两次写；综合报告内容要扼要，文字要简练，要指出问题或争论之所在。”

1948 年 7 月，东北行政委员会办公厅颁布了《简明公文程式》，1948 年 9 月华北人民政府颁布了《公文处理暂行办法》。

六、新中国成立后

新中国成立，共产党成为执政党，党与政府的秘书工作也揭开了新的篇章。

林伯渠任中央人民政府首任秘书长，李维汉任政务院首任秘书长。

1951 年 7 月政务院颁布了《关于各级政府机关秘书长和不设秘书长的办公厅主任的工作任务和秘书工作机构的决定》。《决定》是中国现代秘书史上的一块里程碑，《决定》指出：“既要参与政务，又要掌管事务；要努力学习，熟悉政策法令，加强计划性和组织性，以争取工作上的主动，经常注意掌握抓住重点，照顾全盘的工作方法，重点放在协助首长研究政策，处理政务方面；但同时要把日常行政工作和机关事务工作组织安排好；经常注意领会并根据领导上的意图，主动地在自己的职责范围内，认真处理问题；避免遇事不敢负责的现象，防止越权行事的偏向；养成任劳任怨的工作态度和谦虚、谨慎、细密、切实的工作作风。”中央还先后颁布了《公文处理暂行办法》、《保守国家机密暂行条例》、《关于加强文书处理工作和档案工作的决定》、《关于处理人民来信和接见人民工作的决定》、《政务院所属各部门、各级政府行文关系的暂行规定》。

1955年《中国共产党中央和省(市)级机关文书处理工作和档案工作暂行条例》公布;1956年《关于机要秘书工作暂行条例的规定》、《中国共产党县级机关文书处理工作和档案工作暂行办法》公布;1964年《关于秘密文件管理工作的暂行规定》、《关于机要秘书工作的暂行规定》、《关于秘书工作部门对公文文稿进行把关的几点意见》公布。

党和政府的这一系列文件,既是对革命时期秘书工作的总结,又是对建设时期秘书工作的指导,也为现代秘书的理论与实务奠定了基础,同时也是研究现代秘书文化的极珍贵的史料。

其间,党和国家的主要领导人邓小平、杨尚昆、习仲勋分别任过中央秘书长、中共中央办公厅主任、国务院秘书长。

"文化大革命"结束后,为适应"四化"建设之需,1981年国务院召开了全国秘书长会议,颁布了《国家行政机关公文处理暂行办法》;1985年中办召开全国秘书长、办公厅主任座谈会,会议强调"四化"建设时期秘书工作须实现四个转变;1986年中办又召开了部分省、市、自治区及中央各部门的秘书长、办公厅主任会议,着重研讨了信息工作;1987年国办发布《国家行政机关公文处理办法》。

党与政府对秘书工作的一系列规定,为秘书学的理论研究指明了方向。

为适应"四化"建设对高层次秘书人才之需求,1980年始,复旦大学分校(后更名为上海大学)、南开大学、西北建筑工程学院、成都大学、江汉大学先后设立了秘书专业、秘书系,目前全国已有遍布27个省市的100多所高等院校设置了秘书专业、秘书系。伴随着高等院校秘书专业设置的普及,现行秘书工作改革的深入,1984年全国高等院校秘书教育研究会成立(1988年更名为高等院校秘书学会)。大庆、成都、武汉、四川、河南、云南、黑龙江、广东、上海等省、市也相继成立了地方性秘书学会。大型国有企业武汉钢铁公司、第二汽车制造厂、葛洲坝工程局也成立了秘书学会。

1983年上海大学《秘书》杂志问世后,兰州大学的《秘书之友》、沈阳大学的《文秘》、成都秘书学会的《秘书界》、中办的《秘书工作》、江汉大学的《企业秘书》、湖北大学的《秘书苑》等杂志相继出版。

全国对秘书工作的研究方兴未艾,秘书学专著不断涌现,研究领域涉及秘书学概论、秘书史、秘书工作理论、秘书工作实务、秘书写作、秘书心理、秘书美学等。

综上所述,我国近现代的秘书工作历史,为社会主义秘书学的研究提供了丰富的史料;秘书活动的社会性与广泛性,秘书工作的具体性与多样性,也为现今秘书工作的改革提供了经验与教训。

第四节 国外秘书文化

国外的秘书工作,也是因着部落、国家管理工作的出现而产生,随着文书的产生而发展的。

英语中秘书为 secretary。secretary 有以下几个义项:①秘书;②书记;③干事、文书;④大臣、部长;⑤写字桌。

俄语中秘书为 секретаръ(印刷体为 cekpeTapb)。секретаръ 有这样几个义项:①秘书;②书记;③记录人;④俄语中把美国的国务卿译为“国家的秘书”。

从英语、俄语“秘书”这一词的义项中可以看出:在国外,秘书既是一种官职，也是一种社会职业；秘书离不开“写”；秘书一词之词干“secret”（英）、“секретаръ”（俄）均为“秘密”之义。

古欧美部落中，除酋长外，还推选酋长助理。酋长助理负有出使其他部落、处理部落事务、传达酋长指令等职责（见马克思《摩尔根〈古代社会〉一书摘要》）。

时间推移至中世纪，欧洲各国君主都配有担负秘书职责的文职辅臣：掌玺大臣专管君主印信；宫廷大臣专管秘密文书；内务大臣专管宫廷事务。

国外近代秘书的概念形成于产业革命与资产阶级革命期间。从法国大革命时期罗伯斯庇尔率先聘用私人秘书后，“私人秘书”逐渐成为风靡环球的走俏职业。达官贵人、社会名流，以至于明星演员、运动员、医生、律师、教授都视聘私人秘书为上档次。

十月革命后，社会主义之父列宁对于无产阶级秘书工作建设呕心沥血，就公文写作、公文程序、信访、督促查办、办公室改革等工作多次撰文，大声疾呼；对文牍主义、官僚主义、拖拉作风屡屡拍案而起，痛心疾首，“中央监察委员会必须在自己主席团的领导下，有系统地审查政治局的一切文件……对我们的机关（从最小的分支机关到最高的国家机关）的公文程序进行检查”（《宁肯少些，但要好些》）；“必须永远铲除你们机关中不成体统的拖拉作风和文牍主义。人民委员会接待室为了解决人民委员会及其主席收到的许多控告和申请而交给你们的重要的紧急工作，往往没得到答复和处理。我建议你们立刻加以整顿。苏维埃行政机关必须工作得精确、诚实、迅速”（《给中央一级苏维埃机关领导者们信的草稿》）；“克服官僚主义和拖拉作风的一个极重要的手段，就是检查地方对中央法令和指示的执行情况，为此，就必须有印成工作通讯的报告”（《劳动国防委员会给各地方苏维埃机关的指令》);"英勇肯干的人可能只有几十个,而游手好闲、怠工或半怠工、钻在公文堆里的人却有几百个,这种对比往往使我们生气勃勃的事业断送在文牍的汪洋大海里"(《在第九届全俄中央执行委员会第四次会议上的演说》);"在社会关系、经济关系和政治关系上,我们是'极端'革命的。但在尊敬上司,遵守办公形式和礼节上,我们的'革命性'往往被最腐败的因循守旧的习气取而代之了。我国同时存在着一般理论建设上的大胆和办公手续的微小改革上的缩手缩脚"(《宁肯少些,但要好些》);"令你立刻向我报告人民委员会总务处收到的对各政府机关和个人的一切控告。书面控告收到以后,必须在 24 小时内向我报告,口头控告则应在 48 小时内向我报告"(《致人民委员会总务处长》)。

为了秘书工作的规范化,列宁指示阿瓦涅索夫:"必须弄到德国和美国的书报资料,特别是收集有关文牍工作规范化的资料。"列宁对资本主义秘书工作的经验采用拿来主义的态度,不愧为社会主义秘书史上的改革开放之父。

随着经济的发展,国外秘书工作日趋普遍化、社会化。秘书工作因属"白领阶层"而成为社会成员热中于谋取的职业。

就美国而言,据该国劳工部统计,1978 年从业秘书为 368 万,1980 年为 387 万,近年的年需求量为 3.5 万。美国有三个秘书协会:全国秘书协会、医学秘书协会、法律秘书协会。全国秘书协会规模领先,其成立于 1942 年,1981 年改称国际职业秘书学会,现有会员 4.4 万。

日本,政府机关中副局以上的官员,企业中部长以上的管理人员可配备专职秘书,以作为外脑,或辅助决策,或综合管理。秘书也成了日本女青年热衷谋取的职业。

苏联的不少大学设有文书学的副博士与博士学位。

联合国拥有庞大的秘书队伍，光总部秘书处就有 7000 余人，这些秘书来自 150 多个国家和地区。

随着秘书教育与秘书培训的普及，国外秘书工作日趋智能化、专业化、永业化。

智能化是指随着办公自动化，秘书的事务工作由手工操作转向电脑处理；智能化同时也指秘书之职责由抄抄写写、收收发发、电话打打、浆糊贴贴转向综合管理、辅助决策。

专业化是指秘书工作分工日趋细密；永业化是指终身秘书队伍日趋庞大。

综上所述，学习、借鉴、研究近现代的秘书文化，旨在探求秘书工作与政治、经济、文化、教育的关系；旨在探求秘书学与管理学的关系。了解秘书工作在近现代的沿革、变迁与异同，为秘书、准秘书、欲从事秘书工作的人员，以及有关的教学、研究人员提供翻检史料之思路、方法，以增强秘书学理论的研究；通过秘书批评，为现行的秘书实务提供经验与教训。

第三章 秘书机构

秘书机构在机关、单位内处于枢纽部位，是综合性的办事机构。它具有参谋助手、综合协调与督促检查的职能。在新的历史条件下，应努力实现秘书群体结构的优化组合，以充分发挥秘书机构的效能作用。

第一节 秘书机构的设置

一、秘书机构的名称

秘书机构，通称秘书部门。它的名称，有广义、狭义之分。

广义的秘书机构，指承担办文办事、信息调研、综合协调、督促检查与事务管理等全部秘书工作的部门，一般冠以“办公”字样，如办公厅、办公室等。中央、国务院及各部委，省、自治区、直辖市党委、政府的秘书机构，通称办公厅，下设若干处室。省级各部委厅局、市县乡镇以及企事业单位的秘书机构，通称办公室，根据机构大小及工作需要，有些下设若干科、组。以中共浙江省委办公厅为例，下设秘书一处、秘书二处、调研写作处、信息督查处、机要交通处、信访局、保密办公室以及负责厅内党务、行政事务的若干处室。

狭义的秘书机构,指承担以办文办会为主的秘书业务工作部门,一般冠以"秘书"字样,如秘书处、秘书科、秘书股等。例如,浙江省委办公厅所属的秘书一处、秘书二处。它们主要负责文件的收发、办文与文书处理、文印工作、档案工作及会议工作,也就是通称的秘书业务工作。

秘书学指称与研究的秘书机构,是指广义的秘书部门。

二、秘书机构设置的特点

秘书机构设置具有广泛性即普遍性的特点。

在机关、团体、企事业单位之间,不同系统之间,业务职能部门的设置各不相同,差异甚大。比如,教务处(教导处)是学校的主要业务职能部门,各级各类学校普遍设置,而机关、团体、企业及其他事业单位则不可能也没有必要设立。又如,只有出版系统才设有发行部门,银行系统才设有储蓄、信贷部门,经贸系统才设有进出口业务部门,这些部门都是该系统的主要职能部门,也是只在这些系统才设置的部门。当然,机关、单位都有人、财、物的管理工作与工作部门,但也不能一概而论,在一些基层单位,就不一定单独设置人事、财务、劳动工资、总务行政等部门,而往往把这些工作归并在办公室之内。从这个意义上说,秘书机构又成了机关、单位的"不管部"。

在所有机关、团体、企事业单位中,惟独作为综合性办事机构的秘书部门是无所不在的。上至中央、国家机关,下及基层单位,工农商学兵,各行各业,三百六十行,行行都设有工作职责大体相近的、处理秘书工作的秘书部门。

秘书机构设置的广泛性,不仅表现在上述的常设性秘书机构中,而且,在为了完成某一特定任务的临时性组织中,一般也都普遍设立临时性秘书机构。比如,一些大型会议、大型庆典、展览、体育竞赛等社会活动,都设立“大会秘书处”、“×××办公室”,负责处理秘书工作。在承担的特定任务完成后,临时性秘书机构随之撤销。

秘书机构设置的广泛性、普遍性,是其他任何业务职能部门所不能企及的。秘书机构设置的特点,由秘书工作的性质所决定。有社会组织,必然有行使指挥职能的领导活动;有领导活动,必定有辅助领导活动的秘书工作,两者密不可分。由此,也就设置了大大小小的秘书工作机构。

三、秘书机构设置的原则

秘书机构的设置,必须遵循适应、精简、高效的原则。

(一)适应性原则

秘书机构的设置,要适应领导的决策与管理工作的需要。秘书机构的规模大小、人员多少,取决于不同机关、单位的职级高低及其工作任务的需求。一般来说,高层的领导机关、集团性的大型的企事业单位,秘书机构规模较大,分工较细,分设的处室较多。而在基层单位,秘书机构较小,分设的科室少,往往只是综合性的办公室,个别的单位甚至只配备一两个专职的秘书人员。秘书机构设置的适应性还表现在要因时、因地、因条件而异,具有一定的弹性。也就是说,秘书机构既要有相对的稳定性,不要轻易变动,又要根据领导工作新的需求,在内部结构上作出相应的调整。比如,为了加强秘书机构的参谋职能、督查职能,当好领导的参谋助手,在一些较大的机关、单位的秘书机构内,设立了信息处(科)、督查处(科)。这些处室是为了适应秘书工作的“四个转变”而相继设立的。

(二)精简性原则

秘书机构必须精简。早在 1951 年 7 月,政务院有关各级政府机关秘书工作机构的决定中，就明确规定："秘书工作机构，应根据精简原则，尽力减少层次。"组织机构的庞大臃肿，层次过多，是形成官僚主义在体制上的重要原因。要达到精简目的，秘书机构的层次应严加控制。中央、国家机关的秘书部门一般不超过三级。地方各级机关及企事业单位一般一至两级。减少层次，减少环节，有利于高效运转。秘书人员必须精干，要因事设人，定编定员，建立岗位责任制，职责分明，克服人浮于事，以真正达到机构精简、人员精干的目的。

(三)高效性原则

秘书机构的设置，要力求高效。要达到高效，必须重视秘书群体结构的优化，充分发挥秘书机构的整体效能。在中高层的秘书部门，秘书人员较多，分工较细，各人的专长比较明显，有的精于文笔，有的善于参谋，有的公关协调能力强，有的擅长于处理繁杂的事务，各类人员合理配置，用其所长，相得益彰。在一些基层的秘书部门，因条件所限，力量不足，秘书工作往往一揽子承担，要求秘书人员是能文能武的"通才"和"多面手"。秘书群体的优化组合，有利于充分发挥秘书机构的整体效能。同时，要采取积极措施，努力提高秘书队伍的整体素质，人员素质的高低，对工作效能有着决定性的影响。

第二节　秘书机构的地位与职能

一、秘书机构的地位

秘书机构在机关、单位中，处于承上启下、协调左右、沟通内外的枢纽地位，同时也处于贴近领导中枢、直接为领导服务的特殊地位。

秘书机构地位的特殊性,决定了秘书机构性质的综合性与中介性。在机关、单位内,领导层是决策机构,职能层是执行机构。秘书部门是介于领导层和职能层之间的中介层。它既不是决策者,又不是执行者,而是介于两者之间起贯通上下、沟通左右的综合作用与中介作用,是领导层与职能层之间的桥梁和纽带。

秘书部门是整个机关、单位的枢纽。所谓枢纽,就是事物的重要关键,事物相互联系的中心环节。所以说,秘书部门在机关、单位内是一个重要的关键性的部门。没有秘书部门的综合、沟通与协调,领导的决策指挥就难以实现,整个机关、单位就难以正常有序地运转。秘书机构的运转机制是否灵活与完善,直接关系到整个机关、单位的工作效率与质量。

二、秘书机构的职能

职能与作用,是一致的、相通的。"职能,指人、事物、机构应有的作用","职能,指功能"(均据《现代汉语词典》)。我们通常所说的机构职能,指该机构的本职功能,也就是该机构应有的作用。所以,我们阐述的秘书机构的职能,也就是指秘书机构的作用。

秘书机构的职能,概括起来,主要具有参谋助手职能、综合协调职能和督促检查职能。也就是江泽民同志特别强调的办公厅要发挥好"一是参谋助手作用,二是督促检查作用,三是协调综合作用"(1990 年 1 月《在全国党委秘书长座谈会上的讲话》,原载《秘书工作》1990 年第 2 期)。这三个作用也是所有秘书机构应发挥的作用。

(一)参谋助手职能

参谋助手职能是秘书部门的基本职能。从广义来说,综合协调职能与督促检查职能,也是参谋助手职能的主要体现。三者之间是相辅相成的。

1. 参谋职能

秘书部门的参谋职能,在十一届三中全会以前的相当长的时间内,没有得到足够的重视,往往只注重秘书部门拟文办事的效能。三中全会以来,特别是1985年1月中央对秘书工作方式和工作方法提出了"四个转变"后,增强了秘书人员的参谋意识,普遍重视发挥秘书部门的参谋职能。这是秘书工作的深化,也是秘书部门从被动服务转变为力争主动服务的关键。

我国正在实现工业化,又面临信息化的浪潮,我国社会将发生更加深刻的变革。时代的发展,要求现代领导要用新的思路、新的办法来解决新的问题,比以往任何时候更迫切地需要更多的适时适用的信息,需要有价值的参谋咨询意见,以便于作出科学决策,有效地实行领导指挥与组织管理。因而,要求秘书部门不仅要办文办事提供事务性服务,更要求秘书部门能够辅助决策提供参谋性服务。为此,必须强化秘书部门的参谋职能,充分发挥秘书部门的参谋作用。

秘书部门的参谋职能,主要体现在两个方面,一是围绕一个时期的中心任务,开展信息与调研工作。运用各种手段,通过各种渠道准确、及时、全面地为领导收集、整理、传递信息,这是秘书部门的重要职责。要搞好信息的整体开发和利用,提高信息的真实性与时效性,更好地为领导决策服务。信息与调研是统一的,调查研究是收集信息的重要手段之一,信息为调研提供了题目,调研又进一步开发与深化了信息。秘书部门要抓住领导关注的"热点"问题、政策性问题,进行深入的调查研究,提出有情况、有分析、具有真知灼见的可行性方案与建议，辅助领导决策。另外，文稿的起草、文件的校核把关、会议预案的提出、会议材料的准备、整个工作的综合协调等办文、办会、办事的工作中所提出的预案或意见，也是一种参谋性服务。

秘书部门发挥参谋作用极其必要，也是完全可能的。它是处于枢纽地位的综合部门，接触面广，信息集中，掌握情况全面，贴近领导，直接了解领导意图。因而，秘书部门更有条件、更有责任给领导出谋献策，成为领导的“外脑”。

2. 助手职能

秘书部门的助手职能，也就是它的办事职能。作为机关、单位综合性的办事机构，理所当然地，办事是它的基本职能。秘书部门正是通过办文、办会、办事的经常性的基础工作，发挥办事效能，既提供了参谋性服务，也提供了事务性服务，成为领导直接的助手。秘书部门的工作繁杂具体，事务性强。由于秘书部门的事务性服务，使领导有可能摆脱行政事务，集中精力与时间去抓大事，管全局。所以，各级领导都离不开秘书部门来代其处理程序性的事务工作。秘书部门是领导名副其实的“左右手”。

发挥助手作用，秘书部门要坚持实事求是，求真务实，实行科学化管理，提高办事效率。在办文方面，要遵循行文规则，理顺行文程序，提高办文质量；在办会方面，要健全会议制度，严格会议审批，加强会议管理，搞好会议服务；在办事方面，要搞好值班及接待，妥善处理信访事宜，做好保密工作，完成领导交办事项，确保领导能集中精力考虑与处理全局性的问题，起到助手作用。

参谋职能与助手职能密切相关，是互为依存补充的，不能截然分开。助手职能，实质上就是办事职能。办事职能是主体和基础，参谋职能是在办事的过程中进行和体现的。参谋职能的强化,有助于提高办文办事的质量,更有效地完善办事职能,使秘书部门真正成为领导强有力的参谋和助手。

(二)综合协调职能

综合协调职能是秘书机构的一个主要职能。在机关、单位中,为了实现共同的目标,各职能部门分工协作,各自承担了一定的职责任务。有分工,必有综合协调;离开综合协调,就形不成合力。秘书部门作为综合性的办事部门,综合协调是它的主要职能。离开了秘书部门的综合协调,整个机关、单位就难以正常有效地运转,也就达不到全局工作预期的目标。

秘书部门的综合职能,表现在秘书部门的工作带有综合性,它涉及机关、单位的上下左右、方方面面。领导工作涉及的范围,秘书部门都要涉及,要为领导提供全方位的综合性服务。领导活动主要是决策与管理。管理就是决策,决策也是管理的首要的、基本的职能,两者密不可分。在整个领导活动的决策、计划、组织、指挥、控制、协调中,都离不开秘书部门的综合。秘书部门是文电的集散地,又是信息网络的中心。要综合处理信息,综合处理各种事务,为领导的决策与管理服务。

协调是现代科学管理的一项基本原则。任何机关、单位,矛盾是普遍存在的。上下级之间、部门之间、单位之间、领导与群众之间,由于职权范围不同、考虑与处理问题的立场与方法不同、个人的认识水平不同,等等,在工作中出现某些分歧,是难免的、正常的。处于枢纽部位的秘书部门,在协调工作中具有得天独厚的有利条件。它可以根据领导的授权或授意,按照党和政府的方针政策,从全局的高度,综合不同意见,对工作中出现的矛盾,积极进行平衡协调,化解矛盾,沟通关系,统一认识、步调与行动。秘书部门的协调,对于保证机关、单位工作的顺畅运转,减少或杜绝工作中的扯皮现象,疏通梗阻,以有效地达到预期的工作目标,至关重要。

(三)督促检查职能

督促检查是一个重要的领导环节和领导方法。督查既是决策执行的重要环节,又是控制管理的重要内容,是领导决策部署能否得以贯彻落实的关键。秘书部门作为领导的参谋和助手,根据领导的授权或授意,进行督查工作,这也是秘书部门的重要职能。

秘书部门的查办督办,在20世纪80年代初期就开始进行。过去侧重于对领导批示查办事项的督查与办理。1985年秘书工作“四个转变”提出后,重视对决策部署落实情况进行督查并逐步形成制度。1990年与1994年两次全国党委秘书长座谈会,更进一步强调要重视发挥秘书部门的督促检查职能。因为从领导活动或从秘书部门来说,长期来,布置多、检查少,督促检查是一个薄弱环节,这也直接影响全局工作的效率和质量。1994年6月,江泽民同志在一份报告上就督查工作作了重要批示,指出:“决策的制定和实施方案的部署,事情还只是进行了一半,还有更重要的一半就是要确保决策和部署的贯彻落实。为此,督促检查工作十分必要。”① 决策的制定和决策的实施是紧密相连的两个阶段。正确的决策部署如果不能实施或在实施中走样,也就失去了决策的意义,达不到决策的目的。确实,对领导决策的整个过程来说,“更重要的一半”,是要保证决策部署的贯彻落实。对于领导活动来说,在这“更重要的一半”中,督促检查又是重要的领导环节。对于秘书部门来说,要辅助决策,当好参谋助手,必须认真做好督查工作,更好地发挥督促检查职能。

督查工作的出发点和落脚点都是为了确保决策部署的贯彻

① 转引自《秘书工作》1995年第1期。

落实。要紧紧围绕中心任务，抓住重点进行督查。不仅要检查督促决策部署是否实施与落实，而且要了解掌握决策实施中的新情况、新问题，在实践中检验决策部署是否正确合理，以便领导及时对决策进行调整与完善。秘书部门发挥督查职能，一定要加大力度，坚持实事求是，及时、真实、准确地反映情况，喜忧兼报。向领导提供的督查情况，要有事实、有分析、有建议，保证质量，才有实效。

第三节　秘书群体结构的优化

从系统论的观点看，系统的整体功能不等于系统内各要素的简单之和。系统内群体结构是否合理组合，可导致整体功能的放大或缩小。结构合理，相得益彰，一加一就大于二，整体功能就会大于各要素之和；反之，结构不合理，内耗牵制，一加一就小于二，整体功能就会小于各要素之和。因此，秘书群体结构的优化，有利于人尽其才，优势互补，配合默契，协调一致，使整个秘书机构的职能得以充分有效的发挥，全面地提高秘书工作的效率和质量。

秘书群体结构的优化组合，是一个综合性的要求，一般要从年龄结构、知识结构、智能结构、气质结构等方面综合考虑。

一、要有梯形的年龄结构

在秘书机构内，要有老年、中年、青年不同的年龄档次。一般来说，比较合理的年龄结构，应拉开档次，呈梯形结构，中青年秘书人员应占较大的比例。这样，才能使秘书群体富有活力并保持其稳定性、连续性。

老中青的年龄档次，各有其长处。一般而言，老年人工作经验较为丰富，考虑问题比较周全，处理问题比较老练稳妥；中年人年富力强，既有精力又有经验，承前启后，是秘书群体的中坚与骨干；青年人精力旺盛，有朝气，思维敏捷，接受新事物快，创造力强。老中青互相配合，有利于工作的顺利开展。

至于年龄结构的具体比例，不同性质、不同层次的秘书机构有不同的要求。总的原则是拉开档次，不过分集中在某一个年龄段上，以免造成同步老化或群体过于年轻，缺乏经验，不利于保持工作的连续性。

二、要有多元的知识结构

秘书群体的知识结构，主要是指专业知识结构，而不是指学历层次的要求。这里，既包含了对秘书人员个人应有的知识结构的要求(在第五章中阐述)，更是指在秘书群体内人员的知识结构不应是单一的，而应是多元的，要有合理的配置。过去，尤其是三中全会以前，秘书部门因偏重于办文办事，秘书人员的配置主要以文史哲的人才居多，很少有经济类、管理类和理工类的专业人才。很显然这种较为单一的知识结构已与新的历史条件下的秘书工作不相适应。现代的秘书群体，应当是以管理专业人才为主，兼有其他专业方面的人才，还要根据各个系统不同的特点，配置该系统的专业人才。这种多元的知识结构，有利于取长补短，提高整个秘书群体结构的专业知识水平，以适应现代社会发展的需要。

三、要有互补的智能结构

智能，是指运用知识的能力。一个人的智能毕竟是有限的，要求人人成为各种能力齐备的“全才”是不现实的，总是各有所长,也各有所短。要使秘书群体结构优化,关键在于秘书群体中要有多种类型的各有专长的人才,以形成互补的智能结构。

秘书群体智能结构的优化,首先,要有合理的而不是单一的智能结构。应当有擅长文笔、写作能力强的“秀才型”秘书;有善谋划、反应敏捷、思维能力强的“参谋型”秘书;有善于办事、活动能力强的“事务型”秘书;有懂管理、善协调、组织能力强的“管理型”秘书;有思想、政策水平高,耐心细致,善于做思想工作的秘书;有懂技术、操作能力强的“技术型”秘书,等等,在一个群体中,要有多种类型人才的组合。其次,既要有多类型的智能结构,又要做到能位相宜。也就是要把各种类型的人才放到最恰当的岗位上,使他们得以充分发挥个人的聪明才智。“秀才型”的秘书负责撰文办文;“参谋型”的秘书去抓信息调研、督促检查;“事务型”的秘书负责办会及处理各种事务;善于做思想政治工作的秘书去办理信访;“技术型”的秘书负责办公自动化,等等。人尽其才,才尽其用,就可以使秘书群体成为真正的“全才”,就能得心应手地为领导提供高效优质的服务。

四、要有协调的气质结构

气质,指人的相当稳定的个性特点,是高级神经活动在人的行动上的表现。比如,有的活泼,有的直爽,有的沉静,有的浮躁,等等。在心理学上,气质可以从各种角度进行分类,通常认为气质可分为多血质、胆汁质、黏液质与抑郁质。多血质属于活泼型,胆汁质属于兴奋型,黏液质属于沉静型,抑郁质属于迟缓型。气质类型无所谓好坏,各有其积极的和消极的方面:“多血质的人生动、灵活、敏感、反应迅速,兴趣容易变换,喜欢与人交往。胆汁质的人精力旺盛,容易情绪冲动,直率、急躁,心境变换剧烈。黏液质的人安静、稳重,反应缓慢,情绪不易外露,沉默寡言,意图和情绪稳定。抑郁质的人孤僻,柔弱易倦,言行迟缓,体验深刻,善于觉察别人不易觉察到的细小事物。”① 气质类型不能决定人的发展与获得成就的可能性,关键在于要正确地认识与把握自己的气质,扬长避短,发挥气质中积极的方面。

在秘书群体中,各种气质类型的协调互补是群体优化的重要方面。如果在一个秘书部门内,都是急性子脾气,就有可能在工作中急于求成,简单草率,或者意见稍有不合,就情绪冲动,不利于团结协作;如果都是迟缓内向的秘书人员,则可能使部门工作拖沓,缺乏朝气与活力。只有各种气质类型合理配置,刚柔相济,动静相宜,才能形成团结合作、富有活力、协调一致的秘书群体。

总之,以上所述的只是比较理想的秘书群体结构的优化配置。然而,现有秘书队伍的实际状况,受到数量上与素质上的限制,也不可能一蹴而就。秘书群体的优化组合,只能从各机关、单位的实际出发,按照上述合理配置的综合性要求,逐步地、努力地去调整充实,以充分发挥秘书机构的整体效能。

---

① 沈祖樾、朱菊芳主编:《心理学教程》,南京大学出版社 1991 年版。

第四章　秘书工作

第一节　秘书工作的特性

秘书工作是一种服务性工作，但与其他服务性工作不同，它具有自己特有的本质属性。概括起来，秘书工作的特性是辅助性、政治性与综合性。

一、辅助性

辅助性根源于秘书工作的从属地位，所以，也可称之为从属性。辅助性主要体现在地位的从属性与工作的被动性两个方面。

地位的从属性。秘书工作是伴随着领导活动，也即领导工作的产生而产生，依照领导活动需求的发展变化而发展变化的。先有领导活动才有为领导活动直接服务的秘书工作。离开了领导活动，就不存在独立的秘书工作。极言之，没有领导，就没有秘书。秘书工作对于领导工作的依存性相当突出，是其他任何工作无法比拟的。当然，这种依存，不是秘书对领导个人的人身依附，而是仅就两者的工作地位与工作关系而言。领导工作与秘书工作的关系是主从关系，也即主辅关系。秘书工作这种从属于领导工作的地位，古往今来，一切社会制度下都是如此。辅助性是相对于主导性而言。在机关、单位内,居于主导地位的是领导,决策与管理是领导的基本职能。秘书工作只能起辅助作用,决策指挥、统筹全局的是领导而不是秘书。领导有权决策,秘书只能辅助决策,也就是在决策制定与实施的整个过程中,为领导提供辅助性服务,只能当参谋与助手,不能也无权决策与指挥。

工作的被动性。这是秘书工作的从属地位决定的。秘书工作围绕着领导工作的需求而运转服务。领导的指令与授意,是秘书工作的主线与核心。工作的主动权在领导而不在秘书。秘书人员不能按照自己的意愿行事,只能按照领导的授权或授意去办文、办会、办事,带有明显的辅助性、被动性。因此,秘书工作是被动的,它无法离开领导的意愿自行决定工作的部署与行动。以办文来说,领导授意在办文中起着主导作用,秘书人员只是被动地奉笔行文,代机关立言。公文生效才能成为处理公务的重要工具。签发生效的权力在领导而不在撰拟公文的秘书人员。以办会来说,秘书人员只是出于领导工作的需要,协助领导做好会议的组织和会议全过程的服务工作。会议固然有议事决策的功能与作用,但秘书人员不是会议的主持人与决策人,对会议研讨的问题,既不能参与决策、举手表决,更无权作出决断、“拍板定案”,仍然处于辅助的、被动的地位。以办事来说,除了根据领导的授权授意,代行处理机关、单位的综合性事务外,还有不少领导直接交办的、应急性事项需要秘书去完成。有交付才能办理,这也是一种被动服务。

秘书工作的辅助性,对于领导工作是极其重要的。1990 年 1 月,江泽民同志在全国党委秘书长座谈会上的讲话中,形象地把秘书部门比喻为领导的“左右手”,并且指出,“要实施领导,没有办公厅的服务是不行的”。任何领导的时间和精力都是有限的,需要利用"外脑",需要强有力的"左右手"。利用"外脑",就是利用他人的经验和智慧为自己的决策与管理服务。领导需要秘书人员作为自己的"外脑"和"左右手",协助他们办理文稿,处理信息,审时度势,出谋献策并代行处理事务,还要依靠秘书人员传达意图,沟通协调,督促检查,使他们能够减轻压力,集中精力,掌管全局,决策指挥。在美国,评价秘书工作的优劣,往往看"一个秘书减轻领导压力的有效程度,标志着他充当经理助手取得成效的努力程度"(《韦氏秘书手册》)。在日本,也同样注重秘书对领导工作的"补助","秘书是把上级的目的作为自己的目的,并能很好补助上级工作的一种职务"①。

指出秘书工作的辅助性,并不意味着秘书工作只能是被动地为领导服务的"机器"。相反,只要正确认识和处理被动性与主动性的对立统一,充分发挥秘书人员的创造精神与主观能动性,在被动中寻求主动,就可以把秘书工作做得更好。比如,有来信来访才能接待处理,信访工作的被动性极为明显。但秘书人员如果不满足于来一件办一件,"头痛医头,脚痛医脚"地被动办信访,而是认真研究信访信息,注意分析信访动向,探求一个时期信访的特点与规律,抓住信访中所反映的带有共性的问题,会同有关部门提出处理这类问题的政策性杠子,报请领导决定。这样,把工作做在前头,就能准确、迅速地解决一批信访问题,变被动为主动。信访工作如此,其他方面的秘书工作也同样,要寻求规律,争取主动。一位干了近 50 年秘书工作的老秘书、原江苏省委副秘书长兼办公厅主任汤天英同志,对此有深切的体会:"在工作上,我总是注意'捕捉领导意图',力求吃透精神,摸清脉

① 〔日本〕上条逸雄:《日本现代秘书》,转引自《文秘》杂志 1988 年第 2 期。

络,尽量把领导的意图具体化,认真组织实施。但我觉得光做到这一点还不够,更重要的是在关键时刻,或在重大问题上,要积极进言,提供可供参考的意见”,“不能下笔千言,胸无一策,老是处于被动应付的状态”(《秘书工作》1995 年第 3 期)。所以,中央提出的秘书工作的“四个转变”中,就包括了“从被动服务转变为力争主动服务”,这也是秘书工作改革的要求。

二、政治性

秘书工作从属于领导工作,领导工作的政治性,决定了秘书工作的政治性。政治性主要体现在三个方面。

一是阶级性。领导工作是有阶级性的。任何领导集团总是代表了一定的阶级利益,为实现一定的政治目标服务的。各级领导都是阶级意志的体现者,都具有鲜明的阶级立场和政治倾向。在私有制社会里,领导活动体现着统治阶级压迫、剥削被统治阶级的阶级对立关系。而我们社会主义社会,劳动者都是国家的主人,领导活动直接体现着全体劳动者的利益和意志,两者有本质的区别。秘书部门要传达贯彻领导意图,办理领导授权或授意的各种事务。因此,作为辅助领导的秘书工作,也必然具有鲜明的阶级性。我们社会主义的秘书工作,就是要旗帜鲜明地坚持党的基本路线,为建设有中国特色的社会主义服务。所以,各级领导在选拔秘书人员时,首先要求政治上坚定可靠,要与中央在政治上保持高度一致,能忠实地贯彻执行党的路线、方针和政策,具有高度的政治责任感。这正是秘书工作的阶级性所决定的。

二是政策性。秘书工作必须遵循政策性原则。办文是政策性很强的工作,不少文件本身就是政策性的规定。撰拟文件要“符合国家的法律、法规及其他有关规定”(《国家行政机关公文处理办法》)。信息、督查、协调和调研工作,都是为了更好地辅助决策的制定与实施,而这一切都是围绕着贯彻执行党和国家的方针政策进行的。秘书工作的政策性强,要求秘书人员必须具有强烈的政策观念,较高的政策水平,善于把党的方针政策和本地区、本部门、本单位的实际工作结合起来。

三是机要性。秘书工作是一项机要性工作,这是秘书部门处于领导中枢的辅助地位决定的。这可从三方面分析:其一,秘书部门是公文处理的主管部门,是文电的集散地。而文电是国家秘密事项的重要载体;其二,秘书人员作为领导的参谋和助手,贴近领导,直接参与领导层的会议与一些重要领导活动,接触机密多;其三,秘书部门是信息的综合处理部门,多渠道的信息在秘书部门集中,其中包括了一些秘密事项。秘书工作的机要性,使保守机密成为秘书工作的一条重要原则。不仅在我国秘书工作有着保守党和国家秘密的优良传统,在西方资本主义国家也同样,把秘书能否保密作为对上级和公司是否具备忠诚品质的重要内容。

三、综合性

领导工作要总揽全局,领导整个机关、单位内方方面面的工作。秘书部门是综合办事部门,秘书人员是领导的参谋和助手,领导所涉及的工作范围,秘书工作都要涉及,要为领导提供全方位的综合性服务。所以说,秘书工作是涉及全局的综合性工作,具有综合性的特点。在机关、企事业单位内,各职能部门业务比较专一。比如,一家公司内,财务部门管财务收支,供销部门管采购与销售,计划统计部门管计划调度与统计等,各司其职,各负其责。惟有秘书部门,它不分管某一方面的业务工作,然而它的工作又涉及到每一个业务职能部门。秘书部门处于机关、单位的枢纽部位，联系四面八方，协助领导指挥与管理全局。各种信息，要靠秘书部门汇集、整理与加工，作为决策依据；机关、单位的全面情况，计划与总结，需要秘书部门综合汇总；上下内外之间的联系，工作中的矛盾，需要秘书部门进行综合平衡和协调，等等。可以说，没有秘书部门的综合，各部门就难以协调运作，难以提高系统的整合能力和整体效率，就会影响领导对全局的指挥。机关、单位的管理或业务范围愈宽，分工愈细密，对秘书部门综合能力的要求就愈高。秘书工作的综合性，要求虽不处于领导岗位的秘书人员，胸中要有全局，要密切与上下左右的联系，平时要注意了解与熟悉各部门工作的特点、内容和规律，做到心中有数。这样，秘书人员才能得心应手地为领导进行全方位的综合性服务。

在上述秘书工作诸特性中，辅助性是秘书工作的根本特性，并由此派生出其他特性。辅助性本质地说明了领导工作与秘书工作密不可分的主辅关系。秘书工作从属于、依附于领导工作，领导工作也离不开辅助性质的秘书工作；领导工作所具有的阶级性、政策性和机要性，决定了作为直接为领导的决策和管理服务的秘书工作具有政治性；领导工作的全局性，导致作为全面辅助领导的秘书工作也必然具有综合性。

正确认识秘书工作的特性，有助于掌握秘书工作的规律，对于主动地、自觉地做好秘书工作，具有现实的指导意义。“不论做什么事，不懂得那件事的情况，它的性质，它和它以外的事情的关联，就不知道那件事的规律，就不知道如何去做，就不能做好那件事。”（毛泽东《中国革命战争的战略问题》）认识秘书工作的辅助性，就能深刻理解和贯彻秘书工作“三服务”的指导思想，正确处理与领导的关系，端正秘书行为，做到“既不失职，又不越权”，自觉地当好领导的参谋与助手；认识秘书工作的政治性，就应坚持秘书工作的社会主义方向，努力提高自身的政治素养，提高政策水平，兢兢业业地做好本职工作；认识秘书工作的综合性，在考虑与处理问题时要从全局出发，树立全局观念，不断提高自身的综合协调能力，保证机关、单位整个工作正常有序地运转。

第二节　秘书工作的任务

秘书工作的任务，概言之，就是掌管文书，辅助决策，综合服务。

机关、团体及企事业单位，因机构性质与力量配置不同，工作或业务范围不一，秘书工作的任务各有侧重，不尽一致。但就秘书工作的总体而言，一般包括十项具体任务。

一、调研工作

调查研究是秘书部门的经常性工作。秘书部门不仅要有经常性的调查研究，以谙熟本地区、本部门、本单位的情况，成为本单位的"活字典"，而且要围绕一个时期的中心任务，开展政策性、专项性的调查。调研工作是辅助决策、当好参谋助手的重要前提。

二、信息工作

秘书部门是机关、单位信息网络的中心，是领导了解和掌握信息的主渠道。信息是科学决策和科学管理的基础。准确、及时、全面地向领导提供信息，是秘书部门的重要职责。综合处理信息是秘书工作的重要内容。信息工作要坚持真实性和时效性,努力提高信息工作的质量。

三、协调工作

秘书部门要辅助领导决策与管理。协调是管理的一项重要职能,辅助领导协调也是秘书部门的基本职责。处于枢纽部位的秘书部门,是机关、单位上下左右联系的中心环节,实际上也是一个协调部门。搞好协调,机关、单位内的各项工作才能高效、有序地合理运转。

四、督查工作

开展督查工作是一个重要的领导环节和领导方法,有利于推动决策部署的贯彻落实。秘书部门协助领导督查责无旁贷。督查工作的重点是督促检查方针政策、重大决策、重要工作部署及领导批示交办事项的贯彻落实情况。督查工作要加大力度,提高质量,注重实效,达到新的水平。

五、文书工作

办文,是秘书部门的基础性工作,包括了公文撰拟、公文处理与公文立卷归档的全过程。秘书部门是机关、单位文书处理工作的主管部门。掌管文书,历来是秘书工作的基本内容。公文处理应当坚持实事求是、精简高效的原则,做到及时、准确、安全,努力提高公文处理工作的效率和质量,促进公文处理工作的规范化、制度化、科学化。

六、档案工作

秘书部门的档案工作,是指本机关、单位内部的文书档案管理,它是秘书工作的组成部分。档案工作是维护本机关、单位历史真实面貌的一项重要工作。要及时办理文书的立卷归档，维护档案的完整与安全。要集中统一地管理本机关、单位的全部档案，既便于提供各项工作的利用，又为党和国家积累档案史料。

七、会议工作

办会，承担会议服务，是秘书部门的基础工作。会议服务，包括会前的准备、会间的调度以及会后的整理服务工作。会务工作要求周密、高效与安全。

八、信访工作

信访工作是机关、单位的一项政策性强的群众性工作。一般在秘书部门内设立专职信访工作机构或指定专人负责办理。信访工作要坚持实事求是，以政策和法律为准绳，实行“分级负责，归口办理”，注重思想教育与疏导，就地解决信访问题。

九、保密工作

秘书工作具有机要性。首先要做好秘书部门自身的保密工作。同时，秘书部门一般还要承担整个机关、单位保密组织的日常工作。因此，秘书人员必须严格执行国家保密法律、法规和有关保密规定，确保国家秘密的安全。

十、事务管理工作

秘书部门作为综合性的办事机构，承担了机关、单位的日常事务处理。这项工作包括两个方面，一是领导交办事项；二是事务管理，主要有值班、接待、印信管理以及后勤管理工作。处理好事务性工作，可以保障机关、单位工作的顺利进行。

第三节 秘书工作的基本要求

“准确、迅速、保密”是周恩来同志在革命战争年代对机要工作提出的要求。之后，曾长时间作为秘书工作的基本原则。对于秘书工作“准确、迅速、保密”的优良传统，我们要继承和发扬。在新的历史条件下，对秘书工作提出了新的更高的要求。为了适应新的形势，秘书工作的基本要求是高效、求实、创新。

一、高效

高效，指既要加快节奏，迅速及时；又要注重实效，准确可靠。时间、质量和效果的统一，高效率与高质量的统一，才真正达到了高效的要求。

秘书工作是涉及全局的辅助管理工作，秘书工作的效率，直接影响到领导工作的质量。秘书部门作为综合枢纽部门，秘书部门高效率地工作，可以带动整个机构高效率地运转。一切管理都注重管理的有效性。秘书工作切忌拖拉延误，松散懈怠，不讲质量，不求效果。秘书工作的任何差错或失误，都会直接贻误全局。所以，高效率、高质量地要求秘书工作，也是情理所然。秘书部门要增强效率意识，并贯穿在整个秘书服务工作中。办文，要贯彻政策法令，准确体现领导意图，确保公文处理的及时、准确与安全，达到有效地处理公务的目的；办会，要协助领导把关，精简会议，端正会风，提高会议质量并提供高效优质的会议服务；办事，对所有事务性服务，都要高标准，严要求，周全细致，稳妥可靠。信息是决策的基础。为了及时有效地辅助决策，秘书部门要综合处理信息，去粗取精，去伪存真，由表及里。信息越及时、越全面、越可靠，决策的基础就会越坚实、越有科学性。总之，秘书人员要胸怀全局，高效率高标准地去考虑与处理问题。秘书工作要高效，不仅是思想作风问题，还涉及管理体制的改革与制度的建设，必须努力实现秘书工作的规范化、制度化、科学化。要健全岗位责任制，完善目标管理，以德、能、勤、绩四个方面并以实绩(指完成工作的数量、质量和效率)为主进行考核，以健全运转机制。同时，要加快办公自动化的进程，引进先进的科学技术，提高秘书工作的效率和质量。

二、求实

求实，指求真务实，实事求是。一切从实际出发，实事求是，是我们党的思想路线，也是马克思主义的根本方法。坚持实事求是，对于秘书工作来说，是一个带根本性的问题。

秘书工作上连领导，下连群众，处于中介的环节，直接影响与关系到领导决策的制定与决策的执行，地位至关重要。求真务实，实事求是地处理一切问题，说实话，报实情，办实事，是秘书工作的基本要求。说假话，说大话，报喜不报忧，只会妨碍与影响领导的正确决策，甚至造成领导工作的失误，损害党和国家的利益，也直接损害本单位、本部门的利益。虚报浮夸，弄虚作假，哗众取宠，搞形式主义，害党害国害民，在我们党的历史上有过惨重的教训。比如，1958 年的所谓“大跃进”、“夺高产”、“放卫星”，给党和人民的事业造成了重大损失，历史的教训应牢牢记取。

求实，就要尊重客观实际，敢于坚持真理。要按照实践是检验真理的惟一标准，坚持用“三个有利于”判断各方面工作的是非得失。秘书工作无论是反映情况，信息调研，综合协调，督促检查，办文办事，都要从实际出发，一是一，二是二，不夸大也不缩小,不拔高也不贬低,全面地、准确地、实事求是地反映客观事物。“不惟上,不惟书,只惟实”。凡不符合客观实际的东西,不论出自何处,不论干扰或阻力来自何方,都要以对党和人民高度负责的精神,坚持真理,敢于抵制,敢于讲真话,敢于报实情。温家宝同志指出,“一定要在务实、求实、落实上狠下功夫”,“一定要高度重视情况的真实性。这里所说的情况,应该是真实的而不是虚假的,是客观的而不是主观的,是全面的而不是片面的”①。这是对各级办公厅今后工作的希望和要求,也是对整个秘书工作的希望和要求。

三、创新

创新,指解放思想,开拓创新。江泽民同志在党的十六大的报告中指出:“创新就要不断解放思想、实事求是、与时俱进。实践没有止境,创新也没有止境。”在新的历史条件下,秘书人员要坚持解放思想、开拓创新、与时俱进,才能创造性地做好秘书工作。

创新,就要增强开放意识。秘书工作事务性强,纷繁复杂,容易造成自我封闭状态。秘书人员要不断解放思想,破除因循守旧、安于现状的思想观念,不能单凭老方式、老办法想问题、做工作,要增强主动性和创造性。要主动地走出去,请进来,经常地接触社会实际,接触群众,在群众富有创造力的社会实践中汲取营养,拓宽视野。同时,在思想上必须明确,对外开放要长期坚持下去,这是一项基本国策,但在对外开放中既有学习、借鉴、合作和利用的一面,也有对立和斗争的一面,既要大胆地吸收一

① 1994年12月《在全国党委秘书长、办公厅主任座谈会上的讲话》,载《秘书工作》1995年第1期。

切对我们有用的东西,又要坚决抵制那些错误的、腐朽的东西,以保证对外开放健康地进行。

创新,就要强调超前服务,从被动服务转变为主动服务。尤其是信息调研,一定要超前谋划,对倾向性、苗头性的问题,要及时发现,认真研究,超前预测,主动提出对当前或将来具有指导意义的建议或意见。对先进的苗头要及时予以扶植与推广,对问题要力争解决在萌芽状态。要站在领导的高度,去考虑问题,做到超前服务。不然,在大量错综复杂、瞬息万变的情况面前,只能陷于被动应付的局面。从秘书工作辅助决策来说,决策本身就是要富有创新精神。美国电话公司总裁贝尔说得好,决策"不是维护今天,而是摧毁今天,使今天成为过去,创造一个新的明天"。不开拓创新,只能在原地踏步,停滞不前。建设有中国特色的社会主义,是前无古人的开创性事业,各行各业、各个层次在实际工作中必然会遇到许多新情况、新问题,需要去认真研究解决。秘书人员要当好领导的参谋和助手,一定要在改革和建设的实践中,把党和政府的方针政策同本单位、本部门的具体情况结合起来,勇于探索,大胆实践,总结和创造出一些新的经验和办法,以适应新的需要。

创新,必须正确处理创新与继承的关系。开拓创新与继承优良传统和作风是相统一的。我们党的优良传统和作风,是治党治国的传家宝,是我们的政治优势,不仅要继承下来,坚持下去,还要结合新的实践,丰富发展,发扬光大。如果把好传统、好作风丢掉了,或者削弱了,那就违背了我们改革的性质和要求,就不可能搞好开拓创新。我国秘书工作有自己的优良传统,其中最突出的是,为领导机关服务的坚定指导思想,准确、迅速、保密的工作原则,严格而自觉的组织纪律,严谨而细致的工作作风,勤勤恳恳、埋头苦干、甘做无名英雄的奉献精神。这些好传统我们都应当继承发扬,而且,在新的历史条件下,更应赋予其新的内容,提出新的更高的要求,把秘书工作做得更加出色。

第四节 秘书工作的改革与发展

党的十一届三中全会以来,为了适应改革开放和现代化建设的新形势,秘书工作在指导思想、方针原则、工作重点、队伍建设等重大问题上,继承传统,改革创新,有了飞跃性的重大发展。

一、确立新时期秘书工作的指导思想

1985 年 1 月召开的全国党委秘书长、办公厅主任座谈会,在总结我国秘书工作的优良传统和丰富经验的基础上,提出了新时期秘书工作的指导思想,这就是围绕党的总目标、总任务,做好“三服务”,即为直接领导服务,为相关的各级领导服务,为人民群众服务。

秘书工作“三服务”的指导思想,贯穿于秘书工作的各个方面。现在,正确地理解和贯彻这一指导思想,应着重把握:

(一)坚持邓小平同志建设有中国特色的社会主义理论和“三个代表”重要思想,坚持党的基本路线,是秘书工作“三服务”的根本所在

在邓小平理论和“三个代表”重要思想的指引下,我们党认真总结十一届三中全会以来的实践经验,在十三大,明确概括和全面阐发了党在社会主义初级阶段的“一个中心,两个基本点”的基本路线;在十四大,明确宣布我国经济体制改革的目标是建立社会主义市场经济体制;在十六大,又提出了全面建设小康社会的奋斗目标。今后,在开创建设中国特色社会主义的宏伟大

业中,我们要更加坚定不移地坚持邓小平理论和“三个代表”重要思想,坚持党的基本路线,这是全党、全军、全国人民的共同意愿和历史使命,也是秘书工作“三服务”的根本所在。秘书工作的“三服务”,从根本上说,就是要坚持这个理论、重要思想和这条路线,服务于、服从于党的总目标、总任务。离开了这个根本,秘书工作的“三服务”就会迷失方向,就会混淆社会主义秘书工作与资本主义秘书工作的本质界限。在我国,秘书与领导是同志关系、工作关系,地位是平等的。秘书服务于领导,是以坚持邓小平理论和“三个代表”重要思想,坚持党的基本路线为前提的,总的目标是一致的。这与资本主义社会秘书与领导的雇佣关系,秘书一切听命于领导,惟命是从,有着本质的区别。对此,秘书人员一定要有清醒的认识。

（二）“三服务”是相辅相成的统一整体,重点是为直接领导服务

秘书工作的本质特性是辅助性,它是一种服务性工作。“三服务”指明了秘书工作三个方面的服务对象,三者是统一的整体。为直接领导服务,也即为本级领导服务,这是显而易见的。各个方面、各个层次的秘书部门,都是本机关、本单位的综合办事部门,是领导层的工作助手和参谋。离开了为本级领导服务,也就失去了秘书部门存在的价值。为直接领导服务,是秘书工作的立足点,是“三服务”的重点。但是,仅限于此是不全面的,也是不可能的。秘书部门是中介性的枢纽机构,它的联系面、服务面都很广泛。所以,在指导思想上,不仅要为直接领导服务,也要为相关的领导,即上下级、同级及相关单位的领导服务。只有协调好与相关单位的关系,承上启下,协调左右,沟通各方,才能开拓工作与业务,完成工作任务,这也有利于更好地为本级领导服务、为人民群众服务,这是秘书工作的出发点与归宿。全心

全意为人民服务，是我们党的根本宗旨。我们的一切机关、团体、企事业单位，都是为人民服务的，要造福于人民群众，不能光顾个人的或小团体的私利而损害群众的利益。以企业来说，不能为了牟取暴利，生产与销售假冒伪劣商品，这既损害了国家利益，也直接损害了广大消费者，即人民群众的利益。作为秘书人员，应利用自己的特殊地位与影响力，在工作中对这种不正之风予以揭露与抵制。全心全意为人民谋利益是一切部门、单位和个人的根本宗旨和行为准则。从这个意义上说，为直接领导服务，为相关领导服务，归根结底，都是为人民群众服务，三者是统一的。这是从广义理解。而且，秘书业务本身，也含有协助领导处理直接与人民群众利益密切相关的具体事务，比如信访工作、查办工作等，在工作中要树立群众观念。总之，"三服务"是相辅相成的统一整体。正确理解秘书工作"三服务"的指导思想，有助于秘书人员立足本职，树立全局观念、群众观念，克服本位主义，取得上下左右的支持与配合，以更好地为领导服务。

二、秘书工作在工作方式和工作方法上的"四个转变"

坚持改革开放，建设有中国特色的社会主义，我国各个方面的工作都处于深刻的历史变革之中。秘书工作不仅从指导思想上，而且必须从工作方式和工作方法上进行改革，才能与时俱进，适应新形势的要求。出于现实工作的需要和对历史经验的总结，1985 年 1 月召开的全国党委秘书长、办公厅主任座谈会，提出了尽快实现秘书工作的"四个转变"。

（一）"四个转变"的主要内容

第一，从偏重办文办事转变为既办文办事，又出谋献策。

办文办事是秘书部门重要的基础工作，一定要做好，要不断提高工作的思想性，为领导多出主意，多想办法。秘书部门不仅要成为高效精干的办事机构，而且要发挥参谋作用。为此，秘书部门的同志要认真学习党和政府的各项现行政策，提倡“议大事、懂全局、管本行”，注意和研究各个时期、各个领域的动向性、倾向性的问题。要思想活跃，积极议论，勤于思考，善于谋划，为领导献计献策。

第二，从收发传递信息转变为综合处理信息。

秘书部门是上下沟通的枢纽和桥梁，快速无误地传递信息无疑很重要。但是，不能满足于收发传递信息，而应当在信息的收集、传递、加工处理和反馈等所有环节上积极开展工作，尽可能地为领导利用信息做好一切必要的准备。信息的收集要充分，传递要迅速，处理要准确，反馈要及时。

第三，从单凭老经验办事转变为实行科学化管理。

各级秘书部门要高效率高质量地完成所担负的任务，需要改变单凭经验和惯例办事的做法，使内部运转方式和管理办法建立于科学的基础上。对于过去长期积累下来的经验以及沿袭的工作程序和方法，应当根据新形势和新任务的要求重新加以认识。一切同新形势、新情况、新任务不相适应的老观念、老办法、老框框，都要敢于破除；而一切同新形势、新情况、新任务相适应的好办法、好经验，都要敢于探索、采用和推广。要从实际出发，合理地调整、设置机构，确定分工职责，使每个部门都各司其职，各尽其责；要建立严格的岗位责任制，使每个人都任务明确，责任清楚；要形成规范化、制度化、科学化的工作程序和工作方法，保证每个环节和每项工作都有章可循；要完善信息系统，真正形成一个点面结合的信息网络和畅通的信息环流渠道；要改进工作的技术手段，逐步实现办公自动化。

第四，从被动服务转变为力争主动服务。

秘书部门工作大量是交办、应急性的，要使我们的工作力争主动,除了合理安排工作和配置力量以外,关键是不断提高工作的主动性、预见性。要克服那种以为秘书部门就是完成交办事务,凡是领导没有直接交待的事项就不去办、不想办的片面认识,充分发挥秘书部门工作人员的积极性、创造性,根据领导意图和指示精神,自觉地主动地开展工作。要注意总结经验和摸索工作规律,对于程序性决策和例行性工作,要依据例行程序把服务工作做在前面。

(二)"四个转变"的意义

第一,"四个转变"的实质,是加强秘书部门的参谋职能,发挥参谋作用。

"四个转变"中所提出的"出谋献策"、"综合处理信息"、"实行科学化管理"和"力争主动服务",都是转变秘书工作的目标,其实质,是要求秘书部门发扬改革创新精神,加强参谋职能,发挥参谋作用。

加强参谋职能,发挥参谋作用,不是离开办文办事去出谋献策,不能只当"谋士",不办实事。而是要把办文办事与出谋献策更好地结合起来。就是说,一方面在搞好办文办事基础工作的同时,大力加强调查研究,加强信息处理与反馈,为领导的决策制定与实施提供参谋性服务。比如 ,在领导决策前,做好准备工作,收集并处理决策所必需的信息,提出可供参考的建议和办法;在决策执行过程中,做好控制工作,根据情况变化,及时提出补充、调整性意见;在决策贯彻落实后,做好总结工作,根据执行结果,总结经验或提出完善的措施。另一方面,要努力在办文办事过程中,积极提出预案或参考性意见,为领导出谋献策。

第二,"四个转变"为秘书工作实行科学化管理指明了方向。

"四个转变"中所提出的科学化管理,其目的是为了高效率高质量地做好秘书工作。它的主要内容,是秘书工作要实行"三化”，即规范化、制度化、科学化。

“三化”的提出，针对了秘书工作的实际状况，从全国范围来说，秘书工作千差万别，优劣并存，特别是一些基层单位，限于秘书机构的力量配置与人员素质，使秘书工作还处于散乱薄弱状态，没有一定的规范和要求，带有很大的随意性。这种状况，亟需改变，不然，难以适应新形势对秘书工作提出的要求。

秘书工作实行科学化管理，要重视解决两个问题，一是继承与创新，对秘书工作的优良传统要继承发扬，同时，秘书工作要有创新意识与改革精神，不能“单凭老经验办事”，因循守旧，而要勇于探索，使秘书工作更上一层楼；二是要明确实行科学化管理的趋向和目标，并组织落实。科学化管理的具体目标带有阶段性，应当及时地予以调整和充实，使秘书工作的效率和质量逐步地提高。

第三，“四个转变”体现了秘书工作发展的必然趋势。

“四个转变”总结了历史经验，顺应了历史发展，体现了新时期领导工作对秘书工作的要求，反映了秘书工作自身改革的必然趋势。

“四个转变”强调发挥参谋作用，突出了信息工作在秘书工作中的重要位置，使秘书工作在为领导决策服务上有了重要的拓展。信息是决策的基础，决策的科学性是与信息的准确性成正比的。实践证明，“四个转变”的提出，秘书部门信息工作的加强，机关、团体、企事业单位各个系统都已形成了各自纵横交错的信息网络，成为各级领导掌握信息的一条主要渠道，正在科学决策中发挥着重要的作用。今后的秘书部门，不仅是善于办文办事的高效精干的办事机构，而且是富于改革创新精神、信息灵通、参谋意识强、善于出谋献策的参谋班子。

“四个转变”强调了秘书工作的科学化管理，并提出了逐步实现办公自动化的问题,这符合社会生产力发展、科学技术进步的趋势。以电子计算机为中心的各种新信息设备,已经或正在陆续为秘书部门所运用,极大地提高了秘书工作的质量和效率。随着办公自动化的迅猛发展,传统的秘书工作方式方法已经受到冲击和挑战。秘书工作的科学化管理是实现办公自动化的必要步骤和前提;而且,办公自动化程度的提高,又进一步提高了秘书工作的科学化管理水平。

三、秘书工作正逐步向制度化、规范化、科学化迈进

1985 年 1 月,全国党委秘书长、办公厅主任座谈会关于"三服务"指导思想和工作方式、工作方法上"四个转变"要求的提出,标志着我国秘书工作进入了一个新的发展时期,之后,秘书工作有了长足的发展。

1990 年全国党委秘书长座谈会以及 1991 年秘书长座谈会,提出了秘书工作要抓好信息调研、督促检查和精兵简政"三项重点工作"。其主要内容是:(1)信息工作要讲求实效,要在现有基础上,进一步拓宽内容,增加深度,提高质量。要巩固和完善信息网络,建立高效灵敏的运行机制;要加强对信息的整体开发和综合处理,增加信息的有效性;要结合督查和调研工作,加强信息的系列反馈。要围绕中心工作,抓住带倾向性、政策性的问题进行调查研究,提供有情况、有分析、有建议的调查报告,更好地为领导决策服务。(2)督查工作要围绕中心工作进行。要坚持实事求是,全面准确地了解和反映真实情况,力争做到有情况、有分析、有建议。督查工作的重点,是党的路线、方针、政策和重大决策、重要工作部署以及领导交办事项的贯彻落实情况。(3)精兵简政,不仅要坚决控制机构、人员的膨胀,而且要大力压缩不必要的会议,减少文件、材料、简报,不搞文山会海,使领导

和机关有更多时间和精力，深入基层，深入实际，研究问题，做好工作。“三项重点工作”的提出，体现了我们党一贯坚持和倡导的群众路线和实事求是的工作作风和工作方法，既适应了新形势下领导工作的新需求，也有力地促进了秘书部门的作风建设。

1994 年 12 月全国党委秘书长、办公厅主任座谈会，进一步提出了秘书工作队伍的“四项建设”，即思想建设、组织建设、业务建设和作风建设。思想建设是第一位的，最根本的是要用邓小平同志建设有中国特色社会主义理论武装我们的头脑，不断提高执行党的基本路线的自觉性，在政治上、思想上、行动上与党中央保持高度的一致。组织建设的重点是改善结构，提高人员素质，充实新生力量，培养后备队伍。业务建设十分迫切。当前新形势下，秘书工作面临着许多新情况、新问题，需要我们去熟悉、去研究，要造成努力学习新知识，刻苦钻研业务的良好风气。作风建设的要求是：拥护党中央、全心全意为人民服务的政治觉悟；不计名利、任劳任怨、无私奉献的革命精神；默默无闻、埋头苦干的思想情操；忠于职守、严肃认真、团结协作的工作作风；艰苦奋斗、勤俭办事、清正廉洁的优秀品质；严守机密、自我约束的组织纪律。加强秘书工作队伍的建设是一项长期的、艰巨的任务，需要作出坚持不懈的努力方能逐步实现。

综上所述，在邓小平同志建设有中国特色社会主义理论指导下，这三次对全国秘书工作有深远影响的全国党委秘书长座谈会所提出和研究的问题，都是在不断总结秘书工作实践经验的基础上，加以理论升华，又反过来指导秘书工作的实践，是实践、认识、再实践、再认识，通过实践发现真理，又通过实践证实真理和发展真理的过程。正是坚持了实践是检验真理的标准，坚持了秘书工作理论与秘书工作实践的紧密结合，在总结秘书工作实践中先后提出的“三服务”、“四个转变”、“三项重点工作”

及“四项建设”,使秘书工作的指导思想、工作方式方法、任务和要求,更加贴近时代的需要,秘书工作的基本思路日益清晰。我国的秘书工作正沿着制度化、规范化、科学化的轨道,为适应新形势下领导工作的新需求,不断向前迈进。

第五章　秘书人员

在新的历史条件下，领导工作对秘书人员的品德素养、智能结构、心理素质、职业道德与人际关系等方面，都提出了新的更高的要求。秘书人员只有不断提高自身的素质，才能当好领导的参谋与助手。

第一节　秘书的类型

秘书工作作为客观存在的社会活动，随着现代社会日新月异的发展，社会分工的不断细密，秘书职业化的要求更高，秘书工作也更趋成熟。从秘书学的角度，研究秘书工作，就必须对秘书群体进行科学的分类。

一、以服务对象来划分

以秘书的服务对象来分，可分为公务秘书与私人秘书。

公务秘书指服务于各级机关、社会团体、国有或集体企事业单位的秘书人员。我国的一些高级领导人的专职秘书也属于公务秘书，这是国家因工作需要特别配备的秘书，与一般的私人秘书不同。

私人秘书指由个人出资雇聘，服务于私营企业、外商独资企业以及个人的秘书人员。私人秘书主要出现在经济领域。一些私营企业家、个体户以及外资企业为了企业发展的需要,聘用秘书人员辅助其工作。对于私人秘书工作规律的研究,过去秘书学是很少涉及的。

二、以工作职责来划分

以秘书的工作职责来划分,主要有机要秘书、行政秘书、文字秘书、信访秘书、事务秘书、外事秘书,等等。

机要秘书　指专事机密和重要事务的秘书人员。包括了领导人的专职秘书以及在机关、单位中负责秘密文电收发、印章密码管理、承办领导交办的机密事项的人员。对这类秘书政治素质要求严格,应具有很强的保密意识。

行政秘书　指协助领导决策与提供综合性服务的人员。对这类秘书要求是既能参谋又能办事的复合型人才。在党委部门,称为党务秘书。在企业单位,一般又称企业秘书。

文字秘书　指撰拟文稿及文稿审核把关的秘书人员。要求具有较高的理论政策水平、分析综合能力及文字表达能力。

信访秘书　指接待与处理群众来信来访的秘书人员。要求熟悉政策法令,耐心细致,踏实负责,且有较强的协调能力和高超的沟通能力。

事务秘书　又称生活秘书,指主要负责机关、单位总务后勤工作的秘书人员。他们的工作范围较宽,包括通讯、车辆、用房、环境管理等各个方面。要求有强烈的责任感,勤勤恳恳,任劳任怨。

外事秘书　指从事外事服务工作的秘书人员,包括翻译人员及负责机关、单位中外事往来的人员。他们有较高的政策水平,熟悉外事政策和外事沟通技巧,待人热情大方,处事老练沉稳，仪态大方，有相当的外语口译和笔译水平。

此外，在一些高层次的机关、单位，还设有会议秘书、新闻秘书等。在教育科研系统，又设有教学秘书、科研秘书，等等。

三、以职务层次划分

以秘书担任的职务层次划分，可分为秘书长、办公厅(室)主任、秘书处(科)长、科员等。其中，秘书长、办公厅(室)主任身跨领导层与秘书层两个层次。

四、以能力类型划分

以秘书的个性特征与能力划分，可分为参谋型秘书、秀才型秘书、公关型秘书、办事型秘书。

参谋型秘书　指那些思维活跃，具有创新精神，善于分析与综合处理信息，调研与督查能力强，主要为领导提供参谋性服务，辅助领导决策，具有一定影响力的智囊型秘书人才。

秀才型秘书　指具有一定的理论基础与政策水平，文学素养高，写作水平高，文字表达能力强，通常称为“笔杆子”的秘书人才。这与一般含义上的文字秘书相通。

公关型秘书　指具有相当的公关知识与公关能力的秘书人才。他们擅长于沟通协调，能充分运用公共关系的一些传播手段，搞好组织与外部公众的关系，从而树立单位良好的形象，促进事业的发展。

办事型秘书　指精明干练，办事能力强，热心服务的秘书人才。他们面对繁杂的事务性工作，“上管天文地理，下管鸡毛蒜皮”，均能任劳任怨，有条不紊地处理，犹如机关、单位的“内管家”。

第二节　秘书的政治素养

秘书人员贴近领导,是领导的“左右手”,直接为领导工作服务。因而,对秘书人员的要求,要把政治思想品质放在首位。优良的政治思想品格,正确的世界观,坚定的信念和执著的追求,能激励秘书人员自强不息,奋发向上,钻研秘书业务,善于调节心理,出色地完成任务;反之,政治素质差,缺乏理想和追求,就会影响能力的提高和心理的平衡,难以胜任秘书工作。

秘书人员的政治素养,主要有以下几方面要求。

一、坚持正确的政治方向

秘书人员分布在各行各业,尽管具体的服务对象有所不同,但有一点是共同的,那就是我国的秘书工作,归根结底是为社会主义现代化建设服务的。因此,在政治素质修养方面,要求秘书人员坚持正确的政治方向,在政治上、思想上、行动上与党中央保持高度的一致。

坚持正确的政治方向,秘书人员就应不断提高贯彻执行党的基本路线的自觉性和坚定性。要坚持以经济建设为中心,把改革开放和四项基本原则统一起来。以“三个代表”重要思想为指针,在目前这样一个政治多极、文化多元、经济全球化的年代里,坚持与时俱进的理念。中国加入 WTO 后,对外交流与合作更加立体化,在全球化进程的推进中,我们既要大胆吸收一切对我们有用的东西,又要坚决抵制那些错误的、腐朽的东西。对此,秘书人员在自己的工作实践中,必须保持清醒的头脑。

坚持正确的政治方向,秘书人员就应坚定自己的共产主义理想和信念。邓小平同志指出:“过去我们党无论怎样弱小,无论遇到什么困难,一直有强大的战斗力,因为我们有马克思主义和共产主义的信念。有了共同的理想,也就有了铁的纪律。无论过去、现在和将来,这都是我们的真正优势。”有了理想和信念,有了崇高的人生追求,才能在建立社会主义市场经济这场深刻的社会大变革中,经受住严峻的考验,真正当好领导的参谋和助手。

二、强烈的事业心

对秘书事业有强烈的追求,热爱秘书工作,全心全意为人民服务,这是搞好秘书工作的思想基础。爱因斯坦说过,“热爱是最好的老师”。秘书工作也是这样,只有热爱它,才能刻苦钻研,不断进取,做出成绩。

有了强烈的事业心,才能化被动为主动,埋头苦干,任劳任怨,甘当无名英雄;才能积极主动地办文办事,出谋献策,搞好服务,勇于改革与创新,加快工作节奏,提高工作效率,以适应改革开放形势发展的需要。

有了强烈的事业心,就能出以公心,坚持对党和人民负责。在一般情况下,对领导负责,和对党对人民负责是一致的。各级领导确定的工作部署、措施办法,是从党和人民的利益出发的,是为社会主义建设事业服务的。因此,秘书人员对正确的决策部署,要服从领导,认真执行。但在实际工作中,领导者面临许多新情况、新问题与复杂的社会环境,难免有考虑不周或失误之处,秘书人员就要以党和人民的利益为重,以事业为重,出以公心,敢于“犯颜直谏”,陈以利弊,以诚相见,对领导提出中肯的意见或建议,不应唯唯诺诺,无原则地服从。有作为的秘书人员,应是事业心强的,忠于职守的,既是领导的助手,又是领导的诤友。

三、较高的理论政策水平

秘书工作的政治性、政策性强，要求秘书人员必须具有较高的政治理论水平和政策水平。

秘书人员要认真学习马列主义，提高自己的理论素养。尤其是要认真学习邓小平同志建设有中国特色社会主义的理论，因为这个理论是马克思列宁主义基本原理与当代中国实际和时代特征相结合的产物，是毛泽东思想的继承和发展。学习马克思列宁主义，不能满足于懂得一般的理论知识，主要是学会运用马列主义的立场、观点和方法去深入地观察问题、分析问题。要坚持唯物论的反映论，按照事物的本来面目及其内在规律去认识事物，反映事物，提高自己的观察能力、分析能力和判断能力。

秘书人员要认真学习党和国家的政策法令，特别是要认真学习、深刻领会十一届三中全会以来的路线、方针、政策，提高执行党的方针政策的自觉性。要认真学习和贯彻“三个代表”重要思想。实践表明，秘书人员的理论水平和政策水平越高，越能正确传递政令，把党的政策和本部门、本单位的实际很好地结合起来，越能提高工作的质量与水平；离开党的政策依据，就会迷失方向，不可避免地导致失误，给实际工作造成损失。

四、实事求是的思想作风

实事求是，是我们党的优良传统和作风。只有坚持实事求是，才能正确地认识和反映客观世界，敢于坚持真理，批判错误。解放思想与实事求是是统一的。我们的思想认识要符合客观实际，就要冲破落后的传统观念的束缚，改变因循守旧的精神状态，使思想认识适应发展变化的新形势。坚持实事求是，要求秘书人员在工作中,善于把党的路线、方针、政策同本地区、本部门、本单位的具体情况结合起来,勇于探索,及时总结经验,创造性地开展工作;要在办文办事、信息调研、督查落实、辅助决策中,尊重客观事实,如实反映情况,有喜报喜,有忧报忧,不夸大也不缩小,敢于坚持原则,不弄虚作假,更不能欺上瞒下,力戒工作的片面性、主观性。

第三节　秘书的智能结构

所谓智能结构即知识和能力的综合反映。秘书人员能否更好地胜任自己的本职工作,与秘书的知识结构和能力结构密切相关。

一、秘书的知识结构

古人云:非学无以广才,非学无以明识,非学无以立德。不断学习才能德才兼备。秘书人员除了需要有较高的理论政策水平,还需要有合理的知识结构。根据秘书人员的工作性质和内容、秘书的知识结构有三方面层次。

(一)基础知识

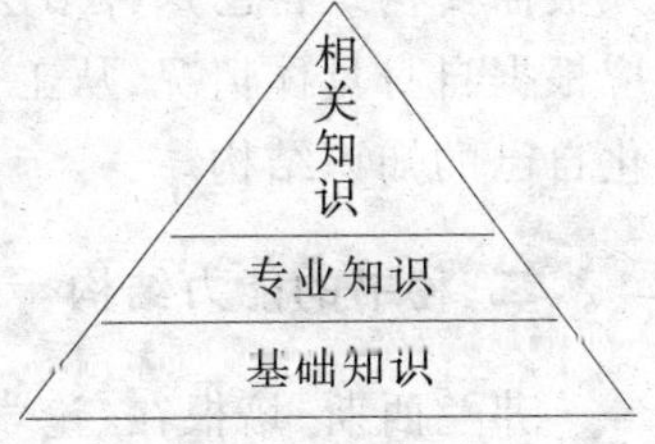

基础知识是秘书知识结构中的根基。基础知识越扎实、丰富,秘书的潜力发挥就越大。秘书的基础知识主要包括两大类,第一类是社会科学基础知识,如语文、历史、政治、哲学,细述之,则有中外思想史、文化史、社会主义建设史、革命史、政治经济学、文学理论、古今汉语、古今中外文学、逻辑学、写作基础、中西方哲学、中西方历史、外语等。第二类是自然科学基础知识,如数学、物理、化学、生物、天文地理等。

(二)专业知识

专业知识指秘书在工作范围、工作职责和工作内容内应掌握的知识。包括两方面的知识,一类是秘书学科专业知识,主要有秘书学、秘书史、秘书业务三大部分,秘书业务包括调研工作、信息工作、信访工作、文书工作、档案工作、机关事务工作等;还有公文写作和应用文写作知识等。另一类是秘书所在部门的业务知识。比如秘书供职于金融业,就必须掌握有关财政金融方面的基本知识;如供职于文教卫系统,就需要学习了解有关文教卫方面的基本知识。

(三)相关知识

相关知识指与秘书专业密切相关的一些学科知识。主要有行政管理学、社会学、心理学、公共关系学、新闻学、运筹学、法学、编辑学、领导科学、社会调查统计分析,等等。

以上三个层次的知识结构并不是并列的,而是有层次的:核心层次是专业知识,基础层次是基础知识,外围层次是相关学科知识。由这三个层次形成纵深拓展的多层次的知识结构。秘书人员需要构筑自己这种多层次的、博与专相结合的知识结构,并应根据自身具体情况,从工作需要出发,拾遗补缺,不断更新,优化自己的知识结构。

二、秘书的能力结构

弗兰西斯·培根在《论学习》一文中指出:“各种学问并不把他们本身的用途教给我们,如何应用这些学问,乃是学问以外,学问以上的一种智慧。”这种智慧就包括能力在内。在心理学中,能力指人们掌握知识并运用这些知识解决问题完成一定活动的本领。知识不等于能力,知识是能力得以发挥的基础。有知识的人,不等于有能力,有能力的人则一定要有知识,即“非学无以广才也”。秘书既要有知识,更需要有能力。知识素养再高,没有实际的动手能力,也算不上一个好秘书。秘书能力指秘书人员在实践中高效率高质量完成秘书活动的本领。这些能力包括表达能力、调研能力、交往能力、管理能力、办事能力和操作能力等。

(一)表达能力

现代秘书的能力结构中,表达能力是至关重要的。秘书在任何工作场合均离不开“写”和“说”这两个基本功。不会说的秘书不是好秘书,不会写的秘书则更糟。秘书的表达能力包括口头表达能力和文字表达能力两方面。

口头表达能力就是如何运用口头语言表达思维的能力。秘书人员在上情下达、下情上传的工作过程中离不开口头表达。如汇报工作、提出建议、传达指令、沟通协调、接待来访等,均要求运用口头语言进行正确的表达。要求反应敏捷、清晰自然、准确简练、有条不紊。

文字表达能力指书面表达的能力,即一般的写作能力。写作能力是秘书人员的基本功。秘书人员根据领导授意与工作需要,需经常撰拟各种文稿,写作范围很广。这就要求秘书不仅应具备一般的书面表达能力和写作技巧,而且应熟知各种应用文体的写作,如通用公文、专用公文及公务常用文。写作能力的提高没有捷径可走,而在于平时勤学苦练。

(二)调研能力

秘书的调研能力指调查研究的能力。秘书作为领导的参谋助手,根据秘书工作“四个转变”的要求,秘书应从偏重于办文办事转变为既办文办事,又出谋献策。秘书必须具有调查研究的能力,及时为领导决策提供准确全面的信息,并提出意见建议。

秘书调研能力包括调查能力和研究能力两个方面。调查能力包括与调查对象沟通的能力,以及运用各种调查方法的能力。比如对民意测验、个案访谈、座谈会等调查方法的熟练运用。研究能力即对现有的材料和史实进行研究分析的能力。也就是对调查得来的材料加以统计分类,运用各种演绎、归纳推导、对比以及数理统计等方法加以综合分析,从而得出科学的调查结论,并撰写高水平的调查报告。

(三)交际能力

交际能力指秘书与各种公众、组织打交道的能力。现代信息社会,一个组织拥有的公众将更加复杂,组织的横向交往将更多。现代秘书应当能联系上下左右,广交朋友,为组织利益建立更多的关系,以更好地完成工作任务。

有关秘书交际能力在本章第六节“秘书的人际关系”中予以更详尽的阐述。

(四)办事能力

秘书工作任务繁杂,如文书事务、接待事务、会议事务、领导交办事务等。办事范围广、内容多。这就要求秘书应具备很强的办事能力,面对众多事务有条不紊,妥善解决。一个能说会道,但缺乏具体处理事务能力的秘书也不是一名好秘书。秘书在处理事务时,应围绕领导工作的要求,培养自己独立处理事务的能力。尽管秘书工作带有被动性,但秘书应有工作的主动性,发挥自己独立办事的能力。这种办事能力包括组织能力和应变能力等。

(五)操作能力

秘书工作办公自动化已经成为现实。作为现代秘书,必须具有操作现代化办公设备的能力与技术。包括操作电脑、复印机、传真机、多功能电话机、摄像机、缩微机、数字多媒体系统等设备。而且,从发展趋势看,秘书人员掌握汽车驾驶技术已是工作的必需。

第四节　秘书的心理素质

秘书人员需要良好的心理素质。良好的心理素质,是指秘书人员善于自我调节和控制心理活动,经常保持心理平衡,以坚强的意志和毅力,克服困难,增强信心,做好秘书工作。

心理学告诉我们,在执行决定的意志中,往往受人们心理活动的支配,而人们的心理活动又直接支配人的语言和行动。人们的心理状态是复杂的,心理活动是多变的,探讨秘书人员的心理素质,要和意志、性格、兴趣、情感及情绪联系起来分析,才能把握其心理素质的要求。具体地说,要从以下几方面加强心理活动的自我调节和自我控制。

一、意志的调节和控制:坚毅

意志是自觉地确定目的,并支配行动,以实现预定目的的心理活动。意志有自觉性、坚忍性、果断性和顽强性等积极品质;也有盲目性、脆弱性、优柔性和顽固性等消极品质。秘书人员要锻炼和培养自己坚定的意志和坚强的毅力,在确定目的和接受任务时,要加强自觉性,克服盲目性;在遇到困难和挫折时,要坚忍不拔,勇往直前,不要意志脆弱,半途而废;在复杂的情况下办文办事,协助领导处理问题时,要多谋善断,有自信心,不要优柔寡断,缺乏自信;在实现目的付诸行动时,要有顽强的意志和作风,百折不挠;当发现问题或错误时,能及时改弦易辙,不要知错不改，顽固坚持。秘书人员要在工作实践中不断磨炼坚强的意志和树立自信心，发扬优秀的品质，防止和克服消极的思想意识。

二、性格的调节和控制：随和

性格是表现在人的态度和行为方面的比较稳定的心理特征的总和。性格表现为态度特征是多种多样的，主要有：关心与冷漠，刚烈与冷静，热情与孤僻，自强和懦弱，细致和粗心，等等。秘书人员作为"内管家"，要处处关心工作、关心集体和关心群众，对集体事业不能漠不关心，对待群众不能态度冷漠。性格刚强、急躁的，遇事要冷静，周密思考，防止急躁情绪和简单化倾向。性格孤僻的，要调动自己性格中的积极因素，主动热情地对待工作，联系群众，要尽力合群，融洽相处，不要孤独怪僻，脱离群众。性格懦弱的，要多看到工作中的有利条件，增强自强、自信、自爱，千方百计地完成工作任务。秘书工作是一项事务性强的工作，秘书人员需要耐心细致、脚踏实地，性格粗暴、粗心大意，是与秘书工作的要求不相称的。

性格有相对的稳定性，但随着客观环境和工作条件的变化，又有可变性和可塑性。也就是说，人的性格是可以改变、可以培养的。秘书人员要克服自己性格中的弱点，发扬优点，培养性格的随和性，以适应秘书工作的需要，积极调节自己性格中不适应、不适合的部分，不固执己见，不固守不变。

三、兴趣的调节和控制：应变

兴趣是指个人积极探究某种事物或某种活动的爱好所产生的倾向。兴趣是在社会实践中形成和发展起来的，也可以在社会实践中改变。秘书人员应该培养对自己职业的兴趣，努力学习秘书工作所需的各种知识，掌握秘书工作的基本功，不断提高业务水平。有些人做秘书工作，开始对秘书职业不是很理解，或者认识不足，不是那么感兴趣，而兴趣在其他方面；这时需要控制其他方面的兴趣，随机应变，主动调节自己的兴趣：热爱秘书工作，钻研秘书业务，逐步把秘书工作培养成个人心理特征中的稳定兴趣。

四、情感的调节和控制：平衡

情感是人的喜怒哀乐等心理状态。秘书人员也有丰富的情感，具体表现为对客观事物的好恶倾向、爱憎情感和态度。但秘书人员调查事物、处理问题时，不能感情用事，以个人好恶分析评价事物，以个人情感代替政策，而要有自制力，保持心理活动的平衡，用冷静、沉着的态度，严格按照政策办事，实事求是地调查和处理问题。秘书人员心理活动的自制与平衡，还要善于控制和调节自己的情绪，情绪激动时，不要忘乎所以；情绪低落时，不要灰心丧气。

第五节　秘书的职业道德

道德是一种社会意识形态，是人们调整自身与他人及社会之间关系的行为规范的总和。职业道德是具有一定职业特征的道德规范和行为准则。职业道德是人们长期职业实践的产物，是社会道德在职业活动中的具体表现。比如教师的职业道德是教书育人、无私奉献；医生的职业道德是救死扶伤、治病救人；法官则应秉公执法、铁面无私等，这些均是各行各业特有的职业道德。作为秘书，由于秘书工作的特性，决定了秘书人员应具有的职业道德是:忠于职守,廉洁奉公,团结合作,严守机密,文明礼貌。

一、忠于职守

秘书工作的辅助性、潜隐性,决定了秘书人员是"幕后角色",要求他们甘于平凡,乐于奉献,任劳任怨,恪尽职守,不因工作烦琐而厌倦,不因工作无名而抱怨。

邓颖超同志对秘书人员曾作过这样的高度评价:他们"工作既具体又繁忙,无论是管文件,组织会议,还是从事公文写作,常常需要加班加点,夜以继日地工作,而且很少能出头露面、留名得利。他们自觉地发扬这种埋头苦干、自我献身、甘当无名英雄的精神,正是秘书人员的高尚之处"①。邓颖超同志的评价,正是秘书人员职业道德的生动写照。

二、廉洁奉公

秘书人员要秉公办事,清正廉洁,不利用职权和工作之便,假公济私,牟取私利。秘书作为领导的参谋和助手,应自觉发扬党的艰苦朴素的优良传统,为政清明,抗拒腐蚀,自觉地抵制不正之风。做到吹吹捧捧不迎合,拉拉扯扯不下水,吃吃喝喝不沾边,以廉洁自律为荣,以以权谋私为耻。

三、团结合作

秘书部门处于机关、单位的枢纽部位,要负责综合协调。为此,秘书人员要处理好人际关系,加强团结,善于合作,协商办事。秘书人员虽贴近领导,不能有特殊感、优越感,更不能以"二

---

① 《秘书工作》1986 年第 1 期。

首长”自居，颐指气使，而更应从严要求自己，豁达大度。在工作中，既尊重对方意见，又按政策原则办事，互相支持，密切配合，做好工作。

四、严守机密

秘书人员由于工作需要，有更多的机会接触机密。秘书人员与其他人员相比，相对而言，知密早，知密多，知密深。因此，秘书人员要严守党和国家的机密，遵守保密法规条例和保密制度，做好保密工作，包括不说、不问、不看、不记自己不该知道的事情，保持高度的革命警惕性，防止失密、窃密事件的发生。

五、文明礼貌

秘书部门是机关、单位形象的“门面”和“窗口”，秘书人员的一言一行关系到整个机关、单位的形象，关系重大。因此，秘书人员要树立形象理念，要知道单位形象是组织的一笔无形资产，自己的一言一行事关单位的知名度、美誉度。因此，应把讲文明、讲礼貌贯穿在整个秘书工作之中，包括待人接物要文明礼貌，举止大方，衣着整洁，谈吐文雅，常带微笑；不轻易打断对方谈话，不随便打扰别人工作；对来访者，不论是干部还是群众，要热情相待，言语得体，既不阿谀迎合，也不傲慢冷淡。

第六节　秘书的人际关系

纷繁复杂的社会，是由各种各样的关系组成的，而对人类影响最多、意义最大的便是人际关系。世界 500 强的 CEO 在接受媒体访谈时，都不约而同地发出感慨：事业成功最重要的并不在于个人专业技术水平，而是人际关系的水平与能力。如社会中的亲友关系、同学关系、同事关系、上下级关系、师生关系，等等。正是由这层层密密的关系构筑了人类社会的一个个单元。正是这些单元在物质和精神上满足了人们的一种深层心理需要。秘书部门处于机关、单位的枢纽部位，秘书人员要融入各色各样的人际关系，是否能处理好这些人际关系，直接影响着秘书工作的成败。

一、秘书人际关系的重要性

人际关系是属于社会心理学的一个概念，主要指个人在社会交往实践中形成的人与人之间的相互作用和相互影响。即从个体关系的角度概括人的各种社会关系，其涵盖面包括个人在生活、生产及其他社会活动中形成的一切人与人之间的关系。人际关系一般具有以下特点：第一是个体性。即和一般的社会关系不同，人际关系本质上表现在具体的个体间的互动过程中。第二是情感性。即人际关系的基础就是人们彼此间的感情活动。这种情感倾向决定人际关系中可以分两大类情况，一种是因喜欢而产生的互相接近或吸引的联合情感；一种是因厌恶而产生的互相排斥和反动的分离情感，所以就有可能发生那种形影不离或互相敌视甚至伤害的种种情形。第三是对应性。即人际关系总是与人际行为相对应。比如喜欢某人，便会表现出亲近和帮助对方的行为，而厌恶某人则会表现出回避或攻击的行为。

正因为人际关系具有以上特点，作为秘书能否根据工作需要正确地处理人际关系就显得特别重要。

作为秘书，由于工作的特殊性，其人际关系显得特别复杂。承上启下，沟通左右，联系内外，秘书正处在这些关系的中枢，如何处理好这些关系至关重要。对于秘书而言,人际关系越多,越融洽和谐,工作就会越顺利。如果人际关系扭曲,那么工作就很难开展。很显然,一个经常与领导闹矛盾、与同事赌气的秘书是不可能做好秘书工作的。

二、秘书处理人际关系的方法

美国教育家戴尔·卡耐基曾做过一个成功的调查,认为事业成功的人,只有15%是靠他的技术,而85%是靠人际关系和处世技巧;认为人际关系成功的人势必在别的方面也会是很成功的。不管这种理论有多少科学性,我们认为,对于一个人而言,成功的人际关系确实可以称得上是工作的润滑剂,是事业的催化剂。秘书人员处在人际关系的中心,如何处理好各种关系,方法有很多。

(一)以真诚给他人良好的第一印象

人际关系是在人与人互动过程中产生的,这种互动的交往过程就是彼此感情上的认可和互相影响的过程。第一次见面的人就是凭着第一印象来认可对象,而往往这种第一印象即心理学知觉偏见中的首因效应,会影响人们交往的很长一段时间。就像一曲音乐一开头的基音就定了调,一曲始终,这基音影响着人们整个欣赏过程。秘书工作也一样,第一次与领导谈话,第一次接待来访者所留给他人的印象往往是深远的,一时难以抹去的。作为秘书就应该以自己的真诚去建立他人心目中的美好印象。要让第一次和你相识的人对你终生难忘是很难的,然而想让人下次更愿与你交往却是不难的,而且这也正是秘书应力求做到的。惟有此,秘书的人际关系方能和谐融洽,方能为自己的工作打开局面。

何谓真诚?即真诚地款待他人、主动地关心他人、真诚地赞美他人。表现在具体的秘书工作中,就是急他人之所急,想他人之所想,别人有求于你时,应主动热忱地给予帮助。在同事取得成功时,应为他人的成功而欣喜,真诚地给予祝贺。在领导需要你时,应积极地给予协助,但不阿谀奉承。

(二)不妨做一个好听众

人人都希望自己是受重视的、被尊重的。秘书工作每天要接待各种各样的人,要同他们交谈,在这时,秘书最明智的做法,就是做一个好听众,多听少讲。

领导找你谈工作时,自然是吩咐你要干的事情。这时你静静地听,默默地记,认真地想。不称职的秘书才会不断地去打断领导的说话,以至于领导产生厌烦。当然,领导需要你发言时,你便可坦言相陈,不应拘束寡言。

秘书与同事或来访者交谈时,更应表现出忠实听众的姿态。做一个优秀的听众,应采取一些倾听的技巧,比如移情式倾听的技巧就非常重要,无论对象是领导还是一般同事,都应努力站在对方的立场,要热情诚恳地注视对方,对对方谈话应有所表示,千万不要坐立不安,心神不宁,更不可以心不在焉,甚至不屑一顾,同时应间断地表示你的意见和想法,否则留给他人太多的谜同样也是不成功的交往。成功的人际关系意味着他人从你这里得到了满足,你也从中得到了一份友情。

(三)多用礼貌语

秘书的工作是事务性的,迎来送往是常事。在这个程序中,秘书需要付出更多的热情,去沟通联络各种人际关系。请记住,不要忘了使用礼貌语。礼貌语是人类文明的一种表现,它表示对他人的尊重,能让对方感到亲切愉快,同时又能树立秘书自身的良好形象,与你交往的人会认为你是个富有涵养的好秘书,在心理上更愿意与你接近,沟通人际关系的桥梁会因为一句简单的礼貌语而架起。

常见的礼貌语有很多类型，比如，问候致意：如“您好！”“早上好！”“下午好！”“晚安！”欢迎语：如“欢迎您！”“见到您真高兴！”礼请语：如“请坐！”“请讲！”道谢语：如“谢谢！”“非常感谢你的帮助！”致歉语：如“对不起！”“实在对不起！”“麻烦您了！”“给您添麻烦了！”告别语：如“再见！”“回头见！”“欢迎您再来！”

在日常社交活动中，应倡导多用以下一些礼仪语：初次见面说“久仰”，好久不见说“久违”；请人批评说“指教”，请人原谅说“包涵”；请人帮忙说“劳驾”，求给方便说“借光”；麻烦别人说“打扰”，向人祝贺说“恭喜”；求人解答用“请问”，请人指点用“赐教”；托人办事用“拜托”，赞人见解称“高见”；看重别人用“拜访”，宾客来临说“光临”；陪伴朋友用“奉陪”，中途先走称“失陪”；等候客人称“恭候”，请人勿送用“留步”；对方来信称“惠书”，老人年龄称“高寿”。

（四）牢记他人的姓名、职称、职务

一个很久未见的熟人突然叫出你的名字，肯定会让你惊喜不已，说明你在他人心目中的位置，说明你是重要的，让人喜欢的。如把别人的名字叫错那是很尴尬的事，在人际交往中，往往会产生意想不到的麻烦，一个人的职称和职务也是一样，人人总希望他人知道自己的工作和地位，尤其是上司或一些有身份的人。作为秘书经常参与领导之间的交往，如在这种场合，你叫错了他人，不仅是不礼貌的，不尊重的，更重要的是，也许一次很好的交往机会会因此而丧失，随之，也会给自己的工作带来诸多不便。不妨在每次交往前，用心记住别人的有关情况，如忘了，千万不要冒昧瞎猜，不妨诚恳地讨教对方，或从旁打听也无妨。总而言之，记住他人的姓名是对他人的尊重，也是开发人际关系的名片。

(五)永远带点微笑

微笑总被认为是友好的。没有人会拒绝微笑。这是一种感情,一种品格,更是一种技巧。因为一方露出微笑,也能牵动对方向你露出微笑。如此,大家均能从微笑中感受到友爱与幸福,关系从这里打开,交往也从这里开始,我们经常可以看到一些秘书沉着脸与人交谈,甚而至于凶神恶煞一般。这时什么友谊都会远离你而去,别人也不愿再见到你。

作为一个有修养的秘书,应适度地露出你的微笑,在赞美别人时,露出你的笑容;在拜托别人时,请露出笑容;在直言相谏时,也不妨露出点笑容;在工作繁忙疲惫不堪时,也露出点笑容。

笑是世界上最美好的财富,露出你真诚的微笑,世界属于你。

第六章　调查研究

调查研究是人们正确认识世界的重要手段，是马克思主义认识论在实际工作中的生动体现和具体运用。调查研究作为一种科学的认识方法和工作方法，是坚持马克思主义实事求是思想路线和群众路线的正确途径，是把理论与实际联系起来的重要桥梁，是党和政府制定方针政策的重要依据。因此，调查研究对于任何一个部门、任何一个实际工作者在任何时候都是极其重要的。作为秘书人员更要努力学习和掌握调查研究这项基本功。

第一节　调查研究的基本原则

调查研究是一项严肃的科学工作。科学的调查研究活动必须遵循正确的原则。马克思主义的科学世界观和方法论——辩证唯物主义和历史唯物主义，作为自然、社会和人类思维发展最一般规律的科学，为各门具体社会科学的研究提供了基本理论观点和方法论原则。邓小平同志建设有中国特色社会主义理论，是当代中国的马克思主义，是制定党的路线、方针、政策的理论基础，是完成各项任务和实现社会主义现代化建设的指针。要搞好调查研究工作，科学地去研究和解决改革开放新形势下社会生活中的各种现象和问题,最根本的是要坚持以马克思主义、邓小平同志建设有中国特色社会主义理论和“三个代表”重要思想为指导。坚持以科学的理论为指导,在调查研究的具体实践中,必须遵循客观性原则、实践性原则、群众性原则和综合性原则。

一、客观性原则

客观性原则是指在调查研究中应尊重客观事实,一切从实际出发,实事求是,准确地、真实地反映客观的社会现象、社会问题、社会事实。

坚持客观性原则,必须在“真实准确”方面下功夫。在调查研究过程中,要努力克服形形色色的主观主义因素的干扰,真正做到“五不”:一是“不惟上”,即不能为了迎合上级领导机关或某些权威人士的意图,任意歪曲客观事实;二是“不惟书”,即不能为书本上已有的老框框所禁锢,而不尊重活生生的现实;三是“不惟众”,即不能“随大流”,不能为多数人不符合客观规律的看法所左右;四是“不惟己”,即不能以自己的看法为转移,害怕否定自己的不符合实际的观点;五是“不惟洋”,即不能盲目地以外国人的是非好恶为标准,而是从中国的实际情况出发,以中国人民的实践为最终检验标准。

二、实践性原则

实践性原则是指从实践的需要出发确定调查研究课题,回答实践中提出的问题,把调查研究的成果用于指导实践。

坚持实践性原则,必须把调查研究同解决影响社会发展的社会现象和社会问题紧密结合起来,预测事物发展的可能倾向,把握社会发展的趋势。当前,调查研究必须同建设有中国特色社会主义紧密联系起来,选择与改革开放和发展社会主义市场经济相联系的调查课题,回答现实中提出的重大问题。从一个地区一个单位来看,要从各自实际工作需要出发,抓住工作中的主要环节和一些亟需解决的重要问题进行调查研究,使每项调查研究都具有重要的现实意义。

坚持实践性原则,还必须把调查研究和决策结合起来。通过调查研究,为决策机关制定正确的方针、政策和措施提供依据。调查研究工作要做到为决策服务,就不能一般地提问题,而是要通过深入细致的分析研究,提出与实践相符合的见解,拿出解决问题的主张、办法、措施来。

三、群众性原则

群众性原则是指进行调查研究,必须深入到广大群众中去,充分相信和依靠群众,拜群众为师,虚心向群众学习求教。

坚持群众性原则,要求调查者一定要深入群众,深入到生产和工作的第一线去进行调查研究。不能认为走出了办公大楼,离开了机关大院,就算深入实际;也不能认为听了下级干部的汇报,看了有关的资料,就算深入群众。那种浮在上面,或蜻蜓点水式的调查,是调查不到什么真实情况的,我们要坚持反对。

坚持群众性原则,必须尊重群众,虚心向群众学习。调查者要眼睛向下,放下架子,甘当小学生,虚心求教,和群众打成一片,这样才能取得群众的信赖和支持,调查到丰富生动、真实可靠的材料,达到预期目的。那种居高临下,态度傲慢,把群众当“阿斗”,把自己当“救世主”的调查,绝不可能听到群众的真话、实话、心里话。

坚持群众性原则,还必须对人民群众负责,全心全意为人民服务。在调查研究中,要抛弃个人的一切私心杂念,敢于反映现实,敢于揭露矛盾,敢于秉笔直书,敢于做人民群众的忠实代言人。

四、综合性原则

综合性原则是指调查研究应多方位、多角度、多层次地综合进行。

社会是由许多子系统构成的大系统,是由多层次、多方面、多系统构成的。同样,一个社会现象、一个社会事实也是多层次、多方面的。因此,在调查研究中既要看到正面,还要看到侧面和反面;既要看到静态方面,又要看到动态方面,多角度、多层次地全方位调查。

综合性原则也体现在调查研究方法上的综合性。要获得真实的、准确的调查材料,仅仅靠一两种调查研究方法和技术是不够的,必须综合运用多种技术和方法,取长补短,才有成效。

综合性原则还体现在学科知识运用上的综合性。由于社会现象的复杂性和多变性,在调查研究中应运用多种学科知识,尤其是对重大社会问题调查时,最好是由多学科人员互相配合,综合调查,以取得最佳的效果。

在调查研究的实践中,要善于把这些基本原则作为整体来理解把握,融会贯通,综合运用。

第二节　调查研究的基本类型

一、调查的分类

按照不同的标准,调查可作不同的分类。

按调查对象的范围,可分为全面调查和非全面调查。全面调查就是对调查对象的全部单位所进行的调查。如普遍调查,简称普查,就是一种全面调查。非全面调查就是对调查对象的部分单位所进行的调查,如典型调查、重点调查、个别调查、抽样调查等,都是非全面调查。

按调查时间,可分为经常性调查、一次性调查和跟踪调查。经常性调查,是指随着研究对象的变化,根据实际需要而进行的连续调查。它包括周期性调查、阶段性调查和不定期的经常性调查。一次性调查,是指只进行一次或只能进行一次的调查。跟踪调查,是指在不同时期对同一调查对象进行的定点调查。它包括长期跟踪调查、周期性跟踪调查和不定期跟踪调查。

按调查内容,可分为综合调查、专项调查。综合调查,内容比较丰富、广泛;专项调查,内容比较专一、集中。

按调查方式,可分为直接调查和间接调查。直接调查就是调查者直接接触调查对象所进行的调查。间接调查就是通过某种中介间接向调查对象进行的调查。

此外,从调查的层次来划分,有情况性调查和研究性调查;从调查对象的状态来划分,有静态调查和动态调查;从调查资料的性质来划分,有定性调查和定量调查;从调查的深度来划分,有描述性调查、因果性调查和预测性调查;从调查的地域来划分,有全国性调查、地区性调查、城市调查、农村调查,等等。

二、常见的调查类型

在上述多种多样的调查类型中,最基本、最常见的类型主要有:普遍调查、专项调查、典型调查、抽样调查以及民意调查。

(一)普遍调查

普遍调查,即普查,是指在一定的总体范围内,对所有对象进行逐一不漏的调查,以获得完整、系统、多项目的数据和资料。

普查的优点,最主要的是调查资料的全面性和准确性,与其他类型的调查相比,它所搜集的资料全面,而且误差小、精确度高。

但是,普查也有明显的局限性。这种调查一般是在较大范围内统一组织、统一要求、统一时间进行,不仅工作量大,花费大,组织工作异常复杂,而且时效性差;调查的内容也有限,只能调查一些最基本、最一般的社会现象,很难对社会问题进行深入细致的研究。它一般只适于对有关全局性的基本情况进行调查。

通常开展普查,都是为了制定重大政策或规划作依据而进行的,如全国人口普查、全国工业普查等。

随着我国改革的深化,管理水平的提高,以及计算机的发展和普及,为我们进行大规模的普查提供了强有力的手段。普查将发挥越来越大的作用。

(二)专项调查

专项调查,是指专门就某一项目、某一问题或某一事件进行的调查。

专项调查的优点是:调查对象是按专项要求限定的,范围明确,内容专一,方式灵活,能较快地取得调查成果。这种调查方式用得较多。如对某一地区科技人员使用情况的调查,某一地区中小学生流生情况的调查,某一重大事故的调查等。既可单独使用,称之为“一事一议”、“一事一派”,又可配合大的调查研究项目穿插使用。

但是,这种方法的缺点是,不容易综观事物的全貌,容易忽视与事物整个过程的联系,而只注重事物的某一侧面,出现“瞎子摸象”的情况。

(三)典型调查

典型调查,是指在一定的总体范围内,根据调查目的,选择有代表性的单位进行调查,以推论总体,是深入了解社会情况的重要方法。

典型调查的特点是:调查对象是具有一定的普遍性、代表性的典型,典型的选择不是随机抽样而是依据分析判断来确定的;调查对象少,可以深入细致地“解剖麻雀”;而且所需时间、人力、物力较少,形式方便灵活;侧重于定性研究,从典型推及一般。

能否准确地选择典型,是典型调查成败的关键。如果典型不具很强的普遍性、代表性,将特殊规律误认为是适用于全局的一般规律,用以指导全局就会造成整个工作失误和失败。因此,一定要重视正确选择典型。一是必须从大量社会现象中加以对比研究,找出典型。二是要根据调查的不同目的,选好典型,包括一般典型和突出典型。突出典型,又有先进典型和落后典型之分。如果调查的目的在于探索事物发展的一般规律和反映一般情况时,应选取一般典型,即选择那些能代表全面情况的典型。如果调查的目的是为了取得成功的经验,或失败的教训,则可以选择先进的或落后的典型。三是要考虑被调查事物本身的特点,注意典型的代表性。在调查的总体范围内各单位的特征差异性较小时,可选择一个或几个典型单位;在调查的总体范围内各单位数量多或各单位差异较大时,就要采取“划类选典”的办法,即先根据调查对象的某些特征进行分类,然后在各类中选择典型。

(四)抽样调查

抽样调查,是指在需要调查的总体中,按照随机原则,抽取一定数量的单位作为样本,围绕一定的目的进行调查,以样本的结论去推断总体情况。

抽样调查的特点是:按照机会均等的随机原则选取样本,从根本上排除了调查者主观因素的干扰,保证了样本对总体的代表性和客观性;抽样调查侧重于定量分析,可以样本值推算出总体值;样本要有足够的数量,才能揭示其代表性,样本数越多精确度越高;抽样调查只是对总体少数样本单位进行调查,可以用较少的人力、费用和时间,解决许多不可能或省去许多不必要进行的调查统计任务。

抽样调查的常用方法主要有三种:一是简单随机抽样,又称纯随机抽样,即对总体单位不进行任何组合,仅按随机原则直接抽取样本。这种方法适合于同质性强、差异度小的调查范围。具体有直接抽选法、抽签法和随机数表法等。二是等距随机抽样,又叫机械随机抽样或系统随机抽样,它是先将总体各单位按某一标志顺序排列,编上序号;接着,用总体单位数除以样本单位数求得抽样间隔;然后,在第一个抽样间隔内随机抽取一个单位作为第一个样本单位;最后,按抽样距离作等距离抽样,直到抽取最后一个样本单位为止。这种方法适用于个案数目大的总体。三是类型随机抽样,又叫分层随机抽样,它是先将总体各单位按一定标准分成各种类型(或叫层);然后根据类型单位数与总体单位数之比率,确定从各类型中抽取样本单位的数量;最后,按照随机原则从各类型中抽取样本。这种方法适用于总体内个案数比较多、构成复杂的情况。

抽样调查是介于普查和典型调查之间的一种调查方式,它比典型调查的结果可靠,比普查简便易行。

再说一下民意调查。民意调查,又称民意测验,实际上是民意抽样调查。但民意调查不注重推算总体值,而更注重调查范围的数据比例,以分析趋势,探测民意。民意调查的作用在于,民意调查的结论,在一定程度上反映了民众的心愿和意向,从一个侧面为领导决策提供依据。

第三节　调查研究的程序

调查研究大体上可分为三个阶段，即准备阶段、实施阶段和完成阶段。

一、准备阶段

准备阶段是调查研究的决策阶段和打基础的阶段，是整个调查研究工作的真正起点。准备阶段的主要任务有三项。

（一）确定调研课题，明确成果目标

合理确定调研课题是搞好调查研究的首要前提。它决定着调研成果的价值和应用。调研课题的来源主要有领导提出的课题、秘书部门确定的课题和调查者自选的课题。确定课题的要求是，在选题方向上，要注意选有现实意义的课题，抓住苗头性、趋势性的问题和现实生活中的矛盾点、难点以及领导关注的问题。在选题范围上，一般而言，选题宜小不宜大，题目小一些便于深入，也可以小见大；有时根据需要确定的重大课题，涉及范围较广，也应“大处着眼，小处入手”，把大题目分解成若干有内在联系的小题目，从不同侧面与层次开展调查。自选课题还要注意量力而行，考虑自身调研力量能否胜任。在课题确定之后，应对调研的成果目标有所预见，有所设计。对调查对象所处的不同发展阶段，要有不同成果目标的要求。如萌芽期，就是事物的发展初期，调查的目标要求是讲清其性质和发展方向，指出应肯定还是否定即可，不应确定总结经验的目标。生长期，就是事物的性质和发展方向已经清楚，应当讲如何使它进一步发展，即

主要讲思路、讲措施。成熟期，应当讲如何使它进一步完善提高。只有目标明确具体，才能事半功倍，避免无效劳动。

(二)学习有关文件，掌握有关资料

调查研究前，认真学习有关理论和上级有关方针、政策、指示以及有关业务知识，是十分必要的。通过学习，可以明确调查研究的方向，掌握正确的立场、观点和方法，提高思想政策水平。做好与调查内容、调查对象有关的资料收集工作，充分了解和掌握前人已有的调研成果，以免重复劳动，浪费时间和精力。

(三)制定调研计划，拟定调研提纲

有了实事求是的调研计划，可以避免盲目性，掌握主动权。调研计划的内容，主要包括调研的目的要求，调研的对象范围和方式方法，调研的时间、步骤和进程，调研的人员组织与注意事项等。同时，在调研实施之前，还需要拟定一个起指导作用的调研提纲。有了调研提纲，大家就可以按照同一目标和统一的要求，从不同侧面有计划、有预见地开展调查，收集资料。有人认为，调查前没有必要拟提纲，拟定提纲容易形成框框。经验证明，进行调查研究如果事先没有提纲，临时想到什么就调查什么，往往走弯路。拟定调研提纲与画框框的出发点不同，前者是为了研究某些专题，解决问题，提出收集的线索，使调查者在收集资料和研究问题时有所遵循，不致顾此失彼。后者则是带着框框到实践中去找证据。在运用提纲时，除根据提纲的内容进行调查以外，还应该按实际情况，因事制宜，适时地调整、充实、丰富提纲的内容，使之更适于调查研究工作的开展。

二、实施阶段

实施阶段是调查研究的中心环节。这一阶段的主要任务是，根据调研计划和调研提纲，深入实际调查研究，搞好材料收集整理,并认真综合分析研究,提出调查结论。其基本过程是:调查——研究,再调查——再研究。

(一)采取各种调查方法,做好收集材料工作

材料是研究的基础,材料详实丰富,研究才有坚实的基础。在调查过程中,要力求全面系统地收集材料,掌握情况。同时,要边调查边研究,对调查所得材料要进行整理、分类与核实,去粗取精,去伪存真,以便及时发现问题,就地补充调查。不能把调查与研究分成两个阶段,研究应贯穿调查全过程。如果在调查过程中对材料粗加工,使之条理化、系统化,形成调研报告某方面的"预制件",那么对全面综合分析研究和调研报告的形成,无疑要省力得多,可以事半功倍。因此,研究工作不能等到调查结束之后再去做,而是一开始就要注意。

(二)认真综合分析研究材料,得出正确的调查结论

对整理核实后的调查材料,"由此及彼,由表及里"进行思维加工,揭示事物的内在本质,说明事物的前因后果,预测事物的发展趋势,作出自己的理论说明,并在此基础上提出对实际工作的具体建议。在综合分析中,要有步骤地解决三个问题:一是从调查材料中剖析事物的本质,找准主要矛盾,确定我们所要提出和回答的中心问题;二是用联系和发展的观点,找出带规律的东西,并沿着这个规律研究得出有关的一系列基本观点;三是再按照这些基本观点,从调查材料中找出最有说服力的事实,进一步加以论证,使观点和材料统一起来。这种综合分析搞得越细、越深,调查研究工作就越有创见,写调研报告也就越顺手。

二、完成阶段

完成阶段是按要求出成果的重要阶段。主要是运用马克思主义的认识论原理,对调查研究作整体分析,撰写调研报告,同

时对调查研究工作进行总结。

调研报告是调查研究成果的集中体现。撰写调研报告的主要目的是,把调查所得的材料加以系统的整理和具体的分析研究得出的结论,以书面的形式,向领导机关和有关部门报告,使之对所调查的实际情况有全面和确切的了解,便于研究和处理问题,作出决定,指导工作。因此,调研报告的写作过程,实际上是对客观事物反复深入研究的过程。写好调研报告,把调查结果清楚明白地表达出来,具有重要的意义。

认真总结调查研究工作,对于提高调查研究的能力和水平,具有积极的作用。总结工作,包括整个调查研究工作的总结和每个参与者的个人总结。通过总结,既要积累成功的经验,又要吸取失败的教训,特别是要注意寻找改进调查研究工作的途径和方法,为今后更好地进行调查研究打好基础。

第四节　调查研究的方法

调查研究方法,概括地讲,可分为调查的方法和研究的方法两大类。

一、调查的方法

调查的方法,主要有文献调查法、实地观察法、访谈调查法、问卷调查法和实验调查法等。

(一)文献调查法

文献调查法,也称历史文献法,是指根据一定的调查目的,通过收集各种文献资料,摘取与调查课题有关的情报的方法。这里所说的文献,主要是指文字材料、数字材料及音像资料等。

文献调查法的目的和作用，在于充分了解事物的背景与概貌。为了全面地研究现在，就要了解研究已有的各种资料。文献调查法为调查研究提供的基础材料、历史材料及数据材料，有助于进行全面的比较分析，以探求事物发展变化的规律。

文献调查法往往是一种先行的调查方法。但文献调查所得的情报，一般只能作为社会调查的先导，而不能作为调查结论的现实依据。

（二）实地观察法

实地观察法，是指调查者到现场实地考察，运用自己的感觉器官，或借助科学的工具和手段，通过对社会现象或问题的描述、记载来收集资料的方法。

实地观察法的主要优点是，调查者能在实地直接感知客观对象，所获取的是直接的、具体的、生动的感性认识，能掌握大量的第一手资料。在某些特殊情况的调查中，如灾情的调查、事故的调查、犯罪现场的调查，实地观察法成为必不可少的调查手段。

但实地观察法所观察到的是事物的表面现象或外部联系，而且是一定时间、地点、条件下的社会现象，带有一定的偶然性。因此，不能仅仅根据观察到的事实就对事物的本质及其发展规律作出完全肯定的结论。

（三）访谈调查法

访谈调查法，是指调查者通过对调查对象的访问交谈来了解情况、收集材料的方法。

访谈调查法具体形式很多，这里只介绍个别访谈法和集体访谈法。

个别访谈，是指有选择地对一个存在特定社会关系和环境的具有生动个性的特定个体的访问。要取得个别访谈的成功，必须熟练地掌握和运用各种访谈技巧，建立起良好的人际关系，使被访者愿意讲真话，提供真实情况。因此，在访谈中，首先，要表明来意，介绍自己的身份，说明调查的目的、意义和内容，讲清选择被访问者作为调查对象的理由和方法，并努力消除对方的疑虑。其次，要尊重对方，以礼待人，如称呼要恰当，守时不失约。要虚心求教，并认真地听取被访问者的回答，绝不可以钦差大臣的态度去强加于人。再次，提问要得体，不要随意打断对方的谈话。发现回答中有含糊不清，可以适当追问。同时，还要入乡随俗，遵守当地的风俗习惯。

集体访谈，是指调查者邀请若干被调查者，围绕同一主题，通过开座谈会的方式来了解情况、收集材料的方法。用集体访谈法进行调查，关键要做好会前准备工作，认真开好调查会，特别是要注意四个问题：一是人数和人选要适当，一般三五人至十多人，不宜过多，人选要有代表性；二是要开有准备的会，事先告知座谈内容，使与会人员有所考虑和准备；三是要开讨论式的会，不要搞成问答式，讨论式气氛活跃，可以相互启发，问题谈得透彻；四是要抓住中心，善于启发诱导。

调查会的优点是，有利于较快地掌握各方面的情况，了解各种不同的意见；通过互相启发、回忆和印证，集思广益，使材料更确切可靠。缺点是由于人际关系等原因，有时会互相牵扯，不易说心里话，甚至会说一些违心话，有的难以在会上深谈细谈，还需要会后个别访谈，以资补充。

近几年来，从国外引进的“德尔菲法”是集体访谈法在现代条件下的进一步丰富和发展，是一种集体的预测性调查方法。其具体做法是，将需要调查的问题，向参与调查的有关专家分别函询调查。然后，将专家们回答的意见进行综合、整理、归纳，又匿名反馈给专家，再次征求意见。这种调查的特点是匿名，背靠背地征询意见，不受干扰，可以充分表达个人意见，把专家的智慧集中到一个目标上。

(四)问卷调查法

问卷调查法，是指调查者运用统一设计的问卷并选定一定数量的调查对象了解情况或征询意见的方法。

问卷调查法的特点是，能突破时空的限制，在广阔的范围内，对众多的调查对象同时进行调查；回答问卷不署名，被调查者能尽情表达自己的真实情况和想法；问卷调查所获取的资料，特别是封闭式问卷所取得的调查资料，便于进行定量分析和研究。但难以对复杂问题进行深入的探索和研究。问卷调查的回复率和有效率低，不适用于文盲和半文盲的调查。

问卷调查法主要有开放式问卷、封闭式问卷两种基本形式。开放式问卷，是指问卷中所列问题没有固定的、规范化的标准答案的问卷，调查对象完全可以自由作答。封闭式问卷，是指预先罗列了若干可能的答案，由调查对象选择作答。如果研究课题涉及大量复杂的而答案又无法事先确定的问题，并且要了解的是研究对象的特殊见解、观点、价值准则、信仰等深藏其心底的思想、愿望时，可以设计开放式问卷。如果研究课题涉及问题的定类、定序等变量而问题的答案可以事先详尽地确定，并且调查对象比较多、文化程度较低时，可以设计封闭式问卷。

两种形式各具优点，开放式问卷，可以充分表达调查对象的意志，不受局限；而封闭式问卷，则比较省时，又便于统计，调查结果可以量化。在实际的问卷设计中，一般采取两种问卷形式结合使用，前列问题选用封闭式问卷，后列问题选用开放式问卷。

(五)实验调查法

实验调查法，是指经过特殊安排，适当控制某些条件，使一定的社会现象发生,以揭示其产生原因或规律的方法。

实验调查法的特点是,控制某种条件,较准确地了解有关现象的变化,深刻地掌握事物发展的规律;可以经过反复实验,使某种社会现象在大致相同的条件下重复发生,因而结论一般具有较高的准确性和可靠性。

实验调查法在自然科学中早已得到广泛的应用,但在社会科学研究中却受到一些限制。如对社会现象进行实验时,其环境条件难以控制,不少社会现象的产生条件很难用人工的方法来创设,有些社会现象、社会问题虽然可以创造条件使其发生,但其结论往往不太适应现实,有些实验引起的社会现象可能与社会本身发展的规律相背离。这些情况,应在运用实验调查法时引起重视。

以上所述的调查方法,在实际的调查中,总是相互补充,结合使用的。

二、研究的方法

研究的根本方法是科学的哲学方法即唯物辩证法。但唯物辩证法总是体现在具体方法之中。从研究的具体方法看,主要有逻辑方法和系统方法等。

(一)逻辑方法

科学的逻辑思维方法,是人们正确进行思维和准确表达思想的重要工具。这里我们着重介绍在调查研究中几种常用的逻辑方法。

——比较和分类

比较,是确定认识对象之间的相异点和相同点的逻辑方法。世界上的一切事物都有相异点和相同点。通过对事物之间的这种差异性和共同性的比较,来区别事物,达到对事物深入的了解和认识。常用的比较方法有横向比较法、纵向比较法、理论与事实比较法。横向比较法，就是根据同一标准对不同认识对象进行比较的方法。纵向比较法，就是对同一认识对象在不同时期的具体特点进行比较的方法。理论与事实比较法，就是把某种理论观点与客观事实进行比较的方法。运用比较方法认识客观事物，必须有统一的、科学的比较标准，既注意现象上的比较，还要重视本质上的比较。

分类，是根据认识对象的相异点或相同点，将认识对象区分为不同种类的逻辑方法。比较是分类的前提，分类是比较的结果。科学的分类，可以把复杂的事物条理化、系统化，可以揭示事物的内部结构和比例关系。基本的分类方法有现象分类和本质分类。现象分类，就是根据事物的外部标志或外部联系所进行的分类。本质分类，就是根据事物的本质特征或内部联系所进行的分类。任何分类都包含三个因素：分类的母项、分类的子项、分类的根据。分类必须遵循以下逻辑规则：一是每一次分类必须按同一根据进行；二是分类的各个子项必须互不相容；三是各子项之和必须等于母项；四是分类应该按一定层次逐级进行。

——归纳和演绎

归纳，是从许多同类的个别或特殊的事物中概括出一般原则的逻辑方法。归纳方法分为完全归纳法和不完全归纳法。完全归纳法，就是根据某类中每一项事物都具有（或不具有）的某种属性，概括出该类全体都具有（或不具有）该属性的归纳方法。不完全归纳法，就是根据某类中的一些事物具有（或不具有）同一属性，推论出该类全体都具有（或不具有）该属性的归纳方法。简单枚举归纳法，就是根据某类中的一些事物具有（或不具有）某种属性，并且从未发现与此矛盾的情况，从而推论出该类的所有事物都具有（或不具有）该属性的归纳方法。科学归纳法，就是根据某类中的一些事物与某种属性之间的必然联系,推论出该类的所有事物都具有某种属性的归纳方法。

演绎,正好与归纳相反,它是从一般推到个别的方法,从一般性的结论推演到归属类事物的个别对象。在研究工作中,人们往往在调查研究的基础上,得出某些具有规律性的东西,从这些规律性、一般性的原理出发,运用逻辑推理,得到新的结论,然后再从新结论出发进行演绎推理,步步深入,以获得更深的认识。

归纳和演绎在调查研究中是经常运用的,如抽样调查,从母本中选取一定的样本调查,调查的结论,再推论到母本中去,这就是一个归纳和演绎的过程。在实际过程中,归纳和演绎互相作用,互相渗透,互相补充,缺一不可。

——分析和综合

分析,就是在思维中把认识对象分解为各个方面、各个部分来分别进行考察的方法。分析的过程,是思维活动从整体到部分、从复杂到简单的过程。分析和归纳一样,都是从个别中找出一般。但分析要在分别考察认识对象各个部分、各个方面的基础上找出代表事物的基础和本质的一般,这是仅仅用归纳法所做不到的。

综合,就是在分析的基础上,把认识对象的各个方面、各个部分在思维中再组合成为一个整体来加以考察的方法。综合的过程,是思维活动由部分到整体、由简单到复杂的过程。综合和演绎一样,都是从一般到个别的思维过程,但演绎只能把握个别事物的某一侧面的本质,综合则把各方面的本质联系起来,从整体上把握事物多方面本质的具体的真实的联系。

分析和综合既是对立的,又是统一的。在实际思维活动中,分析的终点是综合的起点,综合的终点又是新分析的起点;分析中有综合,综合中有分析。分析与综合的反复运用,促进对事物的认识一步步深化。

(二)系统方法

现代系统论中的系统,就是由若干相互依存、相互作用的部分构成的一个具有一定功能和性质的统一整体。部分就是子系统,子系统内部又是由若干互相依存、互相作用、具有特定功能组成的要素构成,而这个大系统又是更大系统中的一个子系统。

系统方法,是指从系统的观点出发,从系统与要素之间、要素与要素之间及系统与外部之间的相互联系、相互作用中,精确地考察对象,以达到最佳地处理问题的科学方法。

系统方法具有整体性、最优化、模型化三个最基本的原则。

整体性原则,就是把对象作为由各个组成部分构成的有机整体,而且系统的整体功能不等于它的各个组成部分功能的总和,具有各个组成部分所没有的新功能。系统内部的结构合理,各要素互相协调,则整体功能大于部分之和。相反,系统内部的结构不合理,各要素互不协调,就会产生负功能,整体功能则小于各个组成部分功能的总和。

最优化原则,就是从各种可能途径中,选出最优的系统方案,使系统处于最优的状态,达到最优的效果。

模型化原则,就是指运用系统方法时由于系统难于直接进行分析和实验,因而一般都要设计出系统模型来代替真实系统,通过系统模型的研究来掌握真实系统的本质和规律。

系统方法是在现代科学系统论、信息论、控制论基础上形成的科学方法,它与逻辑思维方法一样,对社会调查具有普遍有效的方法论意义。

首先,根据系统论观点,社会是个大系统,它由群体、组织、阶级等子系统组成,子系统本身又是一个大系统,如社会组织是由政治组织、经济组织、宗教组织等系统组成，而每个组织又是一个系统。调查研究的目的，是要使社会大系统协调和谐，良性运行，稳步发展。因而在调查研究中，不管是研究一个问题、一个方面，或是对社会整体的研究，均需从整体着眼，以整体观点为指导，以整体协调为目的。

其次，根据系统论观点，在调查研究中，要根据需要解决的问题，所要达到的目标，设计多种方案，应尽量选择最优方案，然后决策实施。

再次，根据系统论观点，在调查研究中应密切关注子系统与子系统之间、子系统内部各要素之间的相互依赖、相互作用的关系，只有认识了这些关系，自觉地调整这些关系，才能做到整体协调，社会才能良性运行和发展。当然，在具体的调查研究中，要从局部着手，从具体问题入手，但应以整体观点和协调观点为统帅。

总之，系统方法就是从整体着眼，局部入手，统筹考虑，各方协调，达到整体的最优化的科学方法，这是调查研究中必不可少的方法。

第五节　调研报告

调研报告是对整个调查研究结果的客观而具体的反映，是对调查材料的深入分析研究的总结，也是调查者借以表达自己思想观点的一种有效工具。调研报告撰写得如何，直接关系到调查研究成果质量的高低和社会作用的大小。要撰写好调研报告，必须了解调研报告的类型、结构和写法。

一、调研报告的类型

根据调研报告的内容,可分为综合性调研报告和专题性调研报告。综合性调研报告涉及的问题比较广泛,反映的情况比较丰富,篇幅一般较长。专题性调研报告内容比较专一,问题比较集中,篇幅一般较短。

根据调研报告的主要目的,可分为应用性调研报告和学术性调研报告。应用性调研报告,就是以解决现实问题为主要目的的调研报告。常见的有认识社会的调研报告、政策研究的调研报告、总结经验的调研报告、揭露问题的调研报告及支持新生事物的调研报告。学术性调研报告,就是以揭示事物的本质及其发展规律为主要目的的调研报告。主要有理论研究的调研报告及历史考察的调研报告。

上述调研报告的类型,既相互区别,又相互重叠,可根据客观实际情况加以具体选择和运用。

二、调研报告的基本格式

调研报告的基本格式,由标题、前言、主体、结尾四部分构成,有的调研报告还有附录。

(一)标题

调研报告标题通常有两种形式:一是只有正标题的形式,正标题是全文的主要内容或中心观点的概括与说明。二是既有正标题又有副标题的形式。副标题补充交代调查对象或调查内容,并标明文种。

标题制作通常有三种方法:一是用调查对象和主要问题作标题;二是用一定的判断或评价作标题;三是用提问作标题。无论采用哪种方法,标题要能总括全篇的内容,以最简洁的文字说明调研报告的主题,有新鲜感,富有吸引力、感染力,还要与调研报告的内容相对称。

(二)前言

前言,也称导语,起着总领或引出全文的作用。主要概括地介绍调查的意义和目的、调查对象和范围、调查采取的方法及其过程等。

前言要开门见山,言简意赅,明快朴实,紧扣主题,适合主体部分的需要。前言写得好,可以增加读者的兴趣。常见的写法有以下几种:一是概述式。用叙述的方法,概括地写出调研报告的基本情况、问题、目的、方法及其重要意义。二是结论式。先写调查结论,然后分别叙述调查的内容。三是说明式。先简要说明所述对象的基本情况、背景情况,再叙述主题和其他有关材料。四是提问式。开头首先提出问题,设下悬念,然后引出下文。

(三)主体

主体,是表现调研报告主题的重要组成部分。它具体详细地叙述调查的内容,其中包括丰富的事实材料、中心思想和有关观点,以及调查者的分析和评价等。主体部分的结构大体上有以下几种:

一是横式结构。即把调查的事实和形成的观点,按其内在逻辑联系,分成几个部分,并列排放,分别叙述,从不同的方面共同说明调研报告的主题。它可以冠以小标题,或加以序码。

二是纵式结构。即按照事件发展过程的先后次序和历史顺序来叙述事实,阐明观点。它可以列出几个小标题或以序码表示,每一个小标题都表明事物发展的某一阶段,也可以按时间顺序一气呵成。

三是综合式结构,也称纵横式结构。即纵式结构和横式结构的结合使用。在写总结经验的调研报告时,往往采用这种结构,先按时间的顺序介绍经验产生的前因后果,然后再将经验并列为几个部分加以说明。

四是逐点式结构。即围绕一个主题,调查了若干对象,每个对象提供的情况或经验教训各有其特点,为了充分反映调查结果,可以分几个相对独立的部分来写,逐一说明调查所得的各种情况。

无论采用哪种结构形式,都必须做到观点和材料统一。最常见的有三种方法:一是先叙后议,即先摆事实,着力叙述事物的前因后果、来龙去脉,使读者有一个感性认识,再扼要地归纳认识,得出结论。二是夹叙夹议,即一边叙述交待调查的事实情况,一边进行必要的议论,观点与材料渗透在一起。三是印证说明,即先提出观点和方法,再摆事实加以印证。

(四)结尾

调研报告的结尾,也有多种多样的写法。从形式上看,一般有三种情况:无结束语;有简短的结束语;有较长的结束语。从内容上看,主要有四种情况:概括主题,深化主题;总结经验,形成结论;指出问题,提出建议;展望未来,说明意义。

(五)附录

附录,是调查研究的附加部分。调研报告的正文包容不了,或者是没有说到而又需要附带说明的问题和情况,全文结束时,可将这些问题或情况写出来附于调研报告的正文之后。附录的内容一般是有关材料的出处,参考的资料和书籍,调查统计图表的注释和说明,以及旁证材料等。

三、调研报告的写作

一般地讲,调研报告的写作,需要把握的重要环节主要有:

主题的确定、材料的取舍、提纲的拟定、语言的使用。

(一)主题的确定

主题是调研报告的灵魂,是说明事物、阐明道理所表现出来的基本思想和观点。主题必须明确、集中、深刻、新颖。

确定主题的过程,是认识主要矛盾、揭示事物本质的过程。调研报告的主题,有的是领导机关确定的,有的是自己研究得出来的,有的是在设计阶段已经提出雏形,还有的是在调查阶段逐步酝酿形成的。无论属于哪一种情况,随着调查的逐步深入,实际情况资料的积累和丰富,对不符合实际情况的、原初酝酿的主题,要加以必要的校正、补充、深化。

(二)材料的取舍

主题确定之后,就要围绕主题进行材料的取舍。只有对调查材料进行合理的取舍,坚决去掉那些与主题无关的、次要的、非本质的、琐碎的材料,尤其是虚假的、不可靠的材料,努力选用那些能够真正反映客观事物本质和主流的材料,才能更好地论证主题,表现主题,使写出的调研报告更加有声有色。

在选择材料的过程中,要注意材料的多样性,合理使用不同的材料,来反映客观实际。

一是典型材料,即具有代表性的材料。一个好的典型材料,往往具有深刻的含义和较强的说服力。

二是综合材料,即面上的材料,它说明事物总体的概貌。只有把典型材料和综合材料两者有机地结合起来,才能充分说明事物总体的情况。

三是对比材料,即一组有可比性的材料。通过对比,可以使调研报告的主题更加突出,给人以更强烈更深刻的印象。

四是排比材料。用若干不同的材料,从不同角度、不同侧面多方面说明观点,可以使观点更深刻、更有力。

五是统计材料。有的问题、有的观点，用很多叙述也难以表达清楚，而用一个数字、一个百分比，就可以使事物的总体面貌一目了然。

(三)提纲的拟定

如果把主题比作调研报告的灵魂，把材料比作调研报告的血肉，那么，结构就是调研报告的骨架。调研报告的结构要想安排得严谨妥帖，在动笔前拟制好写作提纲是一个有效的办法。写作提纲分为条目提纲和观点提纲两类。条目提纲就是从层次上列出调研报告的章节目，而观点提纲是在此基础上列出各章节目所要叙述的观点。

(四)语言的使用

调研报告是一种以叙事为主的说明性文体。调研报告的语言总的要求是准确、简洁、通俗。准确，就是要实事求是，陈述事实要真实可靠；议论要把握分寸，不能任意拔高或贬低；引用数字要正确无误，对那些模糊的数据应作必要的交代或说明。简洁，就是要用尽可能少的语句，表达尽可能多的内容；对事实的叙述，不要作过多的描绘；对观点的阐释，不要作烦琐的论证；对可有可无的段落、字句要统统删去。通俗，就是要用朴素、明白、平易近人的语言，以叙述和议论为主，不要抒情和渲染的描写，不要使用深僻的专业术语和华而不实的词藻，不随便运用夸张和奇特的比喻。

调研报告的初稿写成后，还要进行反复修改，其注意力要集中在以下几个方面：研究成果是否表达清楚了；材料用得是否妥当；用词是否确切，文字是否合乎习惯，是否容易为读者理解。

第七章 信息处理

第一节 信息与信息工作

一、信息的定义

(一)信息的定义

关于信息的定义,各种不同说法有 100 多种。因为信息概念和信息科学已经深入到各个学科领域和工作领域,人们从不同角度、不同侧面对信息进行了研究,出现多种信息的定义是不足为奇的。目前,比较统一的说法是,所谓信息,是指客观世界中客观事物及其联系的变化的最新反映的表征,对于接受者来说是一种有用的知识。

我们现在所讲的信息是指人类能够接受和利用的信息,由于人类知识储备和科技水平限制,人类只能接收、理解客观世界中无限丰富的信息中的一部分。随着科学技术的发展和知识储备的增加,人类能够接收、理解、利用的信息日益增加。

(二)信息量

信息量是指信息载体中对接收者有用知识的含量。通过信息载体如电报、简报、电传、电话、电视、互联网、报纸杂志等传递的情况，并非都是信息，对于接收者、使用者来讲，只有未知的、可用的才是信息。信息量的大小不与依附于信息载体的情况多少成正比，有的情况含有的信息量大，有的情况含有的信息量小甚至表现为零或负值。理解信息量的涵义在于不要单纯片面追求通过信息载体反映情况的数量，而是向接收者、使用者提供未知、有用的情况，否则情况提供再多也无济于事，甚至起到相反作用。

二、信息的基本特征

（一）客观性

信息是客观事物及其联系的变化的最新反映的表征，是不以人的意志为转移的。信息只能来自于客观世界，不能主观臆造。这就要求信息必须是真实的而不是虚假的，准确的而不是含糊的，全面的而不是片面的。信息工作人员要有严肃认真的工作精神和负责的态度，做好去伪存真、去粗取精的工作，并防止加工处理过程中的变异和人为的臆断，减少传递过程中的失真。

（二）新颖性

信息是客观事物及其联系的变化的最新反映的表征，必须突出一个新字。当前，我国正处在社会主义市场经济体制发展的重要时期，社会发展变化的节奏加快，新情况、新问题、新经验层出不穷，必须不断地及时捕捉并向领导提供，以保证领导根据新的形势及时作出正确的决策。信息的新颖性包括信息的先兆性、预测性。社会生活的变化，社会事件的发生，事先总会有某些征兆，预示某种将要发生的变化和变化的方向、幅度。及时获得先兆性、预测性信息，对于及时作出科学决策是很重要的。

(三)时效性

时效性即指信息发展、传递、加工、利用的时间间隔及其效率。信息活动是动态的,作为一个具体的信息本身也有生存期。一个很有价值的信息,如果传递很慢,失去了时效,从发出到使用已成为滞后信息,就失去了它的价值,失去了生存条件。从某种意义上说,信息的价值取决于信息的时效性。在战争中,一个很有价值的重要情报如能及时传递到指挥者手中,往往会使战斗中胜败发生转机。所以,信息工作特别需要讲求效率,有些紧急信息则要争分夺秒。

(四)可储存性

信息可以通过人脑记忆功能,用"人脑信息库"加以隐性储存;也可通过物质载体的储存加以显性储存,还可以用电子设备和机器储存,如计算机、录音机、录像机等。

(五)可压缩性

人们对信息进行加工整理,归纳概括,使信息精练、浓缩,便于储存和有效使用。

(六)可扩充性

客观事物在不断变化、运动着,信息也在不断发展、扩充着,而且随着事物的发展变化,信息永不止息地向广度与深度扩充与延伸。

(七)可传递性

信息可以通过各种渠道和手段进行传播和传递,还可将信息转换为符号进行传递。高度密集的信息要求高质量、高速度地传递。

(八)可共享性

信息一经传播、扩散,大家便可分享,共同利用信息所提供的有价值的东西,所以人们越来越重视传播信息和利用信息。

三、信息的分类

探索信息奥秘的一个重要途径就是按不同的标准对信息进行分类，便于我们更好地认识和掌握信息。

按人对信息的感知方式分：直接信息与间接信息。直接信息是从人的直接经验中所获得的信息，如人通过直接观察某一社会现象或自然现象所获得的信息，多指事物或现象，亦即事物运动的存在形式。间接信息是经过加工制作而成的信息，包括文献、书籍、资料、数据等，是人对客观事物的反映，或者说是事物运动的表现形式。

按运动状态分：动态信息和静态信息。事物总是运动的，反映事物运动状态的信息也是不断变化的，在形式上也总是动中有静，静中有动。因此，动态信息与静态信息，只是相对而言。所谓动态信息，是指时效性很强的新闻和情报等；所谓静态信息，多指那些已成为比较稳定的历史文献、资料、档案和知识性信息。

按信息内容分：社会信息与非社会信息。社会信息指的是人际传播信息，包括一切由人创造的具有广义社会价值的文化形态和观念形态。非社会信息指的是生物信息（如遗传信息）和自然信息（如天体信息）。社会信息因是被人类认识或制作的信息，即是人类社会信息；非社会信息是人类未参与流动过程的那部分信息。

按信息形式分：内储信息和物化信息。内储信息是指经过人脑加工，储存在人脑信息库的信息；物化信息则是用物理形式（如声音、语言、文字、图像、电信号等）储存的信息。

按信息载体分：语言信息与非语言信息。语言信息，是指用语言文字表现的信息，它能表达最抽象的思想、最复杂的感情和最丰富的内容,因而语言符号是最重要的、最基本的信息沟通工具。非语言信息,如用手势、表情等传递信息,音乐、美术、舞蹈、建筑等属于这种信息。

按信息的范围分:微观信息与宏观信息。微观信息,是反映具体事物的信息,也指点上的信息。微观信息又往往是宏观信息的先兆和端倪,能使人们通过微观信息来洞察事物的变化与发展趋势。宏观信息,是指大的时空范围的信息,也指面上的信息。宏观信息多是反映某个领域某条战线或某方面工作的新情况、新问题、新趋势,使人们总览全局,明察情势,预测事物发展的前景。微观信息与宏观信息是互为补充,相辅相成的,两者缺一不可,也不能取代。

四、信息工作的地位和作用

(一)信息工作在社会生活中的地位和作用

人们在社会生活中,一刻也离不开信息。人们要认识世界和改造世界,就必须获取和利用信息。随着人们认识世界和改造世界活动的扩展和深入,信息的作用越来越重要。因此,在社会生活中就出现了信息工作。在古代,从事烽火报警的,可以说就是专做信息工作的。后来,随着文字、纸张的产生和印刷、交通、通讯事业的发展,信息工作在社会生活中就越来越占有重要的地位,在人类认识世界和改造世界的活动中发挥着越来越重要的作用。第二次世界大战后,人类社会进入了大规模的社会信息流阶段,有人称之为“信息爆炸时代”。信息总量以几何级数增长,信息传递手段多样化、现代化,信息加工处理手段日趋科学化,从事信息工作的人员也迅速增加。现代信息无论从时间到空间,从质量到数量,从收集到传递,都是规模空前巨大,而且还在加速增长。对于一个国家来说,掌握和利用信息的程度,是现代化的重要标志。人们说,“信息就是效率”、“信息就是金钱”、“信息就是生命”,是有一定道理的。

(二)信息工作在秘书工作中的地位和作用

秘书部门是机关、单位的综合办事机构,是为各级领导服务的。领导工作离不开信息,信息贯穿于领导工作的全过程。秘书部门为领导工作服务的一项重要内容,就是提供信息服务。

领导工作的过程一般包括:决策、实施、指挥、控制、协调。在这个全过程中,秘书工作都必须为领导提供信息服务。

首先,必须为领导决策提供信息服务。决策是领导工作中最重要、最基本的一个环节。信息是决策的基础和依据。领导的决策工作,在一定意义上说就是对信息的处理。进行科学预测、确定决策目标、拟定和确定决策方案,整个过程就是收集信息、利用信息、分析信息、综合处理信息的过程。秘书部门不是决策部门,不参与决策,但必须为领导决策服务,要为领导决策提供及时、准确、有参考价值的信息。

其次,领导作出决策以后,要付诸实施,这就需要把决策信息及时准确地传递下去,也就是要把领导机关的决定、方针、政策、意图传达下去。这是自上而下的信息传递,也是需要秘书部门来做的,要求把领导机关的决策准确地表述出来。

第三,在领导进行指挥、控制、协调以达到决策目标的过程中,要提供反馈信息。所谓信息反馈,就是把输出的信息与作用对象相比较的结果输送回来,并对信息的再输出发生影响的过程。反馈是控制论中很重要的原理。反馈是系统调节控制的基本形式。例如,老鹰抓兔子,根据兔子跑动的情况不断调整其俯冲方向,就是一个反馈调节的过程。实施决策,进行指挥、控制、协调的过程,也就是反馈调节的过程。信息反馈可分为信息输出、作用结果输送回来、再输出三个阶段。输出的信息与作用对象相比较的结果再输送回来,这个结果也是一种重要信息,叫反馈信息。在领导工作中,反馈信息对于实现正确的指挥、控制、协调是十分重要的。同时,反馈信息对于决策也是十分重要的。它是判断、检验决策是否正确的主要尺度,是对决策进行不断修正、不断调整,使之符合客观实际的主要依据。

总之,信息工作是秘书部门发挥参谋助手作用的非常重要的一项内容,特别是当代,信息在社会生活各个领域越来越显示出其巨大作用,各级各部门各单位的领导工作也越来越依赖信息工作。在这种情况下,秘书部门必须大力加强信息工作,把它作为是否为领导服务好了的重要标准。

第二节　信息工作的特点

江泽民同志说:“领导要决策,希望了解全面、准确的情况,办公厅要根据领导的这种要求,做好调查研究,迅速地向领导提供情况,提供信息,提供预案。”(1990 年 1 月 10 日《在省、自治区、直辖市党委秘书长座谈会上的讲话》)信息工作是为领导决策服务的,基于这一明确的目的性,产生其自身的运行特点。

一、及时、准确、全面地提供信息是信息工作的第一要素

这是信息工作的本质性特点。一是及时,即在领导最需要的时候提供最有价值的信息。及时就是要坚持适时的原则,早了不行,晚了不行,有个“度”的把握问题,要做到“雨中送伞,雪中送炭”。过于超前,尚未进入领导的视野,有可能被“束之高阁”,受到冷落,得不到应有的重视;报晚了,姗姗来迟,成为滞后信息、“马后炮”,不能为领导决策发挥作用,信息的价值难以实

现。二是准确,即客观、真实、适用、适量。绝不能提供虚假信息或分寸失当的信息;绝不能提供文不对题不适应领导需求的信息,内容要报得准,坚持针对性、有效性原则;绝不能超量提供信息,要根据领导的时间、精力,在承受能力的范围内报送信息。三是全面。即第一喜忧兼报;第二统筹兼顾,物质文明精神文明两手抓;第三内容要有一定的覆盖面,不能以偏概全,对领导需要了解和需要领导了解的重要信息不能迟报、漏报甚至不报;第四要把握规律性,注意事物之间的联系、发展,避免挂一漏万,顾此失彼。

二、突出重点,提高质量,适用对路

在实际工作中,常常有这样的情况:一些基层的信息人员,不清楚应该收集、报送什么样的信息,因此,"胡子眉毛一把抓",事无巨细,凡抓到手的情况,就统统上报;一些信息部门的同志,在筛选、编辑信息时,不大清楚应以什么依据作为取舍的标准,工作带有很大的盲目性,报送的信息,往往难以适合领导的"口味"。究其原因,就是这些同志对信息工作的服务对象和工作角度,认识不够明确。因此,要提高信息为决策服务的质量,首先应当解决这一问题。

信息工作就是要突出重点,围绕领导工作思路,围绕一个时期的中心工作,围绕领导决策服务,抓大事,抓关键,报送"适销对路"的信息。哪些信息是领导决策所需要的呢? 一是领导重大决策前,要提供情况,反映各方面的意见和要求,反映有参考价值的预案和建议;领导决策作出后,要及时反馈下级的贯彻落实情况以及修正、完善决策的意见、建议等反馈信息。二是社会主义市场经济体制建立和运用过程中的新事物、新做法及有推广意义的经验性信息。三是具有新思想、新观点和独到见解的领导言论。四是反映工作中存在的问题,特别是政策性问题的逆向型信息。五是对全局工作有一定影响的倾向性、苗头性、预测性信息。六是反映重大的社会动态和重要社情民意的信息。七是外省外地区以及国际的重大动态。

作为信息工作者,怎样才能领会领导同志的思路呢?第一,要加强学习,提高信息工作的敏感度。信息工作人员要有强烈的求知欲,要认真学习政治理论和科学文化知识,经常关注和分析国内外形势,认真阅读各类文件,了解和掌握上级和本级领导的工作部署;仔细研究领导同志的重要讲话、报告精神,深入了解他们在工作中的想法和意图,注意领导同志每一时期都在思考些什么、关心些什么。秘书部门的负责同志,要为信息工作人员把握领导思路多创造条件。上级的重要文件,要及早向信息部门传达或批转他们阅读;上级和本级领导的重大工作部署,要尽快向信息部门通报;领导同志在工作中的一些想法,应及时交信息部门研究。这样,就会大大增加信息工作人员的敏感度,使他们的思想与领导同志的思想"合拍"。第二,要善于进入"角色",站在领导的高度观察分析问题。信息工作人员虽然都是"小人物",但所从事的工作却与决策息息相关,是关系全局的大事情。因此,在工作中,要有高屋建瓴、总览全局的"气势",收集、筛选、报送每一条信息,都要站在领导的高度,设身处地地想一想,这条信息是否有看头?是否将问题说清楚了?是否对指导工作、进行决策有用处?这样,信息工作才能抓住重点,提高质量,适用对路。

三、搞好超前服务,为决策提供有价值的依据

信息部门为领导决策搞好超前服务,提供有价值的依据,有助于领导同志增强预见性,掌握主动权,审时度势,纵横比较,作

出正确决策。

从实际工作看，信息工作的超前服务，应当包括两方面内容：

第一，加强分析预测，为决策提供预测性信息。信息的生命在于时效。一般来说，事情发生后的信息对于领导了解情况固然有用，但属于滞后信息。而那些在事物酝酿、形成时，便能够见微知著，揭示事物发展变化的趋向和将要出现新情况的信息，是对领导决策具有时效性的重要信息。信息部门要为领导当好决策参谋，就要有犀利的目光、敏捷的思维和深刻的洞察力，善于“一花放而报天下春，一叶落而知天下秋”，走在时间的前面，发挥“气象台”的作用，多为领导决策提供具有提前量的预测性信息。

第二，围绕决策，反映各种资料、数据性信息。领导在作出某项重大决策之前，一般都有一个思考、酝酿的过程。在这个过程中，领导最需要获取大量有用的信息，以助于对决策方案进行正确的判断。急领导之所急，想领导之所需，适时提供各种与决策有关的资料和数据，应当成为信息工作为决策提供超前服务的一个重要内容。例如，当领导在酝酿某一项决策时，提供上级有关负责同志在这项工作中的指导性讲话等，使领导在决策时掌握应有的准则；提供兄弟地区在这项工作中大的动作和好的经验，曾经出现过的困难和问题，等等，使领导开阔眼界，加以借鉴；提供与这项决策有关的本地情况、有利条件和不利因素等，使领导能够心中有数，依据客观情况作出决策。

四、扬长避短，发挥优势，抓住特色

“观山不喜平”，报送的信息如果千人一面，平淡无味，就很难被采用。在信息工作的实际操作中，一些地方和部门在上报

信息时,往往平铺直叙,内容雷同,没有把本地本部门的特点概括出来。这样的信息对领导的参考价值不大,十有八九是难以被采用的。抓特色,第一,要分析把握本地区本部门具有哪些优势。一是业已形成的政治、经济、地理、人文优势,如杭州是省会、是国际旅游城市;宁波是计划单列市,是邓小平同志关注的华东工业城市;温州的改革试验比较早,国内外知名度比较高;舟山有渔、港、景;嘉兴是著名的产粮区,是党的一大会议所在地之一,又是我国第一座核电站所在地;台州市股份制改革起步比较早;金华、衢州是重点产粮区,等等。这里有一些"先天"性因素,是历史上已形成的优势。二是在贯彻落实领导决策过程中发现情况不平衡,本地本部门是怎样结合实际,创造性地开展工作的,有哪些独创性的思路、做法、经验等。第二,要善于发挥优势,动脑筋写出特色。有的信息工作者长期生活在一个地方或一个部门,习惯成自然,"身在庐山不识庐山真面目",对本地本部门的特色优势往往感受不到,反应迟钝,"抱着金娃娃没饭吃",忽略特色是信息工作的一大忌。善于在客观的基础上,反映有特色的信息,是信息工作人员需要努力掌握的一门工作艺术。

五、喜忧兼报,抓问题信息

报喜与报忧,是信息工作的两个方面。在一定条件下,对于领导机关、决策机关来说,报忧信息比报喜信息具有更为重要的意义。

首先,工作中的"忧"是客观存在的,特别是在社会主义市场经济体制建立和运行过程中,新问题、新矛盾比较多,这是任何人都无法回避的,因而忧信息也是非报不可的。如果对客观存在的问题熟视无睹,忌讳"报忧",人为地回避它,抹煞它,其结果只能是适得其反,使问题越积越多,矛盾愈演愈烈,积小忧为大忧,严重影响领导的工作,给党的事业造成危害。这就是通常说的,"成绩不报跑不了,问题不报不得了"。由此可见,报不报忧,不是一个简单的方法问题,而是一个是否真正坚持实事求是的思想路线的大问题。

其次,报忧信息是领导机关认识事物,把握规律,作出科学决策所必不可少的。信息工作主要是为领导决策服务的,而领导的决策过程实际上是一个发现问题、解决问题的过程。要发现问题,报忧信息与报喜信息比较而言,前者更为直接、更为重要,能起到报喜信息所不能起的作用。如果只报喜不报忧就会使领导决策的天平失衡,造成错误的信息导向。

第三,信息工作所特有的性质决定它必须承担报忧的任务。现在领导了解下情的渠道很多,但由于种种原因,基层和某些部门所提供的信息,往往是正面的多,报喜的多,或多或少地带有一定的局限性。而信息工作的一个主要任务则是向领导如实地反映下情民意,反映工作中的矛盾和问题,以便领导分析问题,研究对策。领导机关信息的特点是内部性强,阅读范围小,阅读对象层次高,这就要求信息工作者辩证分析事物,学一点逆向思维,不仅要报喜,而且要看到喜中之忧,看到一片歌舞升平景象后面可能出现的某些问题,及时提供其他信息渠道不便于反映的报忧信息。假如外部的和内部的信息渠道都争着去报喜,势必会使领导看不到工作中存在的问题,听不到来自各个方面的不同意见和建议,给领导造成错觉,盲目乐观,从而导致决策上的失误。

运用辩证唯物主义的观点,正确认识报喜信息与报忧信息的关系,尤其是正确认识报忧信息在整个信息工作中的地位,主动争取领导的支持,是十分重要的。这就需要搞信息的同志树立正确的指导思想。报忧的出发点,是为了使领导了解情况更全面、考虑问题更周到、处理问题和决策更正确,而不是去挑刺、找茬。因此,在信息工作中,既要坚持实事求是的原则,有喜报喜,有忧报忧,对党负责,又要讲求一点工作艺术。一是向上级报忧要从为领导分忧的角度出发。有些问题不是本级领导能解决的,需要上级帮助解决,报忧实际是为本级领导挑担子;二是向上级报忧不仅要报问题的来龙去脉,还要报本级领导已经和正在采取的措施,说明本级组织在解决问题中的作用;三是这次报了问题,到问题解决时要报忧转喜的效果,形成追踪系列反馈;四是向本级领导报忧,不仅要讲问题,还要善于发现和及时报送问题解决得比较好的典型经验和办法,帮助领导找到解决问题的“钥匙”。这样报忧才能比较科学客观全面地反映真实情况。不要为报忧而报忧,要从有利于解决问题的角度,从对党的事业负责的高度来报送问题性信息,这样领导也会支持。即使出点纰漏,领导也会谅解,也会挑担子,从而为信息报忧创造一个良好的环境。

第三节　信息工作的原则

一、实事求是原则

实事求是是党的思想路线,也是信息工作必须遵循的根本原则。信息工作是为领导决策服务的,而领导决策的目的是要解决实际工作中存在的问题,因此信息工作必须反映客观存在的实际情况,反映客观事物的全貌和本质,把握规律性的东西,不能主观臆造,不能添枝加叶,不能以偏概全,不能只反映事物的表面现象。要敢于说真话，报实情，杜绝信息反映中的失实、片面、表面化的问题，防止给领导造成错误的信息导向，影响决策的科学性、针对性、有效性。

二、时效性原则

现代化的通讯手段使时空的距离大大缩短，人们能在最短的时间内，通过各种传播媒介获取最大量的信息，可以说现代社会是高密度的信息产生和高效能的信息传递。信息与时效不可分割，两者的关系成正比。即信息时效性越强，它流动的速度越快，在实践中获得的效益越高，信息工作也就搞得越好，反之亦然。因此，信息工作人员在信息的捕捉上，要有强烈的时间观念，反应要灵敏、快速，加工要快节奏，传递也要加快速度，尽量缩短信息的滞留时间，使领导能够在复杂多变的情况中，及时得到最需要的信息。

三、主动性原则

秘书工作具有从属性，带有一定的被动性。信息的突起和注入，使这种被动性朝着主动性方面迈出了一大步。由于信息具有来源广、传递快、内容新等特点，因而它本身就带有了某种主动性。但是随着时间的推移和形势的发展，单靠信息自身的这些特点来做信息工作，已不能完全保证和满足各级领导的需要。信息工作要搞好主动服务还必须“打开眼界”、“拓宽路子”，不能只是“守株待兔”。例如，可选择一些题目，走出办公室开展“短线”调研；对某些信息适时追踪、反馈；提供超前信息服务；善于总结经验，找出差距，吸收别人的好做法，以推动工作等。信息工作人员要在工作中坚持理论与实际相结合，真正闯出一条搞好主动服务的路子来。

四、整体性原则

信息工作的整体性在于它的联系性和协调性。秘书部门的信息工作既要注意内部的联系与协调,又要注意和外部的联系与协调。在内部,信息工作要与综合调研、督促检查等工作互相配合,紧密联系,协同作战;在外部,应与各地各部门办公室保持稳固的联系,发挥好信息网络的作用。对内对外的这种联系越紧密,协调越好,越能产生积极的整体效应,发挥整体功能。

五、内部性原则

秘书部门的信息工作具有较强的内部性,因而决定了它具有一定的保密性。在日常工作中应该做好以下保密工作:一是把保密工作作为一项经常性的工作来抓,并把它落实到日常业务中;二是制定信息工作方面的保密制度,严格执行单位内部的其他各项规章制度;三是定期检查信息工作中保密制度的执行情况;四是对信息中所涉及的机密不乱说乱讲;五是实现办公自动化后,大量的信息要靠计算机储存,特别是许多办公区域接入互联网后,更要注意保密问题。如发现计算机出现故障或"病毒"感染,应及时告知计算机维修人员进行排除;办公区域的内部局域网要与国际互联网实行有效的物理隔离,等等。同时,要建立健全计算机的管理、使用、维修等制度,以利于计算机保密。

第四节　信息工作的内容

信息工作是一个有机整体,包括信息网络建设、队伍建设和信息收集、传递、处理、利用、存储等环节,相辅相成,互相作用。本节主要介绍网络建设、信息的采集和筛选、信息的整体开发和综合处理。

一、信息网络建设

网络是信息收集、传递和加工不可缺少的渠道,是信息源与信息需求者之间的桥梁。信息网络建设包括组建机构,充实人员,建立信息联系点,改进传输手段等,是信息工作十分重要的基础建设。

(一)坚持全方位建网

领导决策所需要的信息,不仅要有较强的政治性和政策性,而且要有相当的深度和足够的覆盖面,因此必须全方位地开发信息源,而这种开发必须建立在全方位建设信息网络的基础上。全方位建网,一般以纵向网络为主,纵横结合。以省一级信息网络来说,省——市——县——乡(镇)党政秘书部门的信息工作机构构成上下纵向网络;省级各单位秘书部门的信息工作机构构成横向网络。在信息工作中,纵横网络互为补充,各有侧重。全方位建设信息网络,应当把握三个环节:第一,注重运行,发挥效能。建网只是第一步工作,更重要的是做好后续工作,使网络正常运转。如果建网后不能正常运转,就会影响信息网络的整体功能发挥,甚至出现萎缩现象。从一定意义上讲,促使信息网络正常运转,健全整体功能,比网络的建立更为重要,是保持网络具有旺盛生命力的“添加剂”。第二,要注意发挥基层信息点的作用。基层信息点具有距信息源近和可以直接反映群众呼声等特殊优势,是保证网络信息流通的供应站。充分发挥基层信息点的作用应注意三个问题:一是根据信息源的情况选准信息点,使之具有典型性、代表性和某种特色;二是与它们保持经常的联系,促进它们始终保持生机和活力;三是加强信息指导和信息员的培训,不断提高信息员的素质和信息的质量。第三,要逐步与各系统信息网络联网,扩大网络的覆盖面。

(二)坚持逐级指导

信息网络的指导,是建立在信息网络的服务对象逐级实施领导体制的基础上的,同时也因为信息网络具备对上服务的功能。对上报送信息,间隔的层次越多,信息的适用性则越差。同样,对下指导网络,间隔的层次越多,指导的针对性则越弱。因此,为了强化信息的适用性和突出信息指导的针对性,必须坚持逐级指导。逐级指导,还有利于调动各级信息部门的积极性,强化它们的职能,形成一级管一级的格局,逐级把工作抓好抓细。逐级指导并不排除整个网络的越级宏观指导。

逐级指导包括传达贯彻上级信息部门和本级领导对信息工作的意见、要求、指示;提出一个阶段信息工作的指导思想和工作目标;明确一个时期内信息需求要点;检查信息工作制度的执行情况和信息收集、加工、传输情况及存在的问题,提出改进意见或建议;考察信息网络包括信息员队伍建设情况和存在问题,提出改进的意见和建议;总结表扬先进,介绍和推广信息工作的先进经验等。

在指导工作中要注意以下两点:一是保持经常联系。随时通过电话和派员与下级信息部门沟通联络,及时对其工作提出要求,并帮助他们分析成绩和不足,提出改进意见。二是明确工作目标。首先要制定总体工作目标,然后再按照条块将整体目标分割,相应地制定条或块的具体工作目标和责任制度。网络信息处理中心要按照确定的工作目标检查落实,同时注意发挥下一级信息部门的能动作用。

(三)坚持考评激励

考评激励,即在网络管理中运用考核评比的办法,达到激励促进的作用,以调动整个网络的工作积极性。运用考评激励办法,应注意两个问题:一是要定期及时通报考评结果。这样便于"精神奖惩"及时兑现,也有利于被考评单位提出下步工作目标。二是考评与表彰奖励相结合。一般结合年终考评每年进行一次。

(四)坚持定期培训

信息工作队伍的素质决定着信息网络建设的质量。坚持定期培训,提高队伍素质,是网络建设的基础工程。培训一般有以下几种方式:(1)集中系统培训。一般由较高层次的信息工作机构组织实施。这种培训往往时间较长,主要用来培训骨干人员,事先要准备好教材,制定出培训计划,选择具有相当理论水平和实践经验的人充任教员。(2)轮流顶岗培训。一般由上级信息工作部门轮流选择下级信息工作部门的人员顶岗工作,时间在几个月至半年之间,被训人员一边工作一边学习。(3)以会代训。这种方法是利用会议来讲解有关信息工作的要求和业务知识,常被专业系统和基层单位所采用,特点是时间短,内容集中,参训人员多。(4)自学自训。这种方法是由本单位组织实施,规定学习内容,边工边学,定期组织学习交流。

信息网络的建设是一项系统工程,需要诸多单位、部门的协同配合,才能产生整体效应和取得最佳效果。要根据网络分层次、多渠道的特点,统筹安排,合理布局,多方协调,加强指导,使网络形成一个有机的整体,达到运行周期短、效率高和经济、适用的目的。

二、信息的采集和筛选

信息的采集和筛选是整个信息工作中的一个重要组成部分。信息的采集,是根据领导决策的需要,对社会的政治、经济、文化、科技、民情、社情及决策实施后的情况反映等诸方面进行采集,并输入信息系统的过程。信息采集是信息处理的第一个环节,也是做好信息工作的基础。只有把信息采集起来,才能对信息进行筛选处理。信息采集工作的好坏将关系到整个信息工作的质量。信息筛选,就是根据领导决策活动的需要,通过分析、比较等方法,将采集到的原始信息进行分类排队,成为系统化的信息资料,去伪存真,加工处理,使之成为有价值的可供采用的信息。

(一)信息采集的途径和方法

一是网络采集,就是通过建立信息网络来采集信息。信息工作是一种社会性劳动,单靠几个人是无法完成的。因此,必须推动整个信息网络的有效运转,通过调动纵横交错、联系畅通的网络系统,有计划、有组织地进行信息生产,达到提高工作效率和信息效益的目的。实现网络采集,首先要建立一支精干、高效的信息队伍,保证有人收集、提供信息。其次,要通过制定信息(员)岗位责任制、信息要点、信息报送、定期通报、考核奖评等制度,以保证信息采集的质量和数量。

二是定向采集,就是根据领导决策的需要,采取定题目、定单位、定要求、定时限采集信息的一种方法。运用定向采集,首先要确定信息采集计划,设计数据结构。在此基础上,设法把所需要的信息采集到,经过加工整理提供给领导。用这种方法采集信息的好处是目标单一,内容具体,实用性强,可以给领导者提供某一条战线、某一项工作的全面情况。

三是系统采集,就是从整个管理信息系统的目标出发,确定信息采集内容、设计数据结构、编制信息采集计划,进行普遍、系统的采集。用这种方法采集到的信息,既可以纵向传递,也可以横向交流,利用率高,储存价值大。

四是专题调研,这是采集信息的一个重要方法。信息工作人员要经常深入基层、深入实践、深入改革开放的前沿,比较系统、全面地了解本部门、本系统的基本情况,紧紧围绕领导实际工作需要,进行专题调查,为领导决策提供有参考价值的信息。同时,信息工作人员还要及时将决策实施中应完善、补充和加以解决的问题反馈给领导,增强工作指导的针对性。

五是积累开发,即指对那些离中心工作偏远,时限性不强的信息进行适度的储存积累,待时机适宜时直接输出或达到一定容量后进行加工,使反馈的信息内容更加丰富、深刻,并引发出更深层次的信息来。采用这种方法,一是要强化综合意识,把不同渠道、不同层次反馈上来的倾向性、苗头性信息,有意识地进行积累和充实,尽可能使信息由零碎到完整,由肤浅到深入,由微观到宏观,为领导提供一个系统的完整的参考依据。二是要注意举一反三,抓住积累信息所反馈的零碎问题,进行由此及彼、由表及里的挖掘,把握事物的本质。切忌把积累发现搞成简单的数字相加或情况罗列。

六是预测采集,即根据已掌握的信息和事物发展的客观规律,对事物的变化和发展趋势进行推断、测定。这种信息对领导决策具有较大的作用,可以明确工作方向,确定合理目标,增强工作的预见性,对可能出现的各种困难和问题,及早引起重视,提出切实可行的预防措施。用这种方法采集信息,要对各种现象、数据进行科学分析，弄清事物的来龙去脉，做到温故知新，见微知著。

七是随机采集，即指在采集信息过程中，对某种信息原来并没有明确的采集目的和计划，但是如果发现它有一定的价值，就立即采集，经过加工、整理后，有目的地传递使用。用这种方法采集到的信息，常常具有独特的功效。

八是机遇采集，这是指在信息采集过程中，由于受某些偶发因素的影响，对某一事件或某一问题产生深层次的认识，从而采集到有价值的信息。这就要求信息工作人员要经常思考问题，掌握全局情况，随时随地采集有用的信息。

（二）信息的筛选

对信息的筛选，一是要把握中心，突出重点，选择那些与中心工作密切相关的信息；二是要着眼全局，区别层次，选择那些不同层次、不同内容、不同侧面的与全局性工作紧密联系的信息；三是要立足本地，结合实际，选择那些带有本地特点，但却反映全国大气候、大态势的信息；四是要明察秋毫，发幽探微，选择代表某一方面、某一阶段工作的倾向性、苗头性信息；五是要纳新求实，选择对实际工作有重要见解的新建议、新看法、新经验。

在信息筛选的实际工作中，要注意把握以下几个方面：

第一，认真鉴别，注意信息的真实性。及时准确地辨别真伪，区别优劣，核定数据，澄清事实，杜绝任何失真信息流入其他信息环节，这是筛选环节中的一项重要任务。

第二，围绕中心，注意信息的针对性。围绕领导的中心工作选择信息，不仅有利于中心工作的开展，而且还可以带动其他工作的顺利进行。这就要求信息工作者要了解领导的决策意图和工作部署，在筛选中不断增强针对性，减少盲目性，实现信息和中心最佳状态的结合。

第三,深入分析,注意信息的典型性。在信息筛选过程中,还要注意选择能够深刻揭示事物本质、具有广泛性和说服力的典型材料,反映事物的一般规律,说明共性问题,以保证信息的价值和质量,对工作起到更好的指导作用。

第四,迅速传输,注意信息的时效性。对某些反映突发性事件和问题的信息,要争分夺秒,准确迅速地进行筛选,核实时间、地点和主要情况后,不失时机地报送给领导,为领导掌握情况、及时决策提供依据;对那些反映某一时期、某一阶段的倾向性、苗头性问题的信息,要随时整理,迅速核对,搞清问题的实质及有关情况,尽快传递到其他信息环节中;对于时效性较强的信息,随有随选,及时输送;对具有一定价值而时效不太强的信息,暂时储存,经过补充完善和文字处理后,适时报送给领导。

三、信息的整体开发和综合利用

加强信息的整体开发和综合利用,目的是提高信息的质量,使信息价值得到最大限度的发挥,更好地为领导决策服务。

(一)信息的整体开发

信息的整体开发,包括两层意思:一是从整体着眼,站在领导工作全局的高度,广泛收集领导工作需要的各种信息。二是进行两个层次的开发,即基础性信息和高层次信息。基础性信息,是指对从网络上收集的,包括各地各部门提供的材料进行初加工,向领导报送各项工作和社会的基本情况、动向、问题等。高层次信息,即对各种相对零碎、孤立的基础性信息,进行归纳整理、分析综合和调查研究,从整体上开发它的深层价值,提出有情况、有分析、有建议、有深度的材料,使之对领导决策具有更大的参谋咨询作用。这两个层次的信息,相辅相成,不可偏废。秘书部门要成为信息“加工厂”,不仅对信息进行初加工,而且对大量信息进行深加工,在加工中使信息增值。

一是增强综合反馈能力,提高信息参与决策的价值。经过综合处理的信息,剔除了局部、零碎的成分,在定性和定量上都比较系统、全面,有情况、有分析、有建议,着眼点高,思路清晰,观点鲜明,参与决策的距离近,深受领导欢迎。综合不是材料的简单相加,要花气力下功夫去分析加工,去伪存真,去粗取精,由表及里,由此及彼,由零碎到全面,由微观到宏观,以期信息增值,达到"整体大于部分之和"的效果。

为了抓好综合反馈,应把握:(1)综合反馈要紧紧围绕中心工作和领导的需求思路,抓重点,抓热点,抓难点。首先是统筹兼顾,突出重点;其次是准确把握反馈节奏,紧紧跟上领导工作部署的步伐,有时还要适当超前,为领导提供预见性信息;再次是抓住"热点",重视社会各界的思想动态。在报送基层干部群众的思想反映时,力求减少编辑痕迹,求"原始风味",使领导能真正听到来自下面尚未失真的声音。(2)综合反馈要与系列开发相结合,力求信息增值,形成连锁反应。要用发展的观点去把握事物的动态趋势,使领导对情况的了解增加连贯性、系统性。系列开发的主要方式有两种:一种是横向系列,选取不同的角度,以不同的主体来反映同一事物。一种是纵向系列,偏重于从事物发展的过程和时间顺序来反映领导一直比较关注的问题。(3)综合反馈的方式要多样化,因事制宜。根据不同的信息内容和不同的反馈对象采取灵活的综合方式:一是定期综合。即将一个阶段内收到的全部信息进行分析研究,力求从大量的、零散的信息中找出带有普遍性、规律性、倾向性的东西,并提出比较深刻的意见或建议,形成专题材料,及时向领导反映。二是专题综合。即将同类信息归纳起来加以分析,就会发现它所预示着或揭示出来的重要问题。三是积累、汇总。对一些零散的初级信息,尤其是对那些时效性不太强,而又有一定潜在价值的信息,分类储存积累,在适当时间再进行综合分析,加工形成比较系统、深刻的信息。

二是深化信息调研。高层次信息来源于社会实践,如果坐等信息,单纯依靠信息网络提供信息,满足于当“二传手”,就不可能编出多少高层次信息。信息要有高度和深度,信息工作人员必须深入下去,搞好调查研究。信息调研是从信息中发现问题、捕捉题目所进行的调研,是证实信息、扩充信息、挖掘和开发深层次信息的有效方式。具体办法有四种:(1)主动走出去了解实际工作中涌现的新情况、新问题,及时掌握第一手材料,从中发掘高层次信息;(2)从各地上报的信息中发现有价值的线索,从大量初级信息的综合分析中确定题目,再返回实践中追踪调查,弄清事物的发展趋向和相关事物的联系,扩大、丰富初级信息的内涵,挖掘信息的深层价值,从中提炼高层次信息;(3)按照领导的要求和提出的问题,不定期地搞一些调查研究,努力提供有新意、有深度的信息。除自身搞好调查研究外,还要注意发挥信息网络的功能,对一些比较重要的调查题目,组织其他相关部门参加,搞“协同式”的调查;(4)信息调研要突出“短、平、快”的特点,主要是为领导当前工作服务,题目集中,目的性强,讲求时效。

三是善于利用“外脑”。信息工作面广量大,领导对信息工作的要求越来越高,而秘书部门的信息工作人员往往编制有限,因此信息工作单靠秘书部门不行,应该多搞“合唱”,少演“独奏”,加强同调研部门、综合部门、研究部门的联系,广泛收集他们的工作成果、调研成果,从中发现高层次信息,以发挥信息工作的群体优势。

(二)信息的综合利用

信息具有共享性的特点。信息通过载体传递到接收者,无论接收者数量多少,都可以对同一信息进行使用,对信息本身的构成不产生影响。把握这一特点,在信息工作中,一些重要的信息除向本级领导提供外,还可向上级报送,向下级通报,把为本级和为上下级的信息服务有机结合起来。在向本级和上级报送信息的同时,及时把一些对下级或部门有重要参考价值的信息转报或通报给下级或有关部门,以最大限度地发挥信息使用的整体效应。

第五节　信息工作的要求

一、信息开发要"求真"

所谓"求真",就是弄清客观事物的真相、本色。信息的来源一定要真实可靠。捕捉、收集信息,一定要从客观实际出发,绝不能道听途说、捕风捉影,或者闭门造车、主观臆断,也不能违背事实,任意拔高或降低。如果信息本身靠不住,那么,随着这一信息所引发的一切情况都是无用而有害的,在信息系统中就会形成"干扰"。失真失实的信息只会混淆领导视听,干扰领导工作,损害信息工作的声誉。如果把这些失真的信息作为决策的依据,就会导致领导判断错误和决策失误,酿成严重后果。

要做到信息开发"求真",信息工作人员就要与基层、群众和各行各业经常保持密切联系。联系的方式有两种:一是走出办公室、深入基层去获得"零次情报",掌握第一手材料。这样捕捉和收集的信息不仅可信度高,而且参考价值也大。二是通过在基层设立信息“监测点”进行联系，可以随时掌握“点”上的情况，进行解剖分析、科学过滤后，为领导的科学决策、解决问题提供可靠的依据。

二、信息编写要“求实”

把握了客观事实，如何科学而准确地表达它，这是一个方法问题，当然这里还有一个对事物理解的深度问题。一件事情可以有多种表达方式，由于落笔的着眼点不同，给人的感觉就不一样。如清朝后期，太平军起义，曾国藩率兵镇压，但抵挡不住太平军势如破竹般的凌厉攻势，连连败北。朝廷要他汇报战况，其幕僚代为起草上疏，用了“屡战屡败”一词，曾国藩审阅时大笔一挥，将“屡战屡败”改为“屡败屡战”，含义大不一样。“屡战屡败”说明无能，“屡败屡战”则意为顽强。编写信息的基本要求有三条：一是准确，措词严谨，合乎规范；二是简练，言简意赅，惜墨如金；三是明快，开门见山，一目了然。但最核心的要求是“求实”，准确地科学地反映客观存在。1994 年 12 月 23 日，温家宝同志在全国党委秘书长、办公厅主任座谈会上的讲话中，尖锐地指出，“一定要高度重视情况的真实性。这里所说的情况，应该是真实的而不是虚假的，是客观的而不是主观的，是全面的而不是片面的，是本质的而不是表面的”，“要讲真话，报实情，决不能弄虚作假，主观臆造。现在有一种现象值得引起我们的重视和警觉，一些地区和单位反映本地区、本系统的工作情况与实际相差很远，有些统计数字水分很大。这些地区和单位的领导同志，或者工作不够深入，对情况了解得不够清楚，研究得不够透彻，反映情况不真实，不全面；或者愿意讲成绩，不愿讲缺点，报喜不报忧，甚至虚报浮夸、弄虚作假。这种作风害国害民，贻误党的事业。人民群众对此深恶痛绝，必须坚决纠正”。（《秘书工作》

1995 年第 1 期)这些话对信息工作具有很强的指导性。

信息工作人员,一定要以对党对人民高度负责的精神,在信息的编写上刻意求实,加工处理信息切忌搞“科学幻想”,随意修饰;切忌搞“文艺创作”,笔下生花。尤其要防止为迎合某些领导的心理,庸俗地看领导脸色行事,“阿其所好”。陈云同志一再倡导的“不唯上、不唯书、只唯实”,应成为信息工作者的座右铭。加工处理信息一定要忠实于事实和原意。对下级报上来的信息,在文字上作些加工通常是正常的必要的,但要尽力避免先入为主,掺杂个人主观成分。总之,有一说一,有二说二,不渲染,不遮掩,不扩大,不缩小。为领导提供真实可靠的信息,是信息工作者应有的最起码的职责。

三、信息选材要“求是”

我们提倡求真、求实。提供真实、准确的信息,并不是说所有发生和存在的事实都可以上报。因为客观情况复杂,事实并不等于真实,真实要求的则是反映事物的本质。列宁说:“如果不是从事实的全部总和,不是从联系中去掌握事实,而是片断的和随便挑出来的,那么事实就只能是一种儿戏,或者甚至连儿戏也不如。”① 信息是领导决策的依据和基础,如果只根据一些个别社会现象就作出判断,得出结论,这样的信息对于正确的决策是极为有害的。信息反映社会现象要力求全面,透过现象,抓住本质,找出规律性的东西。因此,对于随时发生、随处存在的事实,要进行分析、透视、筛选、过滤,对各类情况要进行一番去伪存真、去粗取精、由此及彼、由表及里的研究分析,选择那些能够反映事物本质和发展趋势的重要信息报送领导,保证信息具有

① 《列宁全集》第 23 卷第 279 页。

较高的使用价值。

要使信息选择做到“求是”,还要根据实际工作需要,对各种信息加以对照比较,把信息本身的价值与决策目标价值相同的一类选出来,不同的筛出去。然后,对这些有用的信息,进一步按其作用层次分别选用。也就是区分为有关键作用的、有重要作用的、有辅助作用的、有一般作用的、有参考作用的,按类分别使用。

四、信息把关要“求严”

这是保证信息质量的有效措施。信息工作责任重大,时间性强,为了给领导提供真实、准确、有用的信息,避免在快速运行中可能出现的“漏洞”,信息工作人员要像工厂生产产品那样,在最后一道工序严格把关,以“求严”保证“真、实、是”的最终实现。严格把好编发信息关,一要把好事实关,看信息来源是否可靠,原始材料是否齐全;二要把好文字关,看文字处理是否妥当,措辞用语是否贴切;三要把好政治关,看政治上有无错误和问题。对此,信息工作部门的主管领导一定要严格、严肃、严谨把关,绝不能马虎大意。

第八章　公务协调

第一节　协调的涵义与意义

一、协调的涵义

日常工作中我们经常会遇到这样的事情：几个人联手搬动某物体，这时往往需由某个人喊，“一、二、三，起！”于是，众人齐用力，这个庞然大物终于被搬动了。这个搬运过程就包含着协调。

就一般意义而言，协调是主客体之间为实现一个共同的目的而相互沟通，理顺关系，疏通环节，从而实现某种平衡，达到某种默契的一种行为方式。就像自然界中的任何事物都不可能独立存在一样，任何一种社会活动，都可能会涉及其他活动，涉及相关的若干个不同方面、不同人员，由于他们的情况、利益、看问题的角度、认识水平都会有差异，这就难免会有分歧、存在矛盾，甚至发生冲突。因此，要完成这一活动，就需要加强彼此的沟通、交流，进行必要的协商、调节，最后达到统一认识，统一指挥，各司其职，密切合作。正如马克思所说：“一切规模较大的直接社会劳动或共同劳动，都或多或少地需要指挥，以协调个人的活动，并执行生产总体的运动——不同于这一总体的独立器官的运动——所产生的各种一般职能。”(马克思《资本论》第一卷)协调的核心是使围绕一个共同目标的有关部门和人员,步调一致地进行工作,在各自的岗位上,朝着一个目标使劲、努力。如同指挥乐队演奏一样,使众多的不同乐器按统一指挥和乐章互相协调地配合,演奏出美妙动听的乐曲。否则就成了各吹各的号,各弹各的调了。可以说,没有协调就没有统一的行动,没有协调就没有很好的合作,没有协调就没有较高的效率。

协调是现代管理的一项重要职能。“管理,就是实行计划、组织、指挥、协调和控制。”① 无论是行政机关还是企事业单位,它都是由许多纵向的、横向的不同层级和部门组成的,从而构成了上级与下级、领导与被领导和各个同级部门、内部和外部环境等关系。如行政机关有国务院、省(直辖市、自治区)、省辖市、县(市、区)、乡镇五个层级;各级行政机关内部又有纵向的不同层次的行政机构,如部、委、办、局(厅)、处、科等;各层次的行政机构虽然级别、地位相同,但又有不同的业务分工和职能定位。又如企事业单位,它在纵向上,既有上级主管部门或行业管理部门,又有总部、分部及大小经理或高低管理层;在横向上,既有外部的业务或行业管理关系,又有内部各部门的业务分工关系。这样一个纵横交错、相互关联的组织,犹如一部庞大的机器,要使这部机器运转有序,就必须协调好各方面的关系,以达到综合平衡,协调发展。如果关系不顺、步调不一、产生的矛盾不能得到及时解决,就会不同程度地影响工作效率。

协调是秘书部门的一项基本职责。秘书部门在纵向的层次结构中,处于领导决策层与下属执行层的中介,在横向的关系结

① 亨利·法约尔:《工业管理和一般管理》,中国社会科学出版社1982年11月版。

构中处于职能部门的中介,这种处于纵横管理网络交织点上的特殊地位,决定了秘书部门必须承担大量的协调职责。从秘书部门与领导的关系上看,协调本是领导的重要职责,但是在实际工作中,任何领导都不可能也没有必要包揽一切,必须通过为其服务的秘书部门和其他工作部门来进行协调工作,而在具体协调工作中,秘书部门又往往是起综合协调作用的。党政机关历来把发挥好协调作用作为办公室(厅)即秘书工作部门的四大工作任务之一(另三种是参谋作用、助手作用、提供信息作用)。现代秘书工作对协调职能提出了更高要求。一是由于现代社会生活在更宽更广的领域展开,各种利益关系更为复杂;二是由于实现了办公自动化,许多事务性工作都由机器取代了人工,秘书工作要向更高层次发展,秘书工作"三服务"(即为领导服务、为平行的和下级的单位服务、为群众服务)的一个重要内容,就是经常直接或授权协调各种问题,疏通各方关系,使信息渠道畅通,整个单位及系统上下左右和谐一致,减少推委扯皮现象,从而提高办事效率。秘书工作部门在处理各项工作、事务中,围绕工作目标,站在全局高度,综合运用各种手段和方法,对有关当事者进行调解沟通,促使各方达到共识和默契,以便方针政策得以贯彻,决策部署得以执行,整个管理机构得以高效运行,这个过程就叫做公务协调。

二、协调的意义

(一)协调是统一思想,统一行动,保证政令畅通和贯彻领导决策的需要

由于人们所处位置和利益关系的不同,对事物和形势的认识也不一样,在理解和贯彻领导决策的过程中,难免会出现这样那样一些认识上的分歧和行动上的不一致,这就需要通过协调

来统一大家的思想,协调各方的行动,以保证决策的贯彻和政令的畅通。在深化改革,扩大开放,建立社会主义市场经济体制的新形势下,各项改革举措迭出,各种新情况、新矛盾、新问题不断出现,社会各阶层和广大群众的思想空前活跃,社会分工越来越细致,利益主体越来越多元,管理的专业化程度越来越高,因而对领导机关和领导人驾驭全局、统筹协调能力提出了新的更高的要求,作为领导机关和领导人的参谋和助手的秘书工作部门,所要承担的协调任务也就越来越重了。在这种新形势下,进一步加强秘书工作部门的综合协调工作,对于党政领导机关和管理部门的科学决策以及决策的实施,对于协调高效地开展各项工作,对于动员和组织广大干部群众齐心协力贯彻落实党的路线、方针、政策,顺利推进改革开放和现代化建设意义重大。

(二)协调是使领导摆脱烦琐事务,集中精力抓大事、议大事的需要

机关、单位的日常事务千头万绪,各方面的问题、矛盾层出不穷,如果这些都事无巨细地集中到领导那里去处理解决,既不可能,也无必要。秘书部门作为领导的参谋和助手,直接处理一些协调事务或经领导授意去协调解决工作中的一些矛盾和问题,就可以使领导集中精力抓好主要工作。对于目前党政机关来说,会议多、文件多、应酬多的问题仍然比较突出,严重牵扯了领导的精力,这就要求秘书工作部门加强协调,严格把关,把不必要开的会、不必要发的文件、不必要的应酬活动精简下来,使领导真正从“文山会海”中解脱出来,减轻工作负担,有更多的时间和精力想大事、议大事、抓大事。对于其他管理部门或企事业单位来说也是一样,领导者或管理层如果老是陷于事务性工作,就难以把主要精力放在谋划发展战略、制定重大决策上,就会贻误战机,阻碍发展;如果发挥好秘书部门的协调作用,就能腾出

更多的精力抓机遇、谋发展、增效益。实践证明,一个单位领导工作水平的高低,往往与秘书部门的协调工作有直接的关系。

(三)协调是理顺关系,化解矛盾,减少“扯皮”,提高管理水平的需要

随着社会的发展,传统的管理模式正朝着从单一到系统,从人治到法治,从经验到科学的转型。管理系统的复杂化和管理目标的社会化,客观上要求领导机关必须充分地运用协调手段,极大地发挥协调功能,理顺关系,化解矛盾,减少“扯皮”,提高办事效率。国务院秘书长陈俊生曾对一些机关存在的“内耗”与办事效率低的状况,列举了几种典型的现象:业务上左右互不衔接,促使矛盾复杂化;同一机关的文件、领导讲话、批示,前后不衔接,或内涵外延有矛盾,下面各取所需,各执一端;多头插手,形成对峙局面,等等。如果秘书工作部门适时地做一些说明、解释、沟通、协调工作,就能有效地克服这些不良现象。

(四)协调是沟通感情,增进了解,增强合力,密切党政领导机关与群众的关系,改进机关工作作风的需要

秘书部门作为辅助领导工作的办事机构,处于承上启下、联络内外的枢纽地位。在机关内部,秘书部门是沟通领导之间、领导与被领导之间、内部各职能部门之间、本单位与外单位之间的关系,搞好上下贯通和内外联系,保持机关有序运转的“桥梁”和“纽带”。通过秘书部门的有效协调,可促进各部门间的了解,建立一种和谐有序的关系,从而变分歧为共识,化消极为积极,使纷乱变成合力,从而形成机关整体的战斗力、凝聚力,促进机关整体功能的发挥。特别是党政机关,秘书部门又是党政领导机关与基层单位和群众的“桥梁”和“纽带”,基层单位和群众向领导反映情况和问题,都要经过秘书部门处理,秘书部门积极主动地做好经常性、有效性的协调,有利于密切党群、干群的联系。

三、协调人员的素质要求

协调工作很重要，秘书人员必须学会协调工作，并认真负责地把工作做好。秘书人员要做好协调工作，必须具备一定的素质。

（一）要有良好的政治素质和思想修养

协调工作有很强的政治性、思想性，秘书承担的协调工作许多是直接由领导授权的，秘书在协调过程中，实际上是代表领导机关或领导人说话和处理问题，因而要求具有一定高度的政治水平和思想水平。首先要有坚定的政治立场和正确的政治方向，坚定不移地贯彻党和国家的路线、方针、政策，严格遵守政治纪律、组织纪律，忠实体现组织和领导的意图。其次是要有一定的政策水平、理论水平和法律水平，能够熟练运用理论、政策开展工作，能够正确依照法律法规办事。再次是要有良好的个人修养，办事公道，作风正派，态度认真。

（二）要忠于职守，有高度的事业心和强烈的责任感

协调工作做得好坏，直接影响到领导的权威、领导的形象，直接关系到综合部门的工作质量和工作效率。一个称职的协调者既要有雷厉风行、讲究效率的干练作风，又要有任劳任怨、锲而不舍的精神。有些复杂的协调，往往不是一两次就能完成的，而是要经过反复多次的协商方能达到一致。同时，还要有严格的组织纪律，既不专擅，又不推委；既尊重领导，又不盲从。要防止衙门作风，对待基层下属和群众要满腔热情，切不可“冷硬横推”，要充分考虑他们的切身利益和合理要求，做好耐心细致的说服工作。

（三）要有丰富的知识

协调工作涉及方方面面，这就要求协调者有较宽的知识面

和丰富的知识。首先是懂“行”，熟悉本行的业务知识。由于协调对象涉及多个领域、部门及专业，协调者如果对该领域、部门及专业的知识、情况一无所知或知之不多，那么就很难进入角色，处理问题时也很难做到科学公正，入情入理。其次，协调还是一门综合性工作，要善于运用各种各样的手段进行综合协调，这就需要掌握一些辅助性知识，如社会知识、自然知识、科技知识、国际知识甚至文学艺术等。只有这样，临事才能左右逢源，得心应手。

第二节　协调工作的原则

一、从属原则

从属原则是指秘书工作部门在协调工作中始终要把自己的角色定位在从属位置上。秘书工作部门的地位和性质决定了秘书是为领导当参谋、做服务工作的，因此，秘书协调实际上是协助领导做好协调工作。这就决定了秘书部门协调工作的从属性质。秘书工作部门在协助领导从事协调工作时，必须摆正位置，做到既主动，又不越权。所谓主动，即充分发挥主观能动性，在领导确定协调事项后，不等不靠，在职权范围内积极主动地做好工作，需要领导出面协调的，要事先做好准备，并提出预案和建议，有的应先行将协调工作完成在相应层次上，尽量减少或避免让领导直接出面充当协调者；协调过程中要及时研究分析动向，准确地为领导提供所需的各项材料、依据；协调后主动搞好督促检查，及时向领导反馈落实情况。所谓不越权，就是要严格按照领导意图去办事，对于自己把握不准的问题要多汇报，多请示，务必事先征得领导的同意，不要随便更改领导协调意见，不要对重大问题随意表态，贯彻落实中遇到新情况，不可自作主张、擅自决定。

二、依法原则

所谓依法原则，是指秘书工作部门在协调中必须坚持原则，严格依照法律法规及政策规章处理问题。协调是消除分歧、化解矛盾、理顺关系、统一步调的过程，而不是无原则地搞调和，充当“和事佬”。随着我国社会主义市场经济体制的逐步建立和完善，社会主义民主法制的不断健全，依法办事、依法行政显得愈来愈重要了。依法原则要求在进行协调时，要用合不合法、符合不符合政策作为判断是非、处理问题的依据。要从全局着眼，从长远利益出发，正确处理好国家、集体、个人三者关系；同时，在进行协调时，要以法律法规和政策为先导，把大家的意见统一到法令和政策上来，用政策法令去疏导、说服和教育当事者，避免以个人意志代替法律政策。

三、调查研究原则

调查研究原则，要求秘书工作部门在协调中要注意调查研究，坚持实事求是，一切从实际出发。调查研究是协调处理问题的基础，也是做好协调工作的基本功。秘书工作部门在进行协调工作之前，必须认真进行调查研究，全面掌握情况，搞清分歧的根源、矛盾的焦点及其来龙去脉。对各方面提出的意见，陈述的理由，都要本着实事求是的态度进行分析，然后才能提出协调意见，作出协调决定。情况不明，是非不清，匆忙草率是不可能进行公正合理、行之有效的协调的。

四、平等协商原则

平等协商原则是指秘书工作部门在协调中要平等待人，始终以平等协商的态度进行对话。协调工作就是协商调解。秘书工作部门作为综合部门介入协调工作，它与其他协调对象的关系并非是领导和被领导的关系，因此，在协调工作中立足点要落在“商”字上。要以平等的地位同各方面进行商量、沟通，力求处事公正，寓情于事，融情于理，切忌只用简单的、行政命令的方式去解决问题。同时，还要树立“服务对象第一意识”，即使有意见分歧难以迅速求得一致，也应该耐心解释、缓和冲突、平息情绪，帮助做好思想工作，努力调动协调对象的积极性，形成自觉配合、相互尊重、平等协作的气氛。

五、分级负责原则

分级负责原则就是指在协调中要把握轻重缓急，注意分清层次，充分发挥各方作用，依照职权范围，分级做好协调工作，不要把什么问题都捅到主要领导那里去。凡是属于业务主管部门职责范围的事，应充分发挥业务部门的作用，放手由他们自己内部协调；涉及几个部门的一般性问题，应尽量让各有关方面自行协商解决；对那些需要由秘书部门协调的问题，秘书长和办公室主任也要注意发挥各职能处室的作用，使每个处室和每个岗位在履行各自职责的活动中，在办文、办会、办事等工作领域里，主动做好协调。对于确实需要主要领导出面协调的问题，秘书部门要及时汇报，并做好基础工作，提供有关材料，为领导协调搞好服务。

第三节　协调工作的内容

秘书工作部门的协调内容很宽泛，可以说，秘书所涉及的各项工作中无不存在着协调。从大的方面来说，秘书工作部门的协调大体可分为以下三类。

一、政策协调

政策协调是指在制定、贯彻方针、政策过程中的协调，也叫政策性协调。这类协调大量地出现在党政机关工作中，对于党政机关来说，政策是指导工作、指挥行动、推动实践的准则。政策制定和贯彻的过程实际上就是一个不断协调、不断统一认识和行动的过程。领导机关在研究制定有关政策措施过程中，往往要涉及许多相关管理部门，涉及有关各方面的利益关系。同时，由于各地各部门的情况不同，人们对某一项具体政策的理解不尽一致，往往会出现一些矛盾和分歧；或者新出台的政策措施与已有的政策措施可能会发生矛盾和冲突。秘书部门在协助领导草拟或审核政策性文件过程中，常常需要就一些具体政策措施进行协调，以统一思想，提高认识，明确各有关部门之间的权责，兼顾各有关方面的利益，从而使各方面的意见达到一致，制度性安排更加科学合理，政策措施更加具有可行性和广泛的指导意义。当前，我国社会主义市场经济正逐步走向法制的轨道，越来越需要依靠政策法规来管理、规范社会和经济活动，加上利益主体的多元化，利益关系的复杂化，出台一项政策需要广泛听取各方意见，集中各方面的智慧，照顾各方面的公平，政策协调的作用将越来越突出，秘书工作部门的政策性协调任务将越来越繁重。

二、关系协调

关系协调是指在处理各种矛盾关系中所进行的协调。秘书工作部门的综合、中介性质决定了在日常工作中必然会遇到并处理各种各样的关系,其中有上下关系、左右关系、领导人之间关系以及党政关系、党群关系、政企关系、城乡关系、军政军民关系,等等。协助领导协调和处理好这些关系,是秘书部门的一项重要职责。例如,工作中经常会碰到这样的情况:在领导牵头组织的活动中,有关部门往往会在职权分工上产生分歧,而且各执一端,互不相让。这就需要秘书工作部门帮助协调,明确分工,使他们各司其职,互相配合,共同把活动搞好。再如,整顿贸易市场,就需要工商、物价、税务、卫生、公安、交通、城建等部门合作分工、密切配合、齐抓共管。而这些部门都有自己的工作职责和任务要求,也必然会既有配合的一面,又有分歧的一面,不把这些关系协调好、处理好就无法正常开展工作。特别是当前我国正处于深化改革时期,政策经济体制还没有完全理顺,机构设置不尽合理,条块分割、政企不分、权责不明的现象还严重存在,因而,搞好关系协调就尤其显得重要。

三、事务协调

事务协调在秘书工作中更是经常的、大量的。例如,为使内部组织机构科学设置,权责分明,分工协作,就需要对组织工作进行协调;为合理使用人才,调动每个人的积极性,就需要对人事工作进行协调;为科学安排工作,根据事情的轻重缓急、经济高效,需要对工作部署进行协调;为合理使用资金,开源节流,增收节支,需要对财务工作进行协调,等等。在事务性协调中,最经常的是办文办会的协调。办文办会的协调，主要是对各类公文、会议进行审核把关，科学定位，合理安排，提高文件的质量和会议的效率。公文协调的内容主要包括：

1．草拟文稿的协调

一份文件的内容涉及多个部门，需要事先征求有关部门的意见；涉及政策一致性、连续性问题，要查询有关文件，思前想后，避免前后矛盾；涉及联合发文，要通过与联合部门的协调来办理。

2．发文的协调

首先要考虑是否需要行文，需要以谁家名义行文，是否需要联合行文，是否需要批转，等等。能够在电话里说清楚的事项就用电话说，已经开会布置过的工作就不必再发文件；属本部门职责范围内，可以通过本部门的努力解决问题的就不必要批转。如果不发，则须向领导请示汇报或与有关部门协商。其次要看文件内容是否符合现行方针政策，若不符合有关精神，则须与呈文单位进行协商；协商完毕后，秘书部门须提出拟办意见，报送领导或上级机关批准或审定。

3．文字和文书规范的协调

文件的文字表述要准确到位，容易引起歧义或误解的，办文人员需要询问呈文单位，协商解决好问题；格式要求正确恰当，不符合要求的，需要秘书部门与呈文单位协商，修改后重新报送。

会议协调的内容主要包括：

1．会议审批的协调

要对诸如会议规模、规格、时间等方面严格把关，考虑是否要开，是否要几个会议合并开，以什么名义开，是否可以改为其他形式开等问题。

2．会议的时间、地点和出席列席人员的协调时间上主要考虑工作忙闲和与其他活动、会议是否冲突,会期是否可以缩短;地点上主要考虑会场气氛和交通、停车、食宿是否方便,费用高低;人员上主要考虑是否照顾平衡,是否有利于工作,等等。总之,要遵循有利于工作、有利于保密、有利于节简的原则,使会议开得卓有成效。

3. 会议议题的协调

这是会议协调工作的重点,主要根据领导的工作中心和工作部署,按照工作的轻重缓急,审核议题是否切合实际,是否确属必要。秘书工作部门要按照领导的批示,与有关方面进行反复协商,按照事情的轻重缓急和会议的时间,科学合理地安排。如果一个会议安排有多个议题,还要与不同议题的出席人员进行时间上的协调衔接。

4. 会议决定事项落实的协调

会议作出决定后,秘书工作部门不仅要把议决事项传达给有关部门,还要就有关决定事项进行具体分工落实,并且要将他们的执行情况反馈给决策机关。

第四节　协调工作的方法与艺术

一、协调工作的步骤

协调是做人的思想工作,而且与人们的切身利益密切相关,必须认真研究,精心组织,周密实施。协调工作一般有以下几个步骤:

(一)获取信息,准备充分

当面临一个具体协调事项时,协调者第一步需要做的事情不是立即进入协调者的角色，而是应当通过调查研究收集有关信息，对所要协调的具体内容进行调查摸底，做到心中有数，并积极主动了解领导对该问题的意图。同时，还要准备一些必要的资料、论据或文稿。这样就为下一步工作做好了充分的准备。

(二)发现问题，分析问题

协调的过程，从一定意义上说，也就是发现问题和解决问题的过程。那么，什么是问题呢？毛泽东同志曾经指出："问题就是矛盾。哪里没有解决的矛盾，哪里就有问题。"抓住了矛盾也就抓住了问题。问题发现后就要进一步去分析研究它，通过分析、研究把握问题的成因，判断问题的性质，分清矛盾的主次，找出解决问题的关键。必要时还可以事先做些有关的个别谈话、初步交换意见、某些问题的试点总结工作，等等。

(三)制订可行性方案

根据各方信息和矛盾、问题，经过反复思考、权衡，就可制订协调工作的可行性方案。这个方案包括确定相关的协调对象、选定协调活动媒体、排出协调问题的层次和序列，甚至设计好协调中所要用的措辞。

(四)实施协调方案，形成协调意见

一般情况下，按照上述步骤来进行，只要把握得好，就可以达到预期的目标。不过协调意见的最后形成，还要看协调工作的实际进展情况如何。因为在协调过程中往往会出现意想不到的问题，这时就要遵循前面所述原则，通过积极努力，尽可能地实现预定协调目标。

二、协调工作的方式

协调工作要讲究方式方法，根据协调的对象、事件、地点、范围和领导授权大小等情况，因地制宜，因事制宜，因情制宜，因人而异。

(一)电话联系方式

协调事项比较单纯,所涉部门不多,协调对象也比较熟悉,估计能够较为顺利地达到预期目标,这种情况可以通过电话联系的方式加以解决。这种方式既便捷又及时,可以节省时间,提高效率。

(二)文件会签方式

在形成文件,包括通知、通告、通报、会议纪要、请示、报告、函等过程中,对决策部署或贯彻意见,通过文件会签或联合行文的形式进行协调,达到统一认识、统一部署、统一行动。

(三)会议座谈方式

协调事项较为重要、涉及多个部门或单位,以及基层单位有事项需要协调时,可采取会议座谈方式。秘书工作部门可在做好充分准备的基础上,邀请有关部门或单位一起开会,摆出问题,交换意见,沟通思想,研究一致意见,最后根据需要形成文件或整理会议纪要。会后,按此意见分头办理,秘书工作部门可在办理过程中,检查贯彻落实情况。

(四)组织协调方式

协调的事项很重要,涉及多个部门的职责划分、利益调整,而且难度较大,难以在短期内奏效,这时可以建立单独的协调组织来实现协调。如机构改革工作中,要涉及人事、财政、劳动、民政等多个部门以及具体单位的各种利益问题,为了做好协调工作,可成立机构改革协调小组或机构改革办公室,专门从事该方面的协调。这种协调方式一方面可以减轻主要领导的工作负担,提高协调的效率;另一方面也可以避免部门或单位间的摩擦,着重解决一些棘手的矛盾。

（五）信息协调方式

所谓信息协调，是指秘书工作部门未雨绸缪，对可能出现的协调事项充分估计、及早预测，通过传递对协调与合作有益的资料和信息，促使有关各方清楚真相，加深理解，消除隔阂，以达到至诚合作的方法。秘书工作部门要及时地把有关政策法令、行政规章以及计划安排、工作目标、领导意图等告知有关人员，使各方对管理目标心中有数，有章可循。同时，还可以运用宣传舆论工具，把正确的思想、提倡的精神、批评的意见通过各种渠道传达给广大干部群众，以统一思想，协调行动。

（六）个别沟通方式

协调对象比较单一，协调事项又不是很复杂，且主要是属思想、情绪问题，这时宜采用个别通气的方式进行协调。比如，主动上门找有关部门或人员进行个别协商、谈心，陈述情况原委，表明基本看法，统一思想，消除分歧。通过沟通，使之取得基本一致的意见，然后积极配合行动。这种方式及时、便利，效果也较明显。

二、协调工作的艺术

协调是一门学问。要做好协调工作，必须讲究艺术。在协调过程中，既要讲政策、讲原则，又要讲灵活、讲感情。一句话，就是要掌握好分寸。

（一）既要坚持原则又要灵活机动

在保证党和国家方针政策的贯彻执行，保证决策目标的实现的大的原则前提下，还要从实际出发，对具体情况作具体分析和处理。一般来说，对明显的不合理要求，要旗帜鲜明，不作无原则退让；对情况紧急，不容拖延的事项，要果断解决；而当问题解决难度比较大，协调暂时收不到理想效果，抑或是利益关系难以兼顾，需要一方作出某些让步和牺牲时，就要允许求大同存小异,灵活斡旋,适当变通让步。只有这样,才能使问题不至于久拖不决,有效地避免问题的复杂化和引起新的矛盾,以保证协调工作的顺利进行。

(二)把握时机,掌握火候

要善于捕捉有利时机,抓住机遇适时进行协调,这样,协调就可以收到事半功倍的效果。例如,秘书工作部门增强协调工作的预见性,根据领导的要求和一段时间的工作任务,分析、预测工作中的新情况和新问题,提早与有关部门打招呼,使之在思想认识、工作方法等方面提前做好有关准备,尽可能把问题解决在萌芽状态中。又如,遇到协调双方分歧比较大、情绪比较激动,一时难以协调好的情况,这时,不要操之过急,可暂时把问题放一放,来个"冷处理",待过了一段时间,双方冷静下来之后再继续做工作,这样问题就比较容易解决;而当某个问题已调解到相当程度,双方意见渐趋一致时,则要趁热打铁,一鼓作气把问题解决掉,否则,一拖再拖,情况就可能又发生变化,处理起来反而更加困难。

(三)讲究语言艺术

协调中大量的是解释、说服工作,这里有个如何组织、运用语言的问题。常言道:"良言一句三冬暖",处理同样一个问题,协调者话说得好不好、措辞得体不得体,其效果大不一样。古今中外,由于运用了高超的语言艺术而使本来十分复杂、棘手的问题得以迎刃而解的例子,不胜枚举。当然,这里讲的语言艺术并非"巧言令色",而是指协调者在说话时要注意方式方法,要诚恳委婉,给人以宽松感;言之有理,给人以信服感;言之有据,给人以服气感;言而有信,给人以信任感。有时,理由越是充分,说话的态度、口气越是要诚恳。总之,协调者不仅要使自己说的话被对方所接受,而且要使对方心服口服。

第九章　督促检查

第一节　督查的涵义与意义

一、督查的涵义

督查，是为确保决策落实所采取的一种重要手段，是一个重要的领导环节和领导方法。

这里有两层意思：一层为督查是一种领导行为，即领导机关及其领导人为促进、推动、确保决策落实所采用的一种方法；一层为督查只是一种手段，而不是目的，手段为目的服务，督查的目的就是保证决策的落实。

弄清督查的涵义，就在于理解以下两点：一是督查不仅是秘书工作的一部分，而且是秘书部门的一项职责，也是各级领导的职责，办公室则协助领导抓落实。二是督查工作的出发点和落脚点都在决策的落实上，因此督查工作的一切方式方法都要以决策落实效果为基准，不要为督查而督查，不要把精力缠绕在繁文缛节上，不要搞花架子，要重实效。

二、督查的历史沿革

督查作为一项重要的领导职能，不仅仅是现今社会的概念。自从人类社会产生管理者之后，督查职能便应运而生。任何国家和政党要保证自己方针政策的贯彻执行，都必须进行督促检查。随着社会形态的更替，督查也具有不同的时代特征。在奴隶社会、封建社会、半殖民地半封建社会，督查主要是为统治者的利益服务；在社会主义社会，督查主要是为人民利益服务。

奴隶社会时期，经济体制为井田制，政治形态为世卿世禄制，处于一种不能轻易变更、相对封闭、相对冻结的状态，统治者的监察体系尚未完善，督查的效能不突出，督查的方式比较松散，具有临时差遣性。《史记·五帝本纪》记载，黄帝“置左右大监，监于万国”。“大监”为黄帝麾下军事将领，“万国”为黄帝所辖部落，“监”即为督查辖区部落酋长执行部落联盟决议和联盟首领的意志。但这仅是出于战争和统治需要采取的临时措施。奴隶制时期有许多开明君主实地督查的事例，如史册中记载“舜帝南巡而不反，殁于九疑”，“大禹治水(督查治水工程建设)，三过家门而不入”，还有朝廷大臣受君王之差遣，“代天子巡狩”，等等。

封建社会时期，政治、经济体制发生变化，私田制取代井田制，郡县制取代分封制，督查功能明显加强，督查体系逐步完备。一方面封建君主根据统治需要和客观可能，亲自巡视或微服私访，如隋炀帝 11 次巡视天下，唐太宗、康熙帝微服私访，乾隆帝八下江南等。一方面封建体制下的督查任务大大加强，封建君主“为人主而身察百官，则日不足，力不给”，于是授予监督机关承担部分督查事务的特殊职权。秦始皇时期，朝廷专门设置御史府，以御史大夫为长，一是协助丞相处理政务，二是负责“典正法度，监察百官"。御史府还派出监郡御史、监县御史，形成全国范围的政务督查体系。设置御史专事督查的做法为后来许多朝代所效仿。封建社会，最高统治者君王还经常派钦差大臣到各地明察暗访，这也是担负督查职能的一种形态。

到半殖民地半封建社会时期，1911 年，资产阶级领导的武昌起义成功，首创议会监督形式。1912 年，南京临时政府公布《临时约法》，以法律形式确定了议会监督政府政务和查处官员过失的职权。

马克思主义者当政以后，非常重视督查工作。督查的政治含义与以往社会的督查具有本质上的不同。列宁在俄国十月革命后，针对当时人民委员会和劳动国防委员会工作中缺乏对执行情况检查的问题，明确指出："在我看来，主要是把工作重心从草拟指示和命令（在这方面我们愚蠢到了痴呆的地步）转到挑选人才和检查执行情况上。问题的关键就在这里。"我们党早就有重视督促检查的优良传统，毛泽东、周恩来等老一辈无产阶级革命家，对这方面要求十分严格，布置的工作要按时报告结果，重要事项的催办有时甚至不过夜。20 世纪 40 年代，毛泽东同志就提出加强督促检查，规定各级党委、中央各局、各分局一定要有报告制度，两个月写一次，并特别强调领导亲自动手，不要秘书代劳。到了 50 年代中期，毛泽东同志更加明确地提出，中央、各省委、各区委和地委必须十分抓紧检查工作，每年不是进行一次而是进行几次。周恩来同志在论述"什么是正确领导"时也曾指出，审查工作人员和工作计划之执行情况，是领导者的一项重要任务。邓小平同志一贯就有抓落实的工作作风，他多次强调，要改进工作，要做深入细致的工作，要议而有决，决而有行，重实效。党的第三代领导集体十分重视督查工作，江泽民同志多次对督查工作作了批示和讲话。1994 年 6 月 5 日，他在中央办公厅关于开展督促检查工作的情况报告上批示:“决策的制定和实施方案的部署,事情还只是进行了一半,还有更重要的一半就是要确保决策和部署的贯彻落实。为此,督促检查工作十分必要。这是一个重要的领导环节和领导方法,此事切不可放松。”这一重要批示阐明了在新形势下加强督促检查工作的重要性和必要性。

三、督查工作的地位和意义

(一)督促检查是保证决策顺利、有效实施的重要手段

对于各级领导来说,制定正确的决策固然重要,但再好的决策,再好的部署,如果落不到实处,或者被“上有政策,下有对策”而打折扣,也只能是纸上谈兵。要想卓有成效地开展工作,不仅需要科学地进行决策,正确地作出部署,而且必须使决策和部署真正落到实处。督促检查工作就是领导决策与基层落实之间的桥梁,桥梁稳,道路通,决策的落实就见效。

(二)督促检查是实现决策科学化的必要环节

大多数决策尽管在作出前经过调查研究,但有两个问题是客观存在的:一是决策前的调查研究往往是抽样调查或典型调查,具有代表性,但不可能穷尽面上的一切情况,难免会有一些疏漏之处;二是事物是在发展的,是动态的,决策主要是针对决策前的情况作出的,因此在落实过程中势必会遇到一些新情况、新问题。由于以上两个因素,各级领导作出的决策,需要接受实践的检验,并在实践中得到完善。通过督查,可以及时地发现和反馈决策执行中遇到的新情况、新问题,补充、修正、调整、完善原来的决策,使之更加切合实际,使我们的改革、建设事业少走弯路。

(三)督促检查是改进工作作风,克服官僚主义的迫切需要

为什么我们党内的某些官僚主义、主观主义、形式主义等一些脱离群众的倾向,长期以来不能有效地解决呢?一些单位、机关中“门难进、脸难看、话难说、事难办”的现象尽管有所好转,但总是不能根绝。原因有许多方面,但机关督促检查机制不健全是一个重要原因。现在,群众担心的不是政策不对头,而是怕政策不落实,担心上头“开空头支票”。“政策好是好,就怕落实不了”,“经是好经,就怕念歪了”,这是经常可以听到的群众的感叹。加强督查,狠抓落实,取信于民,党同人民群众的联系就会进一步密切。

(四)督促检查是提高办事效率,加快事业发展的有效办法

邓小平同志曾反复强调:“上下都要讲究工作效率。”在建设社会主义现代化过程中,时间观念、效率观念、效益观念十分重要。各地各部门要完成预定的工作目标,就必须提高工作效率,充分调动和发挥人的自觉性、积极性和主观能动性。加强督查可以起到“扬鞭催马”的作用,促进工作效率的提高,加快发展步伐。

(五)督促检查是维护政令统一,确保市场经济体制顺利建立的必然要求

在建立社会主义市场经济体制过程中,新旧体制交替,利益格局变化,矛盾错综复杂,一些地方和部门出于本地本部门利益的需要,违反市场经济运行的客观规律,以行政手段搞地方保护主义,搞地区经济封锁,严重阻碍了改革开放和经济建设,阻碍了社会主义经济体制的正常建立。加强督查,能有效地维护政令统一,严肃党纪政纪,维护党和政府的权威,保证社会主义市场经济体制健康运行。

（六）督促检查是秘书部门为领导搞好政务服务的主要内容

秘书部门是领导的参谋助手和综合办事机构，在领导的科学决策和决策的落实中起着不可缺少的辅助作用。在领导决策前，对情况进行综合分析研究，提出决策预案，搞好科学论证，提供领导决策参考。决策形成后，协助领导督促检查抓好落实，为领导督查提供督查前、中、后的全过程服务，同时承担那些无须领导事必躬亲而可以由秘书部门承担的督查工作。通过督查，及时发现不落实的环节和不落实的问题，准确分析不落实的主要原因，大胆提出解决问题的建议。督查工作抓好了，可以有效地提高秘书部门的服务水平。

四、秘书部门督查工作的特点

一是间接性。秘书部门的督查工作一般不直接参与办案，不直接处理问题，更不能代替职能部门工作，主要是通过转办、催办和实地查办等方式，督促下级有关地区和单位负责承办，具体落实，具有明显的间接性。

二是综合性。秘书部门的督查工作主要是协助领导开展的，而领导机关的工作范围广，涉及面宽，综合性强，这就决定了秘书部门的督查工作也具有综合性特点。

三是权威性。秘书部门的督查工作都是由领导机关或领导同志决定的，是奉命行事，具有很强的指令性。对执行单位具有较强的约束力，因而具有较强的权威性。

四是实效性。督查工作是为了改变“布置多、检查少”或“有布置无检查”，决策不落实的状况，本身是一项抓落实的工作，因而必须十分注重实效。

第二节　督查工作的原则

一、坚持实事求是的原则

实事求是是我们党的思想路线，也是督查人员的职业道德。在督查工作中应该做到：一要有坚强的党性。表现为尊重客观实际的科学态度，敏锐的洞察力，坚持原则，敢讲真话、敢报实情、敢于揭露和反映问题的大无畏精神。二要深入实际了解情况。作风要扎实，情况要真实，分析、判断要正确，意见、建议要中肯。三要如实进行督查反馈。有喜报喜、有忧报忧是督查反馈的基本要求，而且还要侧重反馈决策和工作部署在落实过程中出现的不落实问题及其原因。督查反馈最忌弄虚作假，粉饰太平，大事化小，小事化了。否则，不仅不能推动决策和工作部署的落实，反而会造成人为的障碍。因为反馈的虚假信息不仅不能帮助领导弄清真实情况，还会使领导产生错觉，作出脱离实际的决断，形成错误导向，使党和人民的事业蒙受损失。四要注意实效，不搞形式主义。督查的出发点和落脚点都在实效上，要在促进各级领导改进作风、推动决策和工作部署的落实上下功夫。如果把做表面文章、搞形式主义那一套带到督促检查工作中来，必然会出现与督查工作主旨完全相悖的结果。

二、坚持突出重点的原则

督查工作的范围很广，任务繁重，而秘书部门的督查力量相对薄弱。如果面面俱到，四面出击，就很难收到实效。因此，督查工作一定要突出重点，围绕一个时期的中心工作来开展，把主要力量放在促进重大决策部署和领导同志的重要交办件的贯彻落实上。一是从督查的职能看，各项大政方针的落实是重点。秘书部门作为领导的办事机构和参谋服务部门，工作千头万绪，但最终目的是保证领导政令的畅通，保证领导各项决策的有效落实。二是从督查层次看，本级领导重要决策和工作部署的落实是重点。秘书部门要为本级、上级、下级搞好“三服务”，但重点是为本级领导抓督促检查服务。明确这个重点，督查的力度就大，成效也大；反之则成效甚微，甚至费力不讨好。三是从督查对象看，各级领导是重点。领导是各项决策和部署落实的第一责任人，也是抓督查的第一推动人。督查工作本身就是“领导抓督查，督查抓领导”，层层抓落实的良性循环。

三、坚持分流承办的原则

坚持这一原则的基本要求：一是领导负责。督促检查工作必须置于各级领导的有效控制之下。领导的决策及落实的要求是开展督促检查的依据，一切督查事项都要经领导同志批准后才能立项查办；重大督查活动必须请主要负责同志亲自挂帅；督查进展情况要及时向领导同志报告；督查结果上报前要经领导同志审批同意。二是督查部门要主动做好综合协调工作。主要是根据领导授意对督查事项进行分解立项，下达到各有关单位负责承办，并认真做好催办工作；对涉及几个责任单位的督查事项，要明确牵头单位，并做好落实中的有关协调工作。三是各职能部门对领导机关及其督查部门交办的督查事项要积极办理，不得延误，并按时报告办理进度和办理结果，做到事事有回音，件件有着落，保证优质高效地完成任务。

四、坚持注重时效的原则

具体要求：一是上级领导部门及其督查机构组织的督促检查，要坚决按统一布置的步骤和时间要求精心组织实施并及时报告结果，不可拖，不可推，不可缺，不可误，以便上级部门及时进行综合分析和研究。二是由督查部门正式以“督查公函”形式下达的专项查办件，时效要求很严。承办部门接到函件后，要立即采取措施抓好落实，并按照来函要求和时限及时反馈情况，客观科学地上报办结报告。如查办件因查办难度大，未能及时办结的，应在规定时限内先上报办理进度，说明未及时办结的原因并采取得力措施加强督办，争取尽早上报办结报告。

五、坚持科学有序的原则

督促检查工作的科学有序关键是建立健全一种良好的运行机制。这种运行机制应包括如下内容：一是有一支与工作任务相适应的督查队伍，不仅要有一定的数量，更重要的是要保证较高的质量，有较高的政治素质和业务素质；二是有一个纵横通达的督查网络，建立和健全各级各部门督查机构，加强紧密联系；三是有一套科学可行的工作程序，做到有章可循，有章必循。工作程序主要是指在办理决策督查和专项查办件过程中的实际操作方式，一般要经过拟办送审、立项登记、通知下达、催办检查、审核报告、立卷归档等环节。

第三节　督查工作的内容

督促检查的主要工作：一是决策督查；二是专项查办；三是

督查调研;四是督查的组织协调。这是个系统工程,是一个有机的整体,缺一不可。在统筹兼顾的同时,要把主要精力放在决策督查上,抓全局、抓大事、抓关键,这是搞好督查工作的"牛鼻子",是开展督查工作应该确定的指导思想。因为机关单位的工作很多,不能事无巨细,不分主次抓督查,只有把督查立项的目标、人员精力的投入,放在那些牵动全局的重大事项和领导、群众最关注的热点问题上,督查工作才能成为协助领导抓好决策落实上靠得住、用得上、离不开的重要力量。

一、突出重点,强化决策督查工作

决策督查,即指领导部门的重大决策、重要工作部署出台后,包括重要会议召开、重要文件下发后,秘书部门要加强督促检查,确保决策落实。决策督查要紧贴领导工作思路,根据机关、单位一个时期的工作重点来开展,才能真正抓到点子上。领导重大决策和重要工作部署出台后,秘书部门就要对其中一些具体的可操作的内容分解立项,督查落实,并及时催办,综合反馈。根据内容的时限要求和落实的难易度,确定报结时间。对一些重要的决策措施实行追踪督查,将初步落实情况、落实当中的问题和建议、落实的效果作一系列反馈。督查不搞形式主义,不搞花架子,要讲质量,求实效,力求抓一件是一件,真正推动工作的落实。

在决策督查中,要注意把握以下几点:首先,要强化督查工作权威。领导作出决策后,督查部门应及时向领导建议组织督查活动,对特别重大的决策,应建议领导直接挂帅抓督查,并为领导提供督查前、中、后的服务,以提高领导督查的效应。这种高层次的督查活动权威高、影响大,一方面增强了各级领导的督查意识、抓落实的意识,另一方面加大了督查力度,实际效果好。

其次，要把着力点放在善于发现和反馈问题、推动问题的解决上。只有抓住决策实施过程中不落实问题的落实，才能确保决策落到实处。这是督查工作的最大特点。

二、及时、有效地做好专项查办工作

专项查办主要是指领导和上级机关的交办件的督促查办，包括领导批件、领导现场办公和外出考察时拍板答应的事。通过对具体问题的查办，实实在在地解决某个方面的问题。专项查办，主要抓好三个环节：一是提高办结效率，按照规定时限及时反馈，有特殊情况例外的，要如实说明清楚；二是提高办结质量，真正把领导批件的精神落实到实处，真正解决问题；三是举一反三，通过对个别的问题的查办，引起对整个面上可能出现的问题的注意和防范，扩大查办效果。对上级机关的批办件，要认真核查，按时报结，务必做到不压、不拖、不耽误，件件有着落，事事有回音。

三、要充分发挥督查调研在抓落实过程中的重要作用

领导机关重大决策实施过程中，哪些方面落实了，哪些方面没有落实；哪些单位落实了，哪些单位没有落实；没有落实的原因是什么，有什么新情况、新问题；哪些决策需要补充、完善；各地各部门落实中有些什么好的做法和经验，这些，光靠打电话、看材料、听汇报，是难以全面掌握客观情况的。只有深入实际调查研究，才能掌握第一手资料，才能为领导抓落实提供有价值的参考资料，才能为修正、补充、完善决策提供依据和意见。因此，各级督查部门都要改变以往重督促轻检查的做法，侧重抓检查、抓调查，以此作为加大督查力度的突破口。凡领导作出重大决策和重要工作部署后，秘书部门要组织力量深入基层，有针对性

地进行抽样调查或典型调查，搞清问题的来龙去脉，查明原因，找出症结，提出建议。要敢于碰硬，查清决策落实中的“梗塞”问题。这既是决策后的调查，又可以通过调查发现问题、解剖典型，使领导了解决策落实的动态过程，做到心中有数，以进一步修正完善决策，推动全面工作。从这个意义上说，这又是一种超前性的服务。

四、加强督查的组织、协调、联系工作

机关、单位督查工作的头绪很多，而秘书部门的督查人手相对比较少，所有问题都要直接开展查办是有难度的。因此，在督查方式上要讲求科学性，采取检查与自查结合，面上督查与典型调查相结合。对领导决策后的督查，各级督查部门主要是发挥作为综合部门自身的优势，抓好组织与协调工作。领导作出重大决策后，督查部门要根据决策要求区别轻重缓急，分解立项，及时提出督查预案，组织有关部门和地方联合开展督促检查，并做好情况的汇总和综合反馈工作。对于全局性的重大决策落实情况，根据领导意图，可抽调力量组织一定规模的全面性检查；对于单项决策的落实情况，可发挥职能部门的优势，组织力量检查；重大情况、特殊情况和领导直接嘱办的任务，督查部门经授权可直接派人督查，以了解情况为主，不经授权不直接处理问题。有的决策落实情况，可以向社会公开的，还可结合新闻监督来实施督查，组织新闻部门运用舆论工具促进决策的落实。

督查协调是一项政策性很强的工作。重大决策和部署往往涉及许多地区、部门和社会上的方方面面。一些地方和单位出于本地本部门的利益需要，在工作中往往各自为政，互相扯皮，直接影响决策的落实。协调工作搞得好不好，直接关系到督查工作的成效。因此，秘书部门要切实重视和加强协调工作，注意

区分不同情况，采取不同的协调方法。属于一般性的督办事项，经领导授权，督查部门可直接协调；业务性较强的督办事项，可商请有关职能部门参与协调；涉及全局性的重大问题，由督查部门提请有关领导出面协调。在督查协调中，要善于听取并尊重各方面的意见，多商量多沟通，达到统一认识，解决问题的目的。

第四节　督查工作的方法

督促检查必须讲求实效。流于形式、没有实际效果的督促检查比其他方面的形式主义危害更大。而讲求实效，就必须掌握和运用好开展督促检查的有效方法。

一、跟踪督查法

这种方法也可称作同步督查法，即在领导作出重大决策和工作部署的同时，就提出督促检查要点，将抓落实的任务明确到每个领导成员身上，并确定有关责任单位，定期抓落实进度的检查，必要时还可组织高层次的督促检查活动。运用这种方法，参与督查的层次较高，一般都是由领导成员带队，抽调有关职能部门的负责同志组成督查小组，下到各地、各有关部门，面对面地听取情况汇报，明察暗访进行抽样检查，广泛征求各方面的意见，获取大量的第一手资料，因此，权威性较高，震动较大，效果较好。

二、督查调研法

督查调研法是根据机关、单位抓决策和工作部署落实的需要，选择重点课题，组织必要力量，把督促检查和调查研究结合起来,促进问题得到解决,决策得以落实的一种有效的工作方法。督查调研的基本要求是把督促检查融入调查研究之中,在调查研究中进行督促检查,因而它既是一种督促检查的方法和手段,又具有一定意义上的调查研究的某些共同特征。在操作运用时应把握以下几点:一是既要向被调查对象了解情况,又要在对情况和问题进行综合分析的基础上与被调查对象交换意见,指出问题的症结,敦促及时解决。二是有特定的目的性,为了解和解决某个问题或某类问题而来,通过督查调研,找到解决问题的办法,促进决策和工作部署的落实。三是方式更加灵活,可以是事先告知被调查对象,经过一段时间的调查研究后再面对面地交换意见;也可以是“微服私访”,当时不与被调查对象交换意见,只将有关情况向交办领导汇报,便于领导有针对性地做督促落实工作。

三、举一反三法

这种方法是指通过办理某一具有普遍指导意义的督查事项(包括决策督查和专项查办),连带解决一批同类型的问题;或者采取有效措施,使那些对全局工作有指导意义的督查事项发挥辐射作用,在更大的范围内产生影响。举一反三的方法已被实践证明是增强督查力度、提高督查层次、扩大督查影响的方法,也是最能体现督查人员政策水平和工作水平的有效方法。掌握和运用这一方法的关键在于选择和确定适当的查办件,并在查办过程中始终注意到该件的举一反三意义,实现查一件,带一片。在实际操作过程中,有下列情况之一者,一般说来可采用举一反三的方法:一是属于政策性强的问题;二是属于带倾向性的问题;三是事关全局的重大问题。通过举一反三,扩大查办影响,指导全局工作,可以取得较好的社会效果。

四、典型推动法

这是“抓两头、带中间”的领导方法在督促检查工作中的具体运用。从做好督查工作的角度讲，抓典型推动具有双重任务：一是围绕发现领导决策和工作部署在落实过程中的典型经验、存在的突出问题，分别进行总结、表彰、推广或披露、通报批评、整改，以促进决策和工作部署的落实。二是围绕提高自身工作水平、加强自身建设，及时总结推广典型经验，防止和克服不良倾向，以促进督查工作的健康发展。运用典型推动法，关键是要摸清实际情况，加强典型情况的核查工作，并把点上的核查和面上的推动结合起来，更好地为领导机关指导、推动工作服务。

第十章　公文办理

公文办理,即办文,是秘书工作的基础。

公文办理,指办文的全过程,包括公文撰拟、公文处理与公文立卷归档。

第一节　公文撰拟

公文撰拟,即公文写作,是公文办理的基本环节。为使拟制的公文符合行文规范,应准确把握公文的涵义、撰拟特点与撰拟原则。

一、公文的涵义

公文,即公务文书,是社会集团在公务活动中按照一定的程序和格式形成和使用的文书材料。

这一涵义,指明了公文的必备条件:第一,公务活动是公文形成和使用的前提,也是区别于私务文书的根本标志。第二,公文的作者是社会集团。社会集团是指依法成立并能独立行使权利并承担义务的组织,包括机关、团体、企事业单位。第三,公文形成和使用必须经过一定程序并具有一定格式,这是公文法定权威性的必然要求,也说明不是公务活动中形成使用的所有文书材料(如未定稿)都是公文。

公文涵义,有广义、狭义之分。两者之间以是否包括公务常用文为区分标志。也就是说,广义公文,包括通用公文、专用公文与公务常用文;狭义公文,仅指通用公文与专用公文。

现列表予以说明。

文书总体分类简表

<table>
<tr><th>总类</th><th colspan="2">分类名称</th><th>分类内容</th><th colspan="2">备注</th></tr>
<tr><td rowspan="4">文书</td><td rowspan="3">公务文书</td><td>通用公文</td><td>党的文件、行政公文</td><td rowspan="2">狭义公文</td><td rowspan="3">广义公文</td></tr>
<tr><td>专用公文</td><td>外交公文、军事公文、司法公文、经济公文、科技公文</td></tr>
<tr><td>公务常用文</td><td>计划、总结、调查报告、简报、规章制度、讲话稿、大事记,等等</td><td></td></tr>
<tr><td colspan="2">私务文书</td><td>个人、家庭在处理私人事务中形成和使用的文书材料,诸如个人日记、书信、著述、自传、遗嘱、家谱,等等</td><td colspan="2"></td></tr>
</table>

(一)通用公文

通用公文又称法定公文,指在全国范围内普遍通行适用的具有法定效力和规范体式的文书,是依法行政和进行公务活动的重要工具。通用公文包括党的文件和行政公文。

党的文件,指1996年5月3日中共中央批准的中共中央办公厅《中国共产党机关公文处理条例》(以下简称《条例》)中规定的十四种公文,即①决议;②决定;③指示;④意见;⑤通知;⑥通报;⑦公报;⑧报告;⑨请示;⑩批复;⑪条例;⑫规定;⑬函;⑭会议纪要。

行政公文，指2000年8月24日国务院发布的《国家机关公文处理办法》(以下简称《办法》)中规定的十三种公文，即①命令(令)；②决定；③公告；④通告；⑤通知；⑥通报；⑦议案；⑧报告；⑨请示；⑩批复；⑪意见；⑫函；⑬会议纪要。

(二)专用公文

专用公文，指局限在一定的工作部门和特定的业务范围内专供特殊需要而使用的具有法定效力和规范体式的公文。一般包括：①外交公文(如国书、照会、条约、声明、备忘录、外交函件、外交电报等)；②军事公文(如通令、条令、训令等)；③司法公文(在公检法司等部门使用的公文，如立案报告、起诉意见书、公诉书、抗诉书、判决书、裁定书、提请减刑意见书等)；④经济公文(如经济合同、协议书、经济活动分析、市场预测报告、外贸函电等)；⑤科技公文(如科研任务书、科技成果报告、发明申报书、技术鉴定书、工程设计说明书、施工方案等)。

(三)公务常用文

公务常用文，指机关、团体、企事业单位为处理日常事务而使用的具有一定格式的公文。一般指计划、总结、调查报告、简报、规章制度、讲话稿、大事记，等等。

二、公文撰拟的特点

(一)写作动机的制约性

一般文章的写作，是写作主体(作者)个人对生活的观察、感受和体验，从而引发写作冲动，通过写作来表情达意。公文的写作动机却不同，之所以要撰拟公文，不是撰拟者个人的意愿，不是有感而发，而是完全受命于领导的指令授意，必须忠实地贯彻领导意图。领导意图是社会集团意志的集中体现。总之，一般写作强调主体的“个人意识”，写作是受作者的思想、感情、意志的支配，直接体现作者个性的活动；而公文写作则受社会集团意志的制约，强调写作主体的“群体意识”，代机关“立言”。所以，公文写作注重准确体现领导意图，这是公文撰拟的重要前提。

（二）写作思维的抽象性

思维是对客观事物概括的、间接的反映。就思维方式而言，主要有抽象思维和形象思维。文学写作以形象思维为主，通过形象来展开思维活动并以形象来表现思维成果。公文写作则以抽象思维即逻辑思维为主，舍弃事物的具体形象，以抽象的概念、判断、推理来揭示事物的本质。所以，公文写作要求概念运用准确，判断恰当，推理合乎逻辑。在写作过程中，主要运用分析、综合、归纳、演绎等逻辑手段去概述事实，分析事理，从而提出解决现实问题的措施、办法、意见或要求，达到处理公务的目的。

（三）写作体式的规范性

文须载体，即体成文，任何文章都有赖于一定体式来反映客观事物，通过一定的结构形态、表达方式、语言手段来体现写作意图。公文体式有自己独特的规范要求，主旨不能含蓄而要显露，结构不能多变而要单一，表述不能曲折而要直叙，语言不能描绘而要准确，风格不能藻丽而要平实。作为公务文书主要构成的通用公文与专用公文，它们在体式上的要求更为严密规范，带有法定性、程式性的特点。比如，通用公文必须遵照《条例》、《办法》的规定制发公文；在专用公文中，司法、军事、外交公文的法定性、程式性自不待言，就以经济公文中使用频率最高的经济合同来说，它的主要条款和内容，国家以《经济合同法》的立法形式作出规定，国务院并推行“经济合同示范文本”制度，使经济合同的拟制更符合法律法规的规范要求。公文体式的规范性是由公文所特具的法定权威与行政约束力所决定的。

（四）写作受体的确指性

文章写作，都有其写作受体，即读者对象。对于文艺作品、新闻报道、学术论文，只要有一定的文化水平和个人的兴趣爱好，都可以自由地去阅读欣赏、评判议论。所以，文学写作、新闻写作、学术写作等，它们的写作受体不受限制，具有不确定性、广泛性。但公文的写作受体是确指的。它有特定的读者对象，即收文机关。正因为有确指的写作受体，收发文机关由于隶属关系不一，就形成了上行、平行、下行的行文关系。因而，公文写作要根据确指的行文对象，按照不同的行文关系，选择相应的文种。文种不一，写作要求各异。这样，在公文写作上，为了达到行文目的，从文种的选用，从内容到形式，无不受到特定写作受体的制约。这种制约是公文作为施政处事的重要工具所必需的。

上述公文撰拟的主要特点，单就某一方面而言，也可能不仅仅限于公文写作，比如，写作思维的抽象性，在所有议论文的写作中，抽象思维的特点更加典型、明显。但是把上述诸特点综合起来考察，就构成了公文写作特具的总体特征。认识和把握公文写作的总体特征，有助于我们掌握公文写作的规律，指导公文写作的实践。

三、公文撰拟的原则

公文撰拟原则，也可称为公文写作的基本要求，《条例》、《办法》对此都作了相应的规定。为了确保公文质量，公文撰拟必须遵循政策性原则、准确性原则、针对性原则与时效性原则。

（一）政策性原则

政策性原则，是指撰拟公文必须符合政策法令。这是公文撰拟最重要的原则和基本依据。《办法》明确指出，撰拟公文应当做到“符合国家的法律、法规及其他有关规定。如提出新的政策、规定等，要切实可行并加以说明”。法律法规和政策，都是人们行为的规范，是党的基本路线的体现。法律制约政策的制定，它要求政策必须与之相一致；政策又是制定法律的重要依据，经过实践检验的正确政策常常是立法的前提和基础。法律和政策，相辅相成，互为作用。因此，法制性与政策性在根本方向上是一致的。政策法令维系国计民生，关系着国家和人民的根本利益，是处理一切公务的依据和准绳，绝不容许有任何的抵触与违背。与路线方针、政策法令相背离的文件，是错误的、有害的文件，上级有权予以处置。《宪法》规定，全国人大常委会有权“撤销国务院制定的同宪法、法律相抵触的行政法规、决定和命令”。国务院作为国家的最高行政机关，在办文时同样受到法律法令的制约，更不消说基层的机关、团体及企事业单位。所以，撰拟公文，必须具有法制观念和政策观念，懂法律，懂政策，要依法办文，要深入领会与正确贯彻党和国家的方针政策。只有这样，才能使撰拟的公文合法和有效，具有法定的权威和行政约束力。

（二）准确性原则

准确性原则，是指撰拟的公文必须真实准确。真实准确，是公文的生命，是为了维护公文的权威性与严肃性。准确性原则体现在公文内容、公文表述与公文格式诸方面。

公文内容要实事求是。无论是叙述事实、说明情况、分析议论，都必须坚持实事求是，要全面、准确地反映客观实际，提出的意见、措施要切实可行。公文叙述的情况，列举的材料，提供的数据，引用的人名、地名、时间、数字和引文，要确凿可靠，准确无误。公文内容绝不允许道听途说，主观臆断，更不能为了达到某种目的，扭曲事实，任意扩大或缩小，报喜不报忧，虚报浮夸，要高度重视情况的真实性。

公文表述要准确简洁。《办法》要求撰拟公文应当做到“表述准确、结构严谨,条理清楚,直述不曲,字词规范,标点正确,篇幅力求简短”。公文表述的准确性,体现在使用概念要准确,判断要恰当,推理要合乎逻辑。公文表述最忌模棱两可,引起歧解。公文表述不准确,必然造成对公文理解与执行上的含混与矛盾,给公务活动造成不利的影响。

公文格式要合乎规范。格式准确规范,是公文权威性在形式上的体现,是保证公文质量和办文效率的重要手段。公文具有一定的程式性,通用公文更是如此。《条例》与《办法》对公文的内在构成(如《办法》规定公文包括发文机关、标题等十八项构成要素)与外观形式(包括文面格式、用纸格式与印装格式)都作了明确的规定。内容与形式是辩证的统一,没有一定的公文格式也会直接影响到公文内容的准确表达,绝不能对公文格式的准确规范问题等闲视之。

(三)针对性原则

针对性原则,是指撰拟公文必须有的放矢。公文是处理公务的重要工具。每一篇公文都有它的具体使命,也就是行文目的,应针对所要解决的实际问题而命笔行文。

公文撰拟的针对性,首先要求准确领会和体现领导意图,明确行文目的。撰拟公文先由领导交拟,交待制文意图。领导的制文意图是单位集体意志的体现。领导交拟一般包括两个方面,一是为什么要行文,也即行文的目的,行文要解决的问题及有关背景;二是怎样行文,对行文内容提出一些基本观点或大致思路与意向。公文撰拟者通过自己的思考、理解与消化,对领导意图加以具体化、条理化,草创成文。

公文撰拟的针对性,要求“吃透两头”,既要遵循中央、上级的指示精神，把握领导意图，又要对本地区、本单位、本部门的实际情况了然于胸，并把这“两头”很好地结合起来。只有这种“结合”，公文提出的意见、要求、措施和办法才有针对性，才能解决实际问题，而不是不着边际，空泛议论，做官样文章或表面文章。

公文撰拟的针对性，还体现在应坚持“一文一事”的制度上。一文一事，即一篇公文只解决一个或一个方面的问题，可使撰拟的公文主旨单一鲜明，内容精练集中，针对性强，便于受文单位办理，提高公文处理效率。

公文撰拟的针对性，要求选准主送机关与文种。主送机关是公文的承办单位。选准主送机关是公文能否得到及时有效处理的关键。主送不当，则难以受理，延时误事。多头主送，导致责任不明，互相推委。要根据行文目的，准确选择文种，这直接关联到公文效用的发挥。比如，把等待上级批复的“请示”，误用为“报告”，就不能得到上级的批示答复，也就达不到行文的目的。

（四）时效性原则

时效性原则，是指撰拟公文要迅速及时。公文有时效。公文的时间与效用是直接关联的，效用会随着时间的推移而变化。比如，当年的工作计划，理应在上年末或当年初成文，拖过时间，就失去了计划的指导性与约束力，办文也就没有意义；下级的请示，等待着批复；上级要了解的情况，当及时报告，等等。所以，撰拟公文讲究时效，要迅速及时，切忌拖拉延误。公文撰拟，何时交稿，何时行文，都有时限要求，只是因任务、情况的不同而时限不一。突发事件、紧急情况处理的报告与请示，则是争分夺秒，愈快愈好。一般处理日常事务的公文，总是要求近期完成。而一些政策性、法规性公文，成文时间相对长一些。公文撰拟的时效性原则，要求秘书人员不断提高自己的素质与能力，接触实际,掌握情况,注重平时积累。这样,撰拟公文才能得心应手,“倚马可待”。

第二节　行文规则

行文是处理公务的重要手段,行文规则是对公文运行的规范化要求。《办法》在“行文规则”的首条规定“行文应当确有必要,注重效用”,这是行文的前提。在行文过程中,构成了不同的行文关系和行文方式。准确地把握行文关系,选择适当的行文方式,遵守行文规则,可以避免行文混乱,使公文规范有序地运转,提高公文办理的效率。

一、行文关系和行文方式

行文关系是机关、单位之间的组织关系在公文运转中的体现。行文关系是根据行文机关、单位各自的隶属关系和职权范围来确定。行文关系分为上行文、平行文、下行文。

在行文中,根据实际工作的需要,可以采用不同的行文方式。行文方式分为逐级行文、多级行文、越级行文和直达行文。

(一)上行文

上行文,指下级机关(或单位,下同)向所属上级机关的行文,如报告、请示等。上行文一般有逐级行文、多级行文、越级行文三种方式。

逐级行文,指向直属的上一级机关的行文。上行文应以逐级行文为主。下级机关向直属的上一级机关汇报工作,请示问题,提出建议或请求批准,符合组织原则,有利于维护正常的组织关系与管理秩序。

多级行文，指同时向直属上一级机关和更高一级或几级的领导机关的行文。多级行文只在报告或请示的问题比较重大，为了尽快得到各级领导机关的关注与指示，确有必要时采用。

越级行文，指越过直属上一级机关向更高一级的领导机关直至中央行文。越级行文只在特殊情况下使用。一般不应越级行文。

(二)下行文

下行文，指上级机关向所隶属的下级机关的行文，如命令、指示、批复、决定等。下行文一般有逐级行文、多级行文、直达行文三种方式。

逐级行文，指对直属的下一级机关的行文。上级机关通过逐级行文对下级实行领导与指导。一般情况下，下行文应以逐级行文为宜。

多级行文，指同时向所属的几级下级机关的行文。例如，中央、国务院有不少公文同时发至省、地(市)、县级以上党委与政府。这种行文方式，省略了逐级转发的程序与时间，使文件精神得以迅速的传达与贯彻。

直达行文，指领导机关在必要时，将文件直接发至基层组织，并传达到广大群众。直达行文一般通过报刊、广播、电视等新闻媒介发布或张贴公布，直接与广大干部、群众见面。直达行文，使基层组织与广大群众能快捷地、原原本本地了解文件内容，使政策法令家喻户晓。中央的重大决策、国家的法律法令、国务院的行政法规以及省(市)的重大行政措施等，通常采用直达行文方式。

(三)平行文

平行文，指不相隶属机关之间往来的公文。如函、议案、某些会议纪要、事项性通知等。同级机关也是不相隶属机关。函是平行文中主要的、常用的文种。

各机关、团体、企事业单位，只要没有隶属关系，不分地区、系统及级别，相互告知事项，联系工作，商洽业务，询问和答复问题，向无隶属关系的有关主管部门请求批准和答复审批事项等，都可以直接行文。平行文避免了按系统的转递周折而增加公文运转层次，可以提高办事效率。随着市场经济体制的确立与完善，政企、政事的分开，政府机关职能的转变，以函为主的平行文将在公务活动中越来越发挥其重要的作用。

二、行文规则

行文必须遵守如下规则。

（一）按照隶属关系行文

隶属关系即管辖关系，也就是领导与被领导、管辖与被管辖的上下级关系。按照隶属关系行文，这是行文的常规。对有隶属关系的上级行文，应使用上行文；对有隶属关系的下级行文，应使用下行文；没有隶属关系的机关、单位之间的行文，应使用平行文。

按照隶属关系行文，体现了上级对下级的管辖与指挥，下级对上级的服从与遵行，有利于规范管理体制，使各项工作顺畅有序地进行。

（二）按照职权范围行文

按照职权范围行文，上级机关有权对下级行文作指示、下通知，下级应贯彻执行；下级机关有责任向上级反映情况，汇报工作，提出建议，请示问题。请示应当一文一事，在报告中不得夹带请示事项。上级机关对于请示，要及时批复。下级机关不得制发与上级的决定、指示精神相悖的公文，否则，上级有权责令其纠正或撤销。

按照职权范围行文，行文要受到法定作者法定权限的限制，不能超越自己的职权范围越权行文。比如，企事业单位及县以下机关无权发布命令；市、县无权决定乡、镇的建制或变更。当前，越权行文的情况还时有发生，应引起重视。例如，1994 年 5 月 5 日《中国检察报》载，安徽省某航运公司对贪污万元以上已触犯刑律的公司会计张某作出免于起诉的决定，并行文下发所属单位。“免于起诉”是法律赋予检察机关的职权，任何党政机关、团体、企事业单位都无权行使。这是典型的越权行文，当然是无效的。

按照职权范围行文，党委、政府的职能部门在本部门职权范围内，可以互相行文，可以向下一级党委、政府的有关业务部门行文，也可以根据本级党委、政府授权和职权规定，向下一级党委、政府行文。这样，不必事无巨细都以各级党委、政府的名义行文，也有利于发挥职能部门的作用。

（三）党政系统分开行文

行文应贯彻“党政分开”的原则。党的文件是传达贯彻党的路线、方针、政策和实施党的领导的重要工具；而行政文件，则是依法行政和进行公务活动的重要工具。两者具有不同的性质与功能，不能混用。属于党委方面的工作，由党委行文，属于行政方面的工作，由行政行文。如果行文党政不分，不仅不能充分发挥行政的职能与作用，也降低了执政党文件的领导性、指导性权威。当然，如属带有方针政策性的重大问题，可由党委、政府联合行文。

（四）一般应当逐级行文

逐级行文，能使政令与指挥统一，上对下逐层指挥，下对上逐级负责，使机构运转正常。所以《条例》、《办法》明确规定“一般不得越级请示和报告”。越级行文请示问题，打乱了正常的组织关系和行文秩序,使受文机关不便受理,往往要转回被越机关处理,公文往返,反而费时误事。当然,在特殊情况下可以越级行文。所指的特殊情况,诸如,情况紧急(发生严重自然灾害、重大恶性案件、特大事故等),逐级行文将贻误时机,造成损失的问题;多次请示直属上级,久拖未决的问题;直属上下级机关之间有争议,难以解决的问题;上级领导机关直接交办并指定越级上报的问题,等等。因情况特殊必须越级行文时,应同时抄报被越过的上级机关。

(五)行文其他规定事项

1. 主送抄送应准确得当

行文应根据行文目的选准主送机关。上行文一般只报一个主送机关,如需同时送其他机关,应当用抄送形式,但不得同时抄送下级机关。公文不应多头主送。多头主送将会导致受文机关责任不明,互相推委,贻误工作。

受双重领导的机关向上级机关行文,应当写明主送机关与抄送机关,由主送机关负责答复。上级机关向受双重领导的下级机关行文,必要时应抄送其另一上级机关。

向下级机关或者本系统的重要行文,应当同时抄送直接上级机关。

为了控制发文数量,抄送范围应得当,可送可不送的不必抄送。

2. 联合行文

联合行文应当确有必要,单位不宜过多。

同级政府、同级政府各部门、上级政府部门与下一级政府可以联合行文;政府与同级党委和军队机关可以联合行文;政府部门与同级人民团体和具有行政职能的事业单位也可以联合行文。

属于部门职权范围内的事务，应当由部门自行行文或联合行文。联合行文应当明确主办部门。

3. 不另行文

经批准在报刊上全文发布的行政法规和规章，应当视为正式公文依照执行，可不另行文。同时，由发文机关印制少量文本，供存档备查。

第三节　公文处理程序与基本要求

公文处理，是指公文的办理、管理、整理(立卷)、归档等一系列相互关联、衔接有序的工作。公文处理应当坚持实事求是、精简高效的原则，做到及时、准确、安全。

公文处理程序，是指公文在机关、单位内部有序运转处理的所有程序。公文处理的每道程序是一个工作环节，环环相扣，互相衔接，形成公文处理的合理流程。遵循公文处理程序，使公文及时、准确、有序地运转，有利于公文处理工作的规范化、制度化、科学化。

公文处理程序，一般分为收文处理程序与发文处理程序。

一、收文处理程序

收文处理指对收到公文的办理过程，一般包括签收、登记、审核、拟办、批办、承办、催办与查办、立卷、归档、销毁等程序。

(一)签收

签收，指收受文件时，收件人办理的清点、检查、接收手续。签收是收文处理的第一道程序。公文应由秘书部门统一收发，一个口子进出，便于公文的统一管理。通常由秘书部门所属的收发室受理,通称外收发。公文签收要细致负责,切不可疏忽大意,应注意:①要逐件清点,数量是否相符,是否发给本机关、单位。发现误投,应即时退回;②检查信件有无破损、散包、被拆现象,如有应查明原委,适当处置;③经清点检查无误,方可签收。急件应注明签收的具体时间。

(二)登记

登记,指秘书部门对收受的文件,按照一定的形式进行登录。一般确定专人负责文件的拆封、登记与分发,通称内收发。收文登记是收文处理工作的基础,使文件来龙去脉清楚。文件登记须将收文时间、来文单位、标题、密级、发文字号、缓急时限、份数及处理情况等逐项登记清楚,以备查询。收文登记的形式,通常有簿式登记与活页式登记两种。簿式登记使用收文登记簿,按时间顺序流水登记,便于保管、查阅与统计。活页式登记(包括联单式与卡片式)使用灵活,分类存放。目前,多数机关、单位采用簿式登记。

(三)审核

审核,指收到下级机关上报的需要办理的公文,秘书部门应当进行审核。审核的重点是:是否应由本机关办理;是否符合行文规则;内容是否符合国家法律、法规及其他有关规定;涉及部门或地区职权的事项是否已协商、会签;文种使用、公文格式是否规范。

(四)拟办

拟办,指秘书部门对文件提出的初步处理意见,供领导审批时参考。拟办是秘书部门在办文中的参谋性工作。拟办意见应准确恰当,简明扼要。需要两个以上部门办理的应当明确主办部门。紧急公文,应当明确办理时限。拟办的质量直接关联文件及时有效的处理和运转。

（五）批办

批办，指机关、单位负责人（或授权秘书部门负责人）参考拟办意见对文件处理作出批示。一般性文件可授权秘书部门负责人直接批办。重要文件需由机关、单位负责人批示办理。批办意见要明确，对拟办意见要表明是否同意，并应指明文件办理的原则和要求，使承办部门明了领导意图，以便遵行办理。

（六）承办

承办，指按照批办意见交由有关职能部门承接办理来文。对承办的文件，需要行文贯彻执行或复文处理的，由承办部门负责拟稿。就此而言，文件的承办过程，又将收文处理的承办环节转为发文处理的拟稿环节。文件承办应抓紧办理，讲求效率，不得延误推委。对不属于本部门、本单位职权范围或者不适宜由本部门、本单位办理的，应当迅速退回交办的秘书部门并说明理由。公文承办一般应有时限性要求。紧急公文必须确定办理时限。

（七）催办与查办

催办，指按照文件办理时限，秘书部门对承办工作进行检查与催促，防止文件处理的漏办和延误。对涉及重大问题或紧急问题的公文要重点催办。查办，指就领导同志的批办件和上级部门的查办件对承办部门进行督查落实。查办既是收文处理的重要程序，也是秘书部门督查工作的组成部分。紧急公文要跟踪催办、查办，重要公文重点催办、查办，一般公文定期催办、查办。催办、查办工作是提高办文效率，保证决策部署贯彻落实的行之有效的辅助手段。

（八）立卷

立卷，指对办毕的具有查考和保存价值的文件材料整理分类立卷。电报应随同文件一起立卷。

(九)归档

归档,指机关、单位内部各职能部门按照机关、单位的归档范围和要求,将分类立卷的文件材料,按规定时间移交给机关、单位档案部门归档。要保证归档公文的齐全、完整,能正确反映本机关、单位的主要工作情况,便于保管和利用。个人不得保存应归档的公文。

(十)销毁

销毁,指对没有归档和存查价值的文件材料,经鉴别并经秘书部门负责人批准,予以定期销毁。销毁秘密公文,应当进行登记,到指定场所由两人监销,保证不丢失、不漏销。

二、发文处理程序

发文处理一般包括拟稿、审核、签发、复核、缮印、用印、登记、分发、立卷、归档、销毁等程序。

(一)拟稿

拟稿,指公文的撰拟工作,是发文处理的第一道程序。拟稿总的要求是,符合政策法令,完整、准确地体现领导意图,情况确实,观点明确,表述准确,结构严谨,条理清楚,直述不曲,字词规范,标点正确,篇幅力求简短。机关、单位的综合性文稿,由秘书部门负责撰拟。由职能部门承办的事项或属职能部门职权范围内的工作,由职能部门负责拟稿。

(二)审核

审核,指秘书部门的负责人,对撰拟的文稿进行审核修改。机关、单位的所有文稿在领导签批前均应由秘书部门严格审核把关,以确保公文质量。公文审核应把好“三关”,即行文关、政策关、文字关。具体来说,审核的重点是:①是否需要行文;②是否符合国家的法律法规、方针政策及有关规定;③提出的要求、措施、办法是否符合实际，切实可行；④内容涉及其他部门、单位职权范围内的事项，是否经过协商、会签；⑤文字表述、文种使用、公文格式等是否符合《条例》、《办法》的有关规定。

(三)签发

签发，指机关、单位领导人对已审核的文稿进行最后审定并签署印发。文件一经签发，即成定稿并生效。以本机关、单位名义制发的上行文，由主要负责人或者主持工作的负责人签发；以本机关、单位名义制发的下行文或平行文，由主要负责人或者由主要负责人授权的其他负责人签发。签发公文，主批人应当明确签署意见，并写上姓名和签发时间。其他审批人圈阅，则视为同意。

(四)复核

复核，指经领导签发的文稿，在正式印制前，应由秘书部门进行复核。复核的重点是：审批、签发手续是否完备，附件材料是否齐全，格式是否统一、规范等。复核后，由秘书部门编发文号，确定发送范围、印制份数，标注主题词及附注，并进行必要的技术处理。

(五)缮印

缮印，指将领导签发的定稿印成正式文本。印制文件要按照《国家行政机关公文格式》(GB/T9704－1999)中有关纸张要求、印刷要求、公文中各要素排列顺序和标识规则等国家标准执行。文件缮印要建立登记制度。要注意保护原稿(定稿)，不得涂改、污损与丢失。文件缮印应进行校核。校核应忠实于原稿，未经签发领导同意，不得擅自改动。校核应认真细致，一丝不苟，杜绝差错，以维护公文的严肃性。

(六)用印

用印，指在公文的正本上，由秘书部门专人负责盖印。用印是文件生效的标志,应根据领导人的签发件用印。公文除会议纪要外,都应当加盖印章。联合上报的非法规性文件,由主办机关加盖印章。联合下发的公文,联合发文机关都应当加盖印章。用印要求清晰端正,用印位置在成文日期上侧,要求上不压正文,下要骑年盖月。

(七)登记

登记,指文件用印后分发前,对文件主要内容进行登记备查。发文登记主要采用簿式登记。登记内容包括:发文日期、文件标题、发文字号、密级、缓急时限、发往机关(主送机关及抄送机关)、份数等。应逐项登记,便于核查与统计。

(八)分发

分发,指对外发文件按发至范围进行分装发送。分发工作必须准确、及时,不得延误。如系密件或急件,必须标明秘密等级或紧急程度。秘密公文应当通过机要交通(或机要通信)传递、密电传输或者计算机网络加密传输,不得密电明传、明电密传混用。

(九)立卷、归档、销毁

凡外发文件的正本应连同有领导签批的原稿(定稿),即时归卷。立卷、归档、销毁的程序,与收文处理程序相同,不复述。

三、公文处理的基本要求

《办法》"总则"规定:"公文处理应当坚持实事求是、精简高效的原则,做到及时、准确、安全",各级行政机关的办公厅(室)是公文处理的管理机构,主管本机关的公文处理工作并指导下级机关的公文处理工作。据此,公文处理的基本要求,可以概括为及时、准确、安全、统一。

（一）及时

及时，是公文处理的时限要求。公文用以处理公务，它要及时解决公务活动中的现实问题，这就决定了公文的时效性特点。当今处于信息时代，竞争日益激烈，情况瞬息万变，必须重视时效，这是时代的要求。对于公文处理工作来说，就意味着要加快工作节奏，提高公文处理效率。要使公文处理迅速及时，当从三方面入手：一是在指导思想上，牢固树立效率意识。公文处理的每道工序，都要及时畅达，快节奏、高效率地运转，防止出现邓小平同志所痛斥的那种“办事拖拉，不讲效率，不负责任，不守信用，公文旅行，互相推委”[①] 的官僚主义现象。二是加强制度建设，实行科学管理。在公文处理的各个环节，建立岗位责任制，各司其职，各负其责，按照公文处理的时限要求与规定程序，争分夺秒，抓紧办理，切忌拖拉延误。三是积极创造条件，加快实现办公自动化的进程。办公手段的现代化是提高公文处理效率的重要途径，这已为实践所证明。

（二）准确

准确，是公文处理的质量要求。公文处理的每一个环节不仅要及时，讲究效率，而且要注重质量，避免差错。要确保公文处理的准确无误，关键在于加强责任心。凡是涉及公文处理的部门和人员，要本着对本职工作的高度责任感，忠于职守，兢兢业业，一丝不苟。同时，要实现制度化。要建立与健全一整套公文处理的规章制度，诸如文件收发登记制度、文件传阅制度、文件催办查办制度、行文规则与行文制度、文件用印制度、文件立卷归档制度，等等。制度的规定，不仅有时限要求，也有质量要求。哪一个环节出了差错，就能责任分明，惩处有据。这对于优

① 《邓小平文选》第2卷327页。

质高效地搞好公文处理工作至关重要。

(三)安全

安全,是公文处理的保密要求。公文是国家秘密的一种主要存在形式,即国家秘密的载体之一。秘密文件关系着国家的安全和利益,历来是保密和窃密斗争的一个焦点。公文的安全保密是整个保密工作的重要组成部分。《办法》"总则"中特别强调"公文处理必须严格执行国家保密法律、法规和其他有关规定,确保国家秘密的安全"。从公文的受理或撰拟,到公文的传递与处理、公文的立卷归档等各个环节,都有相应的保密要求。《办法》对此也作了明文规定。比如,在公文格式中规定了标注秘密等级和保密期限,把密级作为公文的构成要素;并规定了"绝密"、"机密"公文应标明份数序号;关于秘密公文的翻印、复制、传递、销毁等都规定得非常明确具体。秘书人员要牢固树立保密观念,严格遵守各项保密规定,确保秘密文件的万无一失。

(四)统一

统一,是公文处理的管理要求。公文处理要统一,不允许各行其是,各搞一套,必须由秘书部门统一管理。只有统一管理,才能实现公文处理工作的规范化。公文处理要实行"三个统一",即:(1)统一收发。机关、单位的文件由秘书部门统一收发,一个渠道进出,把好总的口子。(2)统一办文、文件的分发拟办、催办、查办、审核把关、缮印用印以至传阅传递等办文的主要环节,都由秘书部门负责。(3)统一管理。文件办毕后的立卷、归档、销毁,也是由秘书部门总揽办理。统一公文处理工作,对秘书部门是责无旁贷的,这既是秘书部门的一项基本职能,也是秘书部门辅助领导的一项基础工作。

第四节　公文的立卷归档

公文立卷归档，是公文处理工作的最后阶段，也是公文内部运转处理的最后归宿。公文立卷归档，是指根据《中华人民共和国档案法》和其他有关规定，把一年内已办毕的具有查考、保存价值的公文，在平时归卷的基础上，加以系统整理，组成一个个案卷，转化为档案保存。公文立卷归档，既是公文处理工作的重要内容，又是做好档案工作的前提和基础。

一、公文立卷的意义

（一）公文组成案卷，便于查找利用

公文的效用，包括了现实执行效用（通称时效）与历史效用。在公文的现实执行效用消失后，仍能继续发挥其历史效用，即起到查考和史料的作用。文件材料的产生带有随机性，即因公务活动的需要而产生，既有收文，也有发文，来源上下左右，数量日积月累，形成了大量的分散的文件材料；而利用的要求则带有系统性和特定性。所谓系统性，指要了解公文材料间的相互联系，来龙去脉，要保证归档公文的齐全、完整，能正确反映事物的本来面貌；所谓特定性，指利用时仅需要查找特定的某一时间、某一方面、某一问题的文件材料。文件未经立卷，查找利用犹如大海捞针，费时误事。只有按照一定的要求、程序与方法将文件组成案卷，才能快捷地从大量文件材料中查找出特定所需的文件材料，以充分发挥公文的历史效用。

（二）公文组成案卷，有利于保护公文

公文组成案卷，有利于保护公文，可从两方面理解：一是通

过立卷,可以确保公文材料的齐全完整。立卷要保持公文之间的历史联系,反映公务活动的全貌。这样,在立卷过程中,就易于发现文件材料有否缺少遗漏,便于及时收集补齐,不致让文件材料散失在部门或个人手中。二是通过立卷,保护公文不致磨损散失。将零散的文件材料集中整理,装订成册,并转化为档案,便于管理和长期保存。

(三)公文组成案卷,为档案工作奠定基础

文件是档案的前身,档案是文件的归宿,两者互为依存。公文组成案卷归档,公文就转化为档案。案卷是指具有共同特征和内在联系经系统整理的文件材料的组合体。档案部门是以案卷作为基本保管单位来开展各项业务工作的。没有立卷工作,档案工作就失去了物质基础。同时,立卷的质量又直接影响和决定了档案的质量。善始善终地完成公文运转处理的全过程,做好立卷归档工作,就为积累、管理和利用档案奠定了良好的基础。

二、公文立卷的基本原则

公文立卷的基本原则是,遵循公文形成的规律,保持公文之间的历史联系,把握重点,区分公文的保存价值,便于保管和利用。

(一)保持公文之间的历史联系

机关、单位的工作是有规律性的,文件是机关、单位职能活动的真实记录。因此,机关、单位工作的规律也决定了文件形成必然具有历史联系,即内在规律。比如,召开一次会议,必然有会前的准备,会间的组织调度与会后的总结与贯彻。而会议的文件材料,诸如会议预案、会议通知、会议文件、会议记录、会议简报、会议决定决议、会议纪要、会议总结等,这些会议文件材料的形成先后有序，有着必然的历史联系及固有规律。正是凭借这些会议文件材料，才得以完整地反映这次会议活动的全过程。又如，有请示必有批复；有来函商洽，总有去函告复；年初有计划，年末有总结；有了条例规定，才有实施细则，等等，都是有其必然的联系。总之，公文立卷，不是人为拼凑，随意组合，而是要遵循公文材料形成的客观规律，保持公文形成的历史联系，才能真实地反映出机关、单位职能活动的历史面貌。

(二)区分公文的保存价值

在公文立卷时，要根据不同的保存价值来确定保管期限。根据国家档案局《关于文书档案保管期限的规定》，保管期限分为永久、长期(16 年至 50 年左右)和短期(15 年以下)三种，并对划分保管期限提出了三项原则：(1)凡是反映本机关主要职能活动和基本历史面貌的，在经济建设、文化建设、政治斗争和科学研究中需要长远利用的档案，应列为永久保管；(2)凡是在相当长时间内本机关需要查考的档案，应列为长期保管；(3)凡是在较短时间内本机关需要查考的各种文件材料，均应列为短期保管。从这些原则中可以看出，保管期限的长短取决于保存价值的大小，而保存价值的大小，主要是由文件本身的现实效用(是否反映本机关主要的职能活动)与历史效用(日后的查考利用价值)来决定。直接反映本机关主要职能活动的公文材料(包括本机关主要职能活动中制发的文件，以及与本机关主要职能活动有密切联系的上下级和有关机关的来文)是公文立卷的重点。把握公文立卷的重点，有利于区别公文材料的保存价值。

按照保管期限分别立卷，可以提高立卷效率和案卷质量，便于保管和鉴定工作。不分保存价值大小混合组成同一案卷，玉石不分，日后鉴定，需要销毁失去保存价值的文件材料时，势必要拆卷并重新组卷，既浪费时间和精力，也影响档案的正常利用。

(三)便于保管和查找利用

立卷的目的就是为了便于保管和查找利用。因此,第一,在组卷时,除了维护文件的历史联系和区分保存价值外,还要符合便于保管和利用的要求。一个案卷内文件的数量要适当,案卷的厚薄要适度。多则分,少则合。案卷内材料过多,既不便装订成册,又不便查找翻阅,则应分别组成若干案卷。卷内材料太少,案卷过薄,则可与相近的或同类工作形成的文件合并组卷;重要则分,次要则合。重要的文件材料,查考利用价值大,利用频率高,可以相对分细一些,案卷可以稍薄一些。次要的文件材料,查考利用价值不大,则可相对综合,案卷稍厚一些。第二,为了方便查找利用,要选择适当的组卷方法,案卷排列要合理,案卷标题要简明确切,便于快捷准确地查找出所需案卷。

三、公文立卷归档的范围和程序

公文立卷工作由秘书部门负责。机关、单位档案部门应对文书立卷归档工作进行指导和监督。

立卷归档范围,凡本机关、单位工作活动中办理完毕的具有保存价值的各种文件材料,均应立卷归档。立卷的重点是直接反映本机关、单位主要职能活动的公文材料。在实际工作中,一般来说,各机关、单位都要根据《中国共产党机关公文处理条例》、《国家行政机关公文处理办法》和国家档案局制发的《机关文件材料归档和不归档的范围》的规定,结合实际情况,制定本机关、单位的立卷归档范围,以便具体执行。

立卷归档的程序是,平时归卷、正式立卷、按期归档。

(一)平时归卷

平时归卷,必须先行编制案卷类目。案卷类目是平时归卷的工具，是为方便公文立卷而编订的文件分类目录。编制案卷类目，一般是根据本机关、单位工作职能和当年的工作任务，按照立卷要求，参照历年案卷类目由秘书部门制定。

平时归卷就是在文件办理完毕后，按照本机关、单位当年的案卷类目的条款及时归入相应卷宗，使文件立卷的基础工作日常化。平时归卷既有利于文件的安全保管，防止文件散失，也方便平时对文件的查找利用，并为正式立卷打好基础。

(二)正式立卷

在平时归卷的基础上，年终正式组卷，其步骤是：

1. 检查调整，按类组卷。这方面工作包括：①检查归卷文件是否齐全完整。如有缺漏，应予收集补齐。②检查文件归档范围是否符合要求，拣出不应归档的文件另作处理。③检查卷内文件的保存价值是否一致，应按三种保管期限分别组卷。④检查卷内文件是否符合本卷的组卷特征，保持文件之间的历史联系。不符合的应予调整。⑤检查卷内文件数量是否适当，必要时，可分卷或并卷。

2. 排列卷内文件。案卷经检查调整后，要对卷内文件进行系统化排列。排列的基本原则是保持文件间的历史联系，并以此确定卷内文件的先后顺序。常用的排列方法，一般以按时间或问题为主进行排列。卷内文件顺序排定后应编写页码张号。

3. 拟写案卷标题。案卷标题是卷内文件的总称，是查找利用和编制档案检索工具的主要依据。标题应简明确切，能概括指示卷内文件的主要内容。

4. 编写卷内目录与备考表。卷内目录介绍卷内文件内容，便于查阅。目录内容一般包括顺序号、文号、责任者(文件作者)、题名(文件标题)、文件日期、页号、备注等。卷末备考表项目包括本卷情况说明(填写卷内文件缺损、修改、补充、移出、销毁等情况)、立卷人、检查人、立卷时间等。

5. 填写案卷封面与装订。案卷封面按照国家标准的统一格式,填齐规定项目,字迹要工整,使立成的案卷整齐美观。案卷装订成册,便于保管与利用。

(三)按期归档

在公文组卷后,根据中共中央办公厅、国务院办公厅《机关档案工作条例》的规定,一般应在第二年上半年向机关、单位档案部门移交归档。交接双方应根据移交目录清点核对,并履行签字手续。至此,完成了公文处理工作的最后一个环节,文件转化成档案,成为档案工作的第一个环节。

四、公文立卷的方法

公文立卷方法,指根据公文立卷的原则,对办毕公文材料进行科学汇合,编立成卷的具体方法。现行公文立卷的主要方法是灵活地结合运用六个基本特征进行立卷。

(一)问题特征

问题特征,即内容特征,指公文材料的特定内容的概括,也即公文内容所反映的主题。按问题特征立卷,就是把同一事件、同一案件、同一人物、同一业务、同一问题所形成的公文材料组合立卷。这种方法,最能反映文件之间的历史联系。

(二)作者特征

作者特征,指公文制发机关,即公文的法定作者。按作者特征立卷,就是把同一作者的公文材料组合立卷。它可以反映同一作者的工作活动。作者又可以按隶属关系划分为上级、本级、同级、下级等四个类型,这种分级立卷是作者特征的灵活运用。由于作者的法定权限不同,它可以适当区分文件的重要程度与保存价值。

(三)时间特征

时间特征,指公文内容所针对的时间或公文形成的时间。按时间特征立卷,就是把属于同一时间阶段(如年度、季度、月份)的公文集中组卷。它可以反映机关、单位在一定时期的工作特点和发展状况。公文立卷一般都是按年度进行,所立案卷,可以说都具有时间特征。

(四)名称特征

名称特征,即文种特征,指公文的名称。按名称特征立卷,就是把文种相同或相近的公文组合立卷。文种相同,其适用范围、性质作用和保存价值也基本相同,并有一定的联系,组合立卷便于查找利用。

(五)地区特征

地区特征,一是指公文内容所针对或涉及的地区;二是指公文作者所在的地区。按地区特征立卷,就是把内容针对或涉及同一地区的公文和把在同一地区作者的公文组合立卷。它便于反映某一地区的工作情况或有关某一地区问题的处理情况。

(六)通讯者特征

通讯者特征,又指收发机关特征,指公文的收发文机关互相问复往来而构成一对通讯者。按通讯者特征立卷,就是将一对通讯者问复往来的公文组合立卷。它能反映双方就有关工作进行洽谈处理的过程。

按公文的六个基本特征立卷,不能机械地把它们看成六种方法。这六个特征要互相结合,灵活运用。具体立卷时必须根据公文的实际情况,具体分析,灵活掌握,一般采用以问题特征为主结合运用其他特征的方法,使卷内公文具有更紧密的联系,方便检索和利用。这是公文立卷最常用的方法。

第十一章　档案管理

第一节　档案的属性与作用

一、档案的涵义

档案是指过去和现在的国家机构、社会组织以及个人从事政治、军事、经济、科学技术、文化、宗教等活动直接形成的对国家和社会有保存价值的各种文字、图表、声像等不同形式的历史记录。概言之,档案是具有查考使用价值,经过立卷归档,集中保管的各种文件和不同形式的材料。

二、档案的特点

(一)普遍性

档案形成单位的普遍性决定了档案的普遍性。档案的形成者可分为三种类型:一是官方性质的各种机关;二是半官方或非官方的各种社会组织;三是一定的个人。这三种类型包括了社会的各个方面。档案是社会的普遍产物。

(二)广泛性

档案形成领域的广泛性决定了档案内容的广泛性。档案来源于形成者特定的实践活动,活动范围包括政治、军事、经济、科技、文化、宗教等各个领域。

(三)多样性

档案的物质形式包括三个方面:(1)档案信息的记录和表达有文字、图像、声音等多种方式;(2)档案的物质载体有甲骨、金石、竹木、缣帛、纸张、胶片、磁带、光盘等多种材料;(3)档案信息记录在载体上的方法有手写、刀刻、印刷、晒制、摄影、录音、录像等。随着科学技术的发展,档案的形式还会不断发展变化,更为多样。

(四)价值性

档案是人们有选择地保存起来的材料,选择的标准是日后有无查考利用价值。各项活动中形成的材料不能都作为档案保存,只是日后有查考利用价值的,经过立卷归档,集中保存起来才转化为档案。

(五)滞后性

档案是过去的记录,是完成了传达和记述等现行使命而备留查考的各种材料。正在办理中的材料不是档案,办理完毕的材料才能作为档案保存。这是档案相对社会现实生活而言所固有的滞后性。

三、档案的属性

(一)原始记录性

档案是人类社会活动的原始历史记录,是历史的真迹,而不是事后另行编写和随意收集的间接材料。原始记录性是档案的本质属性。

(二)信息性

档案是原始记录,又是对现实存在直接的反映,它在印证存在着的事物和现象方面具有无可比拟的权威性。档案是一种伴随着它所记录的活动一起形成的具有直接性的信息,是国家信息资源的重要组成部分。档案信息与其他信息一样,可以收集、传递、储存、检索、处理、交换和利用,供人们享用,而内容不会磨损和丢失。由于档案的滞后性,档案的信息基本上属于回溯性信息。

(三)知识性

档案是人类社会实践活动的客观反映。从纵向来说,档案是人类历史的见证,它反映了人类在各个历史阶段的工作状况、认识水平,是人类知识的积累;从横向来说,档案是人类活动各个方面的真实记录,无论是管理工作的经验教训,科学技术的研究成果,还是文化艺术的创作成果,都在档案中得到反映。可以说档案是人类各个历史阶段的知识积累和各个领域的知识汇集,是人类的知识宝库。

(四)实用性

档案来源于形成者的实践活动,它反映的内容无论是物质的还是精神的,都是存在的,可以回归到社会现实。作为档案的一张图纸、一个签名、一份协议,就能顺利地解决工作中某个实际问题;一组数字、一篇论文,就能为某项研究节省许多时间和精力;一项研究成果开发投产后就成为某个新产品,等等。总之,档案是国家的一种资源和财富,它以信息的形式反馈应用于社会,能够在一定程度上部分以至全部消除我们在实际工作中对某种事物的不确定性,在社会各个方面发挥作用,产生日益巨大的社会效益和经济效益。

四、档案的作用

档案就其作用来说,可以概括为凭证作用和参考作用。

(一)凭证作用

从档案形成看,档案是人们进行社会活动的自然的产物,不是任意制造的,是形成者的思想和行为的真实记录,具有无可置辩的证据作用。从档案的形式看,它保留着真切的历史标记。如当事人的亲笔手书或签名,原来形象的拍照、录像和原声录音。从上述两方面看,档案是历史的真凭实据,有法律效用,可以成为查考、争辩、研究和处理问题的依据。

(二)参考作用

档案不仅客观地记录了历史活动的事实经过和人们在各种活动中的思想发展、经验教训以及科学、经济、文化艺术的创造成果,而且是有机联系地反映一定活动的系统完整的材料整体,不是零乱的单个材料。因此,对于人们查考既往情况,研究有关事物的发展进程和规律,为现实各项工作服务,档案都具有广泛的参考作用。

档案的参考作用,与图书、资料相比较,有以下几个特点:

第一,具有原始性和较大的可靠性。档案是第一手原始材料,比事后回忆、专门编写或口头介绍等资料更为可靠。

第二,可供参考的内容比较广泛。档案来源于各个历史阶段和人类活动的各个领域,内容无所不包,能从多方面起参考作用。

档案是真实的历史记录,是真凭实据。但档案的真实性和可靠性也是相对的,应辩证地去看。从总体来说,档案是一种比较可靠的历史材料,它反映了当时历史活动的客观进程。但从具体的档案材料来说,由于人们认识水平的局限性和政治斗争的复杂性,以及其他各种原因,有些档案记述的内容并不符合客观实际与历史事实,有的甚至是歪曲和诬陷。如旧政权档案和“文革”期间的某些档案,内容不真实就比较明显。所以,对档案内容不加分析,认为百分之百正确,是不够全面的。但是,档案是历史形成的,即使内容不够真实,它还是表达了当事人的意图,留下了当事人行为的痕迹,反映了当时的历史情况。就此而言,档案仍不失为真实的历史记录。因此,档案对于现实生活具有重要和广泛的作用。

第二节　档案工作的基本原则

档案工作的基本原则是:集中统一地管理国家全部档案,维护档案的完整与安全,便于党和国家各项工作的利用。

一、集中统一地管理国家全部档案

这是我国档案工作的组织原则和管理体制。我们国家的性质,决定国家全部档案是国家的历史文化财富,这是集中统一管理档案的前提。同时,也只有实行档案的集中统一管理,才能克服分散保存的局限性,实现档案信息资源的共享,充分发挥档案的作用。

集中统一地管理国家全部档案,具体包括以下三个方面:

1. 国家全部档案由各级档案机构分别集中管理,并实行党政档案的统一管理。一个机关内工作活动中产生的各种门类的所有档案,均由机关档案室集中管理,不得分散保存,任何个人不得据为己有。

2. 全国档案工作,由各级档案事业管理机构统一地分层、分专业负责地进行指导和监督。

3. 各级档案工作机构统一于各级政府的直接领导。上级档案管理机构对下级档案管理机构,只是业务上的指导关系,而不是领导与被领导关系。

二、维护档案的完整与安全

这是对档案管理的基本要求,是档案工作的物质基础。

维护档案的完整,一是数量上要保证档案的齐全,应集中的档案与实际保存的档案要相符,不能残缺不全。二是从质量上要维护档案材料之间的有机联系和历史真迹,不能人为割裂分散,或者零乱堆砌,更不能涂抹勾画,使档案失真。

维护档案的安全,一是档案管理条件适宜,从物质上力求档案不遭受损害,尽量延长档案的寿命。二是要保证档案的政治安全,档案的机密不被盗窃,不丢失,不泄密。

维护档案的完整与安全,这两方面是互为联系的统一要求。只有维护档案的完整,才能有效地保证档案的安全,档案的散乱、丢失,会造成档案的损坏和政治上的不安全。反之,只有维护了档案的安全,才能确保档案的完整。

三、便于党和国家各项工作的利用

这是档案工作的根本目的,支配着档案工作的全过程,是档案工作的归宿。档案管理中各项业务工作的开展,都是为了实现便于党和国家各项工作利用这一最终目的。这也是检验和衡量整个档案工作的主要标准。

上述三方面的内容是辩证统一的。实行档案的集中统一管理,维护档案的完整与安全,都是为了便于党和国家各项工作的利用。要做到便于利用,必须实行集中统一管理和保证档案的完整与安全。从这个意义上说,前两者是手段,后者是目的。没有集中统一管理和档案的完整、安全,就没有便于利用的组织保证和物质基础;离开了便于党和国家的利用,前两者就失去了意义。

第三节　档案工作的内容

从档案工作的具体业务上说,档案工作的内容有档案的收集、整理、鉴定、保管、统计、检索、提供利用、编研八项,通常称八个环节。档案工作环节的划分不是绝对的,随着档案工作的发展而发生变化。

一、收集工作

档案的收集工作就是按照有关规定,把分散在各机关、各单位和个人手中的档案材料以及散失在国外的历史档案,有计划地分别集中到机关档案室和各级各类档案馆,实现集中统一地管理档案。

就整个档案工作来说,档案的收集方式可归纳为归档、接收和征集。对于机关档案工作来说,档案收集的主要方式是归档。

机关工作活动中产生的具有保存价值的文书材料,均由文书部门或业务部门进行整理、立卷并定期移交给档案室集中保存。这一工作通常称为归档。中共中央办公厅、国务院办公厅1983年4月印发的《机关档案工作条例》规定:"机关应建立、健全文件材料的归档制度。"归档制度包括:(1)归档范围。凡是本机关工作活动中办理完毕的具有保存价值的各种文书材料,均应归档。归档的文书材料应能全面反映本机关的职能活动和基本情况。各机关应根据本单位职能拟定较为详细的归档范围。(2)归档时间。办理完毕的文书材料,一般应在第二年上半年向档案室归档。(3)归档要求。应归档的文书材料齐全、完整;根据规定分类立卷，立成的案卷要保持文书材料之间的历史联系，正确地反映机关活动的基本面貌，区分保存价值，便于保管和利用；卷内文件应按一定次序排列、编页号，填写卷内目录，注明保管期限；案卷标题简明确切，编制案卷目录。

总之，要保持案卷"全宗"的不可分散性，把一个机关的全部档案按规定收集完整，不使应该归档的文书材料散失在业务部门或个人手中。

二、整理工作

档案的整理工作，就是档案部门对接收的案卷进行系统的科学的分类，把档案组成一个体系，通过编目使其固定下来的工作。

档案整理工作要遵循的原则是：按照档案形成的特点，保持档案材料之间的历史联系，充分利用原基础，便于保管和利用。

档案整理工作的具体内容，包括区分全宗、分类、编目三大部分。

（一）区分全宗

全宗是一个机关组织和著名人物在执行职责活动中形成的档案的总称。形成档案全宗的单位叫立档单位。不同单位有不同的特点和职责范围，所形成的档案反映各单位的活动面貌，不能相互混淆，同一单位的档案也不能分散。档案的整理首先应区分全宗，在全宗内进行其他的整理工作。按照全宗整理档案，能完整反映机关或个人活动的全部内容与过程，便于档案的保管和利用。

（二）合理分类

档案分类有信息分类和实体分类之分，这里特指档案实体分类。档案实体分类就是根据立档单位内档案来源、时间、内容或形式的异同，按照一定体系，分门别类，有系统地区分档案和整理档案，使其构成有机的整体，以便有条理地反映立档单位的历史面貌。

1. 档案分类原则

档案实体分类和其他任何分类一样，必须遵循一定的原则，按照一定标准进行。档案实体分类的原则有：

(1)逻辑性。档案实体分类必须符合逻辑学划分规则。

①同一次分类划分只能采用一个划分标准，不能同时使用两个或两个以上的标准。

②各个子类的总和必须等于母类的全体，即下位类的外延之和必须等于上位类的外延。

③同位类目之间界线清楚，互不相容，不能你中有我，我中有你，互相交叉和包容。

④划分必须分阶段、分层次循序进行，不能跳跃。

总之，各个大小类目按概念的从属、并列关系组织起来，形成一个脉络贯通、层次分明的逻辑体系。

(2)整体性。应把一个单位的档案作为整体来认识，准确地把握档案之间内在的、本质的有机联系，选择档案内容中反映事物本质的特征正确分类，保证产生于同一活动领域、记录和反映相同工作内容、性质的档案的系统完整。

(3)稳定性。档案实体分类构成的类别体系不能经常变动，而应保持相对稳定。

一是选择职能设类。一个单位的职能是基本不变的，而有些工作归属某个部门办理是经常变动的。按组织机构设置类目，分类体系就容易变动，按职能设置类目，分类体系就较为稳定。

二是编制的分类方案应有扩充性。即对现有的全部档案按照职能活动的特点确定类别，又在分类体系中对今后可能增加的职能活动留有扩充的余地，以免使整个分类体系推倒重来。

(4)实用性。分类是管理档案的一种手段，是整理档案的中心环节，也是保管、鉴定、编目、利用工作的基础。因此，分类必须符合实用原则。

一是要便于组织库藏。一个单位档案的库藏量是逐年增加的，编制的实体分类方案，要合理地利用库房空间，最大限度地减少倒架的可能性。

二是类目设置要适度，不宜过细、过繁，要易记、易认，便于管理。

三是要便于档案开发利用。档案实体分类虽然不同于信息分类，视检索利用为惟一目的，但是，便于开发利用也是实体分类的基本要求。首先，按照档案实体分类组织的案卷目录，是查找利用档案的重要工具。其次，一个单位库藏档案的信息量很大，各种信息混杂在一起，缺乏有序性，必须进行加工处理，使之系统化，便于传递、交流和报道。档案信息开发加工的物质对象是档案实体，档案实体分类不够科学、合理，档案信息开发工作就会先天不足。

2. 档案分类方法

档案分类的方法很多，不同单位应根据本单位档案的实际情况，选择合适的分类方法。较常用的有年度分类法、组织机构分类法、问题分类法和职能分类法。

年度分类法，以形成和处理文件日期所属的年度为依据进行分类。对于跨年度的文件和有两个以上日期的文件，要注意准确地判定档案的所属年度。

组织机构分类法，按立档单位内形成文件的组织机构进行分类。档案是由立档单位内部组织机构在履行职能过程中形成的，而各内部机构所承担的任务是不同的，按组织机构分类就能客观地反映立档单位内各个组织机构工作活动的面貌和状况，较好地保持档案在内容和来源上的联系，便于查找利用。但组织机构的变动就必然要改变类目，使分类体系不够稳定。

问题分类法，按照档案内容所反映和说明的问题进行分类，如人事类、财会类、供销类等。按问题分类，能较好地保持文件之间在内容方面的联系，使相同性质的档案得到集中，减少同类问题档案分散现象，便于查找利用。但类目设置较难掌握。

职能分类法，把一个单位的工作分解为几个职能，如组织工作，人事工作，宣传工作，科研工作，总务工作等，然后按照职能设置类目，把同一职能活动形成的文件材料类集在一起。职能分类接近于问题分类，能较好地保持文件之间的有机联系，便于查找利用。类目设置上易于问题分类，分类体系也较为稳定。

实际工作中，通常是将年度与组织机构或问题或职能相结合，构成下列几种分类方法。

(1)年度—组织机构分类法。就是把全宗内档案先按年度分开，然后在每个年度下面再按内部组织机构进行分类。如二〇〇一年：党委办公室、组织部、宣传部、统战部……；二〇〇二年：党委办公室、组织部、宣传部、统战部……这种方法简便易行。

(2)组织机构—年度分类法。全宗内的档案，先按组织机构分类，然后在组织机构下面再分年度。如：党委办公室：二〇〇一年、二〇〇二年……；组织部：二〇〇一年、二〇〇二年……这种方法，适合于历史档案、撤销机关档案及内部机构稳定的立档单位。

(3)年度—问题分类法。就是把全宗内档案先按年度分开，然后在年度下面按问题进行分类。如：二〇〇一年：人事类、财会类、外事类……这种方法适用于内部机构变动频繁的立档单位。

(4)问题—年度分类法。全宗内档案先按问题分开,然后在每个问题类别里分开年度。如:人事类:二〇〇一年、二〇〇二年……;财会类:二〇〇一年、二〇〇二年……依此类推。

(5)年度—职能分类法。就是把全宗内档案,先按年度分开,然后在每个年度下面再按工作职能进行分类。如二〇〇一年:综合、组织工作、宣传工作、人事工作、外事工作……这种分类适用于工作活动领域范围广,档案数量多、内容庞杂的企事业单位。

(6)职能—年度分类法。全宗内档案先按工作职能分开,然后在每个职能下面再按年度分类。如组织工作类:二〇〇一年、二〇〇二年……这种分类适用于工作职能非常固定的单位。

党政机关主要从事党政管理工作,形成的档案门类不多,内部组织机构分工较为明确,采用年度——组织机构分类法比较适宜。企、事业单位由于档案门类较多,不同门类的档案,它们之间各具特点,因而较多采用年度与职能、问题相结合的分类方法。但无论党政机关还是企、事业单位,不管采用什么方法进行分类,一个全宗内的分类方法应该一致。

3. 分类体系的组织

分类体系主要由类目和类目代号组成。

(1)类目的设置。根据本单位档案构成的内容及档案的外在形式,遵循分类原则,确定类目的层次、数量和名称。类目名称要能准确反映该类目所包含的内容。

(2)类目代号的编制。通过类目代号的编制,固定类目的位置,构成一个脉络清楚、层次分明的科学的分类体系。类目代号编制的要求:一是层次分明;二是适应计算机辨识,实现自动检索、编目、统计等功能。

4. 档号的编制

档号是档案实体的存址代号,固定所有档案的物理位置,是组织排架、存取档案的必不可少的条件。档号编制原则:一是惟一性,一个单位内不能有重复的档号;二是科学性,要层次简明,符号清楚,既方便人工排架、检索和统计,又适应计算机辨识、组配、检索、编目的需要。档号由全宗号、年度号、实体分类号、案卷号和页号组成,它们之间用短横"-"连接,实体分类号的一级类目号采用类目名称主词的汉语拼音的第一个字母,二级、三级类目号采用双位阿拉伯数字,年度号采用四位阿拉伯数字,表示案卷号和页号的阿拉伯数字不限级数,照实填写。

(三)案卷编目

对全宗内按照分类方法经过系统排列后的档案,编制案卷目录,使其固定位置的工作,就叫案卷编目。案卷目录是档案室查找利用档案的基本参考工具,也是最基本的档案登记形式。

案卷目录一般包括:(1)封面和扉页。用以标明档案室的名称、全宗号和案卷目录号、全宗名称、案卷目录中全部档案的总起止日期等。(2)目次。即案卷分类的类目名称及其所在页码的索引表。(3)说明。用以叙述案卷目录本身的结构、编制方法、立档单位和全宗的简史,以及档案的完整程度。(4)案卷目录表。这是案卷目录的主体。内容有顺序号(又称卷号)、案卷标题、卷内文件起止日期、卷内文件页数、保管期限及备注。(5)备考表。用以记载目录的基本情况,标明目录所登记的案卷数量、案卷目录的张数、编成日期等。

三、鉴定工作

档案的鉴定是指按照一定的原则、标准和方法,甄别与判定档案的价值,根据其不同价值确定不同的保管年限,并对不需保存和保管期满的档案进行处理。

鉴定档案价值的根本原则是从无产阶级立场出发，以党的方针政策为指导，用全面的、历史的、发展的观点去认识和估计档案材料对于社会主义事业及子孙后代的作用。具体分析档案价值时，应当以反映本机关的主要职能活动面貌为出发点，以分析档案内容为中心，结合考虑档案的作者、产生时间、完整程度、文种以及可靠性、有效性、外形特点等因素，不能孤立地根据某一方面的情况去判定。

(一)确定档案保管期

确定档案价值和保管期限的主要依据，是国家档案管理机关制定的《档案保管期限表》。各个机关应根据国家规定的标准，结合本机关档案情况，编制档案的保管期限表。

档案保管期限的划分，是鉴定档案价值的主要任务。保管期限分为永久、长期、短期三种。永久保存就是无限期地保存。凡是反映本机关主要职能活动和历史面貌的需要长远利用的档案，都应列为永久保管。凡是在相当长一个时期内(时间为 16 年至 50 年左右)本机关需要查考利用的档案，都应列为长期保管。凡在短期内(时间为 15 年以下的)本机关需要查考利用的档案，均应列为短期保管。

(二)档案的销毁

销毁保存期满的档案，要采用直接鉴定法，即逐件逐张地直接判定，而不能只根据案卷的目录标题和封面上注明的保管期限。一般应“保存从宽，销毁从严”。销毁档案应有严格手续步骤，进行鉴定并报有关部门批准，编制销毁清册并由两人监销。

四、保管工作

档案的保管是指克服与限制损毁档案的各种因素，以延长档案的寿命,维护档案的完整与安全。

保管工作的要求是:(1)建立健全保管制度和档案保管人员的岗位责任制,防止出现人为的损坏事故。(2)保管条件适宜,库房建设符合标准,要防热、防潮、防光、防有害气体、防尘、防虫、防火、防水、防盗。档案库房温度最好能保持在摄氏 14~24度,相对湿度保持在 45%~60%。(3)对纸张老化、破碎和字迹消退的档案,要及时修复和抄录。(4)档案库房管理规范化。柜架应排列一致,进行编号,建立档案存放地点索引。另外,档案部门应协同秘书部门,把好档案制成材料的质量关,使档案用材具有耐久性。

五、统计工作

档案的统计是用定量的方法对档案工作进行量的抽象,通过从质与量联系中对数量进行观察研究,以指标数字揭示档案和档案工作中诸现象的发展过程、现状及其一般规律。

档案统计是在档案登记工作的基础上进行的。

档案工作基本情况统计报表是档案统计的一种方法。此外,还有专题普查、抽样调查、重点调查和典型调查等多种方法。应根据需要,把这些方法结合起来运用。

档案室常用的统计项目有:档案数量与状况统计,主要包括档案的整理状况、鉴定状况以及现有档案的总量,它是对全部档案数量和状况的统计;档案成分数量变化统计,一般在年终进行;档案的利用情况统计,这是对各种类型档案被利用的情况和程度的统计。

六、检索工作

档案的检索工作是把档案材料的内容和特征著录下来,存储在各种检索工具中，根据利用者的要求，及时地把档案查找出来，为各项工作服务。

档案的检索工作主要是编制档案的检索工具和熟练掌握运用检索工具技能。

检索工具有两个基本职能：一是存储职能，把有关档案的内容和外形特征著录下来，成为一条条档案信息，并将它们系统排列，按照某种特定的体系组织起来；二是检索职能，能提供一定的检索手段，使人们可以按照一定的检索方法，随时从存储的档案信息中检出所需要的档案材料。

档案检索工具的种类很多，有全宗文件卡片与目录、重要文件卡片与目录、专题卡片与目录、主题卡片与目录、人名（人物）卡片与目录，等等。

编制检索工具的基本要求：

（一）计划性和科学性

要根据机关各项工作的需要，结合保存档案的特点和人力、物力条件，有计划、有步骤地进行，逐步建立起检索工具体系；要科学地设计各种检索工具，种类适当，项目比较齐全，相互间分工清楚，便于使用。

（二）准确性和实用性

检索工具著录档案内容所叙述的事物和外形特征要准确，校对要精细，排列要系统，力求提高查全率和查准率。要讲究效益，编一种就有它的用处，实用性强，使用效率高。

（三）规范化和标准化

要着眼于档案的现代化管理，以及馆（室）际情报交流和建立目录中心的需要，按照国家的规范和标准，统一著录方法、著录项目、著录规格、著录标识等，做到检索工具的规范化和标准化。

随着社会科学技术的发展和办公自动化的进程,档案检索工作重点应放在计算机的自动检索上,建立计算机自动检索与手工检索相结合的档案检索体系。

七、提供利用工作

档案利用工作指通过一定方式和方法直接提供档案为各项工作服务的工作。它的基本内容是熟悉档案室(馆)所存档案的内容和成分,了解客观需要,及时向利用者介绍和报道库藏档案情况,通过各种方式迅速、准确地查找出有关档案,提供给各项工作利用。

提供利用的主要方式有:利用者来档案室查阅原件;暂时外借;提供档案的复制品;根据档案内容综合编成的资料;出具档案证明;网络查阅电子文档等。

八、编研工作

档案编研工作是以馆(室)藏档案为主要对象,满足社会利用为主要目的,在研究档案内容的基础上,汇编和出版档案史料,编制参考资料,参加编史修志,撰写文章和著作,为社会主义建设和科学研究服务。

机关、企事业单位档案室的编研工作的主要内容是编写参考资料。常用参考资料的种类有:

大事记。是一个机关、一个地区、一个时期所发生的重大事件,按时间顺序的先后,用简明的文字记载下来的书面材料。

组织沿革。是系统记载一个机关、地区或专业系统的组织机构、人员编制、体制变革情况的参考资料。

会议基本情况。是利用会议档案材料,将会议的全过程简短、扼要地加以叙述,反映出每一次会议基本情况的参考资料。

基础数字汇集。是以数字形式反映一定地区、机关或某一方面基本情况的参考资料。

专题概要。是以文章叙述形式，简要地说明某一方面的工作、生产或其他情况的参考资料。

第四节　档案的开发利用与档案工作的现代化管理

档案的开发利用在整个档案管理中处于十分重要的地位，它是档案管理的拓展与深化。档案的现代化管理，有力地促进了档案信息的开发，大大方便了档案的利用，对档案工作产生了深远的影响，是档案管理的发展方向。

一、档案开发利用在档案工作中的地位

(一)档案的开发利用是档案工作的中心任务

档案工作的终极目的是提供档案为党和国家各项工作服务。档案的开发利用工作是实现档案工作根本目的的主要手段，是档案工作中最重要的环节。

(二)档案的开发利用是充分发挥档案作用的必要条件

档案的作用是多方面的，但在档案室内还只是有用的静态资源。被动地提供利用，档案发挥的作用是有限的。要使档案的作用充分发挥出来，就必须使人们了解库藏档案内容，并迅速查找到所需要的档案材料。也就是说，要通过各种方式，对档案中存储的信息进行加工，使人们能利用高质量的档案信息，解决工作中的实际问题，档案的作用才能得到充分发挥。

(三)档案的开发利用是促进档案管理的重要因素

通过档案的开发利用,能够客观地发现档案的收集是否齐全,整理是否科学,是否分清了不同内容档案材料的价值。同时还能促进档案的检索和编研工作,推动档案管理各个环节业务工作的开展,从而提高整个档案管理的水平。

(四)档案的开发利用是提高档案工作社会地位的有效途径

档案的开发利用是档案工作诸环节中最富于活力的一个环节。通过开发利用,既满足了社会各方面的利用需要,促进社会主义建设,又生动有效地宣传了档案的价值,扩大了档案工作的影响,使人们更重视和有力地支持档案工作,进而为档案更好地开发利用创造了条件。这种良性的循环,赋予档案工作无限的生命力,大大提高档案工作的社会地位。

二、档案开发利用工作的要求

(一)加强档案利用研究

在实际工作中,人们往往只重视检索工具的编制和参考资料的编写,忽视对开发利用有关问题的研究,使检索工具和参考资料的作用以至整个开发利用工作质量都受到很大影响。因此,必须加强对档案利用的研究。档案利用研究是指关于对档案利用有重大影响的有关因素的分析和研究,目的是明确利用工作的重点、方向和最佳利用方式,掌握本单位档案利用规律,实现档案利用工作的整体优化,提高有效利用率。它的主要内容有:档案利用特点研究,主要包括利用时间、利用内容、利用方式、利用范围等的分析与研究,档案利用需求研究。档案的利用,都是为现实和今后工作服务,是超前的。要充分发挥档案的作用,就应从档案利用者的活动规律和工作内容入手,及时收集利用信息,掌握准确的利用需求,进行档案利用方法研究。档案利用方法是实现档案利用的一种手段,是争取用户的一个重要方面,直接影响利用工作。对档案利用方法的研究和选择是档案部门的一项重要工作。

(二)做好利用需求预测

根据本单位工作动向和单位内各部门不同时期的工作任务,积极主动收集利用档案的信息,随时了解、掌握档案利用者的需求,预测利用者下一步的利用要求,有的放矢地开发档案信息资源,变被动利用为主动服务。

(三)宣传、传递档案信息

档案中载有的大量信息,内容丰富,知识面广,有的是工作中必不可少的参考资料,有的是某一领域的最新成就。但保存在档案室内,只是静态资源。要运用多种形式、多种渠道向各方面提供档案信息,使之成为动态资源,扩大档案信息的知名度,使档案在更大范围内为各项工作所利用。

(四)提高档案信息的质量

档案信息是本源性信息,记载在案卷中的档案信息往往是单一的、零碎的,不能完全适应人们的利用需要,必须对分散在不同案卷中的档案信息进行开发加工,使之系统化和密集化,并形成新的知识产品。一是围绕某个专题,把多种档案信息有机地组合起来,变单一信息为组合信息,增强信息内容的深度;二是对原有大量的档案信息资料进行鉴定、筛选,去粗取精,然后加以比较、归纳、概括、整理,编制出更高层次的新的信息。

(五)参与技术市场,发挥档案的经济效益

对科研成果档案进行整埋,以转让和出售档案信息的形式进入技术市场。为适应市场竞争机制的需要,档案人员要了解社会需求,及时把档案中蕴含的知识和现实经济生活中捕捉到的信息有机地结合起来,走出一条内向与外向、滞后与超前、无偿与有偿相结合的充满生机与活力的档案开发利用新路子。

(六)正确处理保密与开发利用的关系

档案与图书资料不同,某些内容有一定的机密性,因而形成保密与开发利用这一矛盾。对科研成果档案,应根据技术市场的特点进行加工,分别整理出确需保密的关键性材料和反映科研成果特色的可以传播的介绍性材料。前者妥为保管,后者广泛报道。各类档案的利用,都应树立为社会和经济建设服务的全局观念和利用为主的思想,破除只能为本单位和个人所用的狭隘观念和保密保险的思想,扩大档案的利用面。

三、档案工作的现代化管理

(一)档案工作现代化管理的必要性

1. 随着社会主义事业的不断发展,各单位档案的类型和数量急剧增加,这给保管和使用带来一系列问题。同时,人们要求对档案处理得很仔细,能及时地无遗漏地把所需档案材料提供出来,并迅速传递到每一个需要利用的地方。手工管理的落后状态,已无法解决档案工作面临的种种难题,影响档案事业的发展。

2. 随着社会经济和科学技术的发展,许多机关和企事业单位运用电子计算机技术进行文件管理和信息处理,实行办公自动化。办公自动化对档案管理产生重大影响。一是磁盘载体档案剧增。它的保管、分类、检索等条件和方法有别于纸质档案,必须用现代化手段来管理。二是文件、档案管理趋于一体。办公自动化系统内,文件在计算机上形成,并用磁盘保存下来,转化为机读档案。这样,可在文件形成和登记时作必要的技术处理,完成档案管理方面的工作,为文件处理与档案管理作为一个整体进行系统管理提供了客观条件。同时,适应办公自动化,促使档案管理现代化。

（二）档案工作现代化管理的主要内容

1. 档案管理技术现代化

这是档案工作现代化管理的主要内容，指档案的记录、存储、整理、加工、查找、报道、交流、传递都用当代先进的科学技术装备起来，实现工作手段的现代化。它要求广泛运用通讯技术、电子计算机技术、缩微技术、声像技术等，实现管理现代化。

2. 档案工作的组织与管理现代化

档案工作的组织与管理，要运用现代管理科学的原理，遵循档案工作的客观规律，研究和处理档案管理的各种问题，使档案管理机制更加科学和完善。

（三）电子计算机技术在档案管理中的应用

1. 计算机自动立卷

文件在文档一体化管理系统内进行处理，完成公文处理程序后，文书人员或档案人员可在计算机上逐一对文件进行鉴定，剔除不必归档的文件，然后由计算机进行自动组卷，并输出卷内目录。档案人员只需按卷内目录整理文件实体，完成立卷归档。计算机自动立卷的主要优点，一是标准一致，前后统一；二是速度极快；三是节省大量人力。另外，随着电子文件的大量产生、网络技术的发展，计算机查询的高效性、简化档案整理成为可能。文件归档不再组卷装订，直接以文件为管理单位。而电子文件则直接在网上进行传递、归档。

2. 计算机自动整理编目

通过档案管理系统软件，对存储在计算机中的档案信息进行整理，然后按管理和使用的不同要求编制各种目录。

3. 计算机自动统计

一是对档案数量及有关内容的统计。计算机可对机读档案目录按照不同的登录项进行登记和统计,并可打印输出。二是对利用人次、利用内容进行统计,使档案工作者了解档案的利用频率和利用构成情况,进而总结出某些规律,成为预测某些档案未来利用需要的依据,对于档案价值的鉴定也有一定的参考作用。

4. 计算机自动检索

可自动地从档案标题、作者、时间、文号、分类号、主题词、提要等方面对机读档案目录进行检索,迅速找出用户所需的档案信息。它的优点是速度快,查全率、查准率高,并且能以多种途径进行检索,以多种形式提供检索结果,从而满足各类用户对档案的利用需要。网络环境下的档案信息搜索范围更广、资源共享程度更高,档案信息利用成效更为显著。

5. 借阅管理工作

可以使用计算机识别用户的合法身份,办理借阅手续。还可自动计算出归还日期,如到期未还,能自动打印出催还通知。

6. 库房自动管理

利用计算机掌握库存档案、出借档案情况;进行库房空间的安排;库房空气温湿度的自动调节;自动控制照明、防火系统等。

7. 多媒体档案管理

多媒体技术能对彩色图形、图像、文字、声音及计算机三维动画、视频等多种传播媒体的信息进行综合处理及表现,使用户能够方便、直观、迅速地获取全方位信息。它使全文输入和检索成为现实,并保持原声、原貌,使档案的保管、检索等手段发生根本变革。

(四)档案管理现代化进程中亟须解决的几个问题

1. 实行文档一体化管理

电子档案有利用高效、传输方便的优越性,但同时存在不安全隐患,其凭证性也大大地被削弱。如何使电子档案具有原始性并具有凭证价值,就要求我们运用文件连续体理论,档案部门与文件管理部门共同对电子文件进行前端管理、全程管理和文档一体化管理。即从档案管理的要求出发,对电子档案的控制与管理提前到电子文件的设计与产生之时,电子文件的产生和运行过程按档案管理要求进行控制,从而保证电子文件在归档时符合档案要求,从而具有原始性和凭证价值。

2. 夯实档案工作基础

信息产业、信息技术的高速发展和社会生活的各个领域、各个层面上信息作用的日益深入,使得档案管理信息化成为必然。档案管理信息化除了社会的需求和网络环境的支撑,必须重视三个基础条件:一是档案数据格式的统一;二是对利用者权限的控制能力;三是档案管理人员应具备较强的计算机网络知识。

3. 整合档案管理技术

电子政务的兴起、电子档案的增多和档案管理信息化程度的提高,必然对档案管理技术提出新的更高的要求。但是,我们在强调创新档案管理技术时,必须把传统的档案管理方法、手段与技术和今天的信息技术有机结合,在整合、集成上狠下功夫,发挥综合优势。应该看到,人们对真迹的尊重与渴望,无纸化只具有相对意义。另外,保存电子文件的风险很大,我国在相当长的一个阶段,将会是电子文件和纸质文件并存。传统档案管理技术将在与信息技术的整合中得到新生。

4. 建立电子文件管理法规

相应的法律法规是电子文件管理的一个重要前提,因此档案行政管理部门应会同政府信息产业部门联合制定电子文件管理法,逐步形成一套完善的电子文件管理法制体系,确认电子文件的法律地位,依法管理电子文件,使电子文件的管理达到标准化、规范化、制度化。

档案工作的根本目的是开发利用档案信息,提高档案管理水平的根本出路在于现代化管理。电子计算机技术(包括网络技术)的应用是档案管理现代化的主要内容。它既为档案管理带来极大的便利,同时又对档案管理标准化、规范化提出更高的要求。这就促使档案工作者深入研究新的档案学理论和新的管理方法,夯实档案工作基础,传承、推新档案管理技术,从而推动档案事业的发展。

第十二章　会议组织

会议是人类社会自古就有的一种社会行为。在原始社会，部落首领召集氏族议事、选举酋长等均是用会议的方式。我国的史籍中就记载着尧召集部落酋长用会议形式决定继承人和治水人选之事。随着社会的飞速发展和社会信息量的不断增长，会议已成为现代社会开展政务、经济、文化及其他活动的一种重要方式。

第一节　会议的构成与作用

一、会议的概念

《韦氏新大学词典》关于“会议”的解释是:会议乃一种会晤的行为或过程,是为了一个共同目的的集会。从字义上讲,“会”是聚合、会合;“议”是商议、议事,即讨论和研究问题。会议即是把人组织起来讨论和研究问题的一种社会活动方式。从现代意义上讲,会议是指有组织有领导地召集人们商议事情的行为过程。

二、会议的构成要素

会议是把人集合起来商议事情的一种行为过程,因而会议有其内在的构成要素。

(一)形式要素

包括会议的名称、时间、地点、主持者、与会人员、会议方式等。会议名称指会议的性质和主题。主持者是会议的组织者和领导者。与会人员是构成会议的主体,此外还有会议的工作人员和服务人员。会议方式是指会议的基本开法和形式,如电话会议、电视会议、多媒体会议和现场会议等。

(二)内容要素

主要指会议指导思想,会议主题和会议任务。会议指导思想是指贯彻会议始终的基本根据和指导原则。会议主题是会议研究的中心议题和核心内容。会议任务就是会议需要研究并期望解决的问题。

(三)程序要素

包括会前的准备工作,会中的组织调度工作和会后的整理服务工作。这是环环相扣的几个阶段。会前准备工作是关键环节,一定要认真筹划,精心安排。会中的调度工作,主要保证会议秩序井然,如期开展。会后的整理服务工作指会后的总结清理工作,应做到善始善终,不能草率马虎,只有这样才能提高会议质量。

三、会议的种类

会议的种类非常多,有很多不同的划分标准。科学地划分会议种类是为了更好地做好组织安排工作,也是会议研究的一个关键。

（一）按会议的规模划分

1. 大型会议。指千人以上参加的会议，如庆祝大会、各种代表大会等。

2. 中型会议。指百人至数百人参加的会议，如职工大会、纪念会、报告会等。

3. 小型会议。指三五人至数十人参加的会议，如办公会、座谈会等。

这种划分法只是从相对意义上来说的，没有绝对标准。

（二）按会议的时间划分

1. 定期性会议。指定期召开的会议，如办公例会、各种年会等。

2. 不定期性会议。指根据需要临时召开的会议，如处理突发事件的工作会议，英雄模范事迹报告会等。

（三）按级别分

1. 中央级会议。指中央组织召开的全国范围内的会议，如全国党代会、全国人大、政协会议等。

2. 省市级会议。指省市有关部门召集的，在全省或全市范围内的会议，如省人大、省政协会议。

3. 县级会议。指县级有关部门召集的，在全县范围内召开的会议，如县人大、政协会议。

（四）按会议性质划分

1. 立法性会议。指权力机构召集的会议，如各级人民代表大会。

2. 党务性会议。指政党内部召集的会议，如党的各级代表大会。

3. 行政性会议。指各级行政机关、企事业单位召集的处理日常行政工作的会议，如经理办公会、校长办公会等。

4. 群众性会议。指由群众团体召集的会议,如工会代表大会、教职工代表大会等。

5. 业务性会议。指经济、科技、文化、教育、卫生、体育等部门召开的专业性会议,如学术讨论会、展销会等。

6. 交际性会议。指旨在增进了解、发展友谊的会议,如文艺晚会、交谊舞会、联欢会等。

(五)按会议内容容量划分

1. 综合性会议。要讨论研究各方面问题的会议,如人民代表大会。

2. 专业性会议。这类会议多为某部门的工作会议,如劳动人事工作会议、教育工作会议等。

3. 专题性会议。就某一问题召集有关方面进行专门研讨的会议,如研究关于再就业工程问题、加强城市暂住人口管理问题的会议。

4. 咨询性会议。有关部门就某些问题邀请有关人士、专家等征求意见,作出咨询的会议。

(六)按会议采用的媒介划分

1. 电话会议。即采用程控交换机和提供的电话会议功能实现的。

2. 电视会议。即通过摄像、录像设备、数字传真设备、慢扫描设备等来实现的,不仅能提供会议的声音信息,而且能提供文字和图像信息等。电话会议和电视会议均称为电子会议。

3. 计算机会议。这是通过计算机和数字通信设备而形成的智能化的灵活的会议形式。它提供了计算机对会议的管理和信息交换的支持能力。

四、会议的性质与作用

会议的性质:会议是贯彻民主集中制原则,发扬民主,实行集体领导的重要形式;是实施决策、计划、组织、指挥、控制、协调等现代管理职能必不可少的重要手段;是贯彻政策、统一思想、议事决策、布置工作、沟通信息、统筹协调的有效途径。把握会议的性质、正确认识会议对于领导者来说不是目的,仅仅是进行领导和管理的一种重要手段,并不是领导工作的全部。因此,不应逢事必会,把大量的时间与精力浪费在会海之中。会议多、庆祝活动多、办"节"多、应酬多是一种形式主义的表现。温家宝总理曾指出,要"下决心精简会议,精简文件,精简活动。可以不开的会坚决不开,可以不发的文件坚决不发,可以不搞的活动坚决不搞"(1994 年 12 月《在全国党委秘书长、办公厅主任座谈会上的讲话》)。要大力精简会议,还要提倡开短会,不开无准备的会,不开议而不决的会,努力提高会议的质量和效率。

会议的作用,主要包括:

(一)决策指挥作用

党政机关、企事业单位各级领导的重要决策,均应遵照民主集中制的原则,通过会议决定,正如《党章》所规定的"凡属重大问题都要由党的委员会集体讨论,作出决定";《国务院组织法》明确规定,"国务院工作中的重大问题,必须经国务院常务会议或者国务院全体会议讨论决定"。即便是各级领导日常工作的部署,一般也是通过办公会议的形式讨论决定的。因此,会议是一种决策议事活动,体现了集体决策的原则,有利于集思广益,确保决策的正确制定与执行。

(二)组织协调作用

许多决策的实施,往往涉及多个方面,多个部门。为保证决策的顺利实施，需要通过一定的会议来统一思想，统一部署，统一行动。比如，开展“扫黄”斗争，清查取缔非法出版物的问题，就涉及公安、新闻出版、文化、工商行政管理、宣传、广播、电视等部门，要召开这些部门有关负责人的会议，进行研究部署，以统一步调，协同合作，以取得任务的圆满完成。

(三)动员教育作用

各级领导利用会议形式，如形势报告会、英雄模范事迹报告会、动员会等来宣传动员群众，消除群众的疑虑，提高群众的思想认识，使群众自觉地贯彻执行党的方针政策，更好地完成工作任务。

(四)信息交流作用

会议是收集、交流信息的一条重要渠道。通过会议，上情下达、下情上传、左右联系、互相交流情况、沟通信息，既便于上下左右各方的互相理解与支持，也便于各级领导充分掌握有关信息，为决策的制定与实施奠定基础。

第二节　会务工作的内容与要求

一、会务工作的内容

会务，即会议事务，指会议从筹办到结束的整个过程的各项服务事项。一般会议期间的这些事务工作均是由秘书承担的，在会议期间，秘书的会务工作非常繁杂。会务工作做得好坏直接影响到会议的质量和效果。会务工作因会议规模和内容等的不同也会有所不同。根据会议发展的进程，一般把会务工作分为三个阶段。

(一)会前的准备工作

做好会前的准备工作,是开好会议的先决条件。以中型、大型会议来说,会前准备工作主要是制定会议计划。会议计划就是会议的筹备方案,包括会议的名称、会议的时间、地点、与会人员、议题、议程、经费预算、会议材料准备、会场布置和会务安排等。

1. 会议名称。应根据会议的性质、内容来确定,力求名副其实。名称一旦确定,就不要随意改动,以免在对外宣传尤其是媒介传播方面引起误解。比如对举办地别具形象传播意义的一些会议,像杭州西湖博览会、世界园艺博览会等。

2. 会议时间和地点。时间指会议起讫时间,力求时间安排紧凑有序。地点即会议召开的具体地址。计划中应列明具体开会的地址和与会人员的住宿地址。

3. 与会人员。指参加会议的人员,应力求精干,名额应从严控制,避免开大而无当的会议。

4. 议题。指会议主题,也即会议的主要任务,会议主要讨论解决的问题,在会议计划中应有明确的说明。

5. 议程和日程。即会议所要解决问题的具体安排。均应仔细研究,多方考虑决定。

6. 经费预算。指整个会议的费用预算。在会议计划中应有单独一份经费预算方案。争取在最省钱的前提下开最有效的会议。

7. 会议通知的制发与会议材料的准备。指会议整个过程中所需要的有关文字材料。这是筹备工作的中心环节,包括拟写会议通知、会议的开幕词、闭幕词、会议文件、会议宣传资料等。

8. 会场布置。开会场所布置应营造一种与会议议题吻合的气氛。比如,纪念性会议应典雅肃穆,座谈会宜和谐亲切,人民代表大会宜庄严隆重。会场的大小选择应根据与会人员的多少决定。会场布置中应特别注意准备好录音、录像、扩音、灯光照明、各种通讯等设备及主席台背景、横幅、彩旗、标语、茶水等的准备。

9. 会议后勤工作安排。包括与会人员的食宿、交通、娱乐、医疗、保卫等方面的具体安排。在会议计划中应标明有专人负责,以保证会议顺利进行。同时要组织培训好会务的专门工作人员。

10. 会议的新闻宣传工作。在会议计划中应明确安排好有关会议的宣传报道工作。使会议能达到联络一次、影响四方的效果。这也正是现代会议的一个特别功能。如有必要,重要会议之前还要做好新闻发布会的计划。

(二)会间的调度工作

会议期间对会议有关事务的安排和调度工作就是会间的调度工作。包括会议签到、会议记录、编写会议简报,把握会议进程、搞好会议生活服务等。

1. 组织会议签到。这可以及时、准确地掌握到会人数,避免无关人员与会。某些会议要达到法定人数,才能进行选举和表决。签到方式有簿式签到、证卡签到、电子计算机签到等,可视实际需要和条件确定。

2. 做好会议记录。即会议内容的原始实录,是拟写会议简报、会议纪要的重要素材,也是以后查考的依据。无论是全体会议或小组会议,均要由专人负责会议记录,必要时配以录音、录像。会议记录要求准确、完整,忠实于发言人的原意。

3. 编写会议简报。会议简报是反映会议进程、动态和主要问题的简要报导,旨在帮助领导掌握会议全局和主要信息,以便及时指导工作,使会议健康发展。同时简报也是与会者沟通、联络的桥梁。简报时效性强,力求简明扼要。

4. 把握会议进程。主要包括:第一,要根据会议日程安排,做好各项准备。比如,会议签到准备、会场照明、音响准备、茶水准备;会议文件、简报材料的及时印发、会议选票准备等,保证每次会议都能按时开会;对大会发言,要提早落实发言人,并安排发言人到会。第二,大、中型会议往往是全体会议与分组会议穿插进行,要及时了解会议进程,协助领导及时调度,做好组织工作,防止前后脱节和秩序混乱。第三,特殊情况的应急措施。在会议进行中,可能会发生临时变动,如调整议题,增加与会人员等,秘书人员要随机妥善处理,始终有人在场服务。第四,做好会议的安全保卫工作,防止发生意外,保证会议顺利进行。

5. 搞好生活服务。会议期间要重视膳食质量、抓好饮食卫生。还应注意防病医疗工作,组织必要的文娱活动,提供良好的业余文化生活。

(三)会后的整理服务工作

这是体现会议成果,并保证与会人员顺利返回的阶段。期间工作主要有编写会议纪要,整理有关文件材料,安排与会人员离会等。

1. 编写会议纪要。根据会议需要,编写会议纪要,作为与会代表贯彻执行的依据,推动会议精神的贯彻落实。

2. 整理有关会议文件。会议期间所有文件材料,及时进行整理,该归档的归档,该销毁的销毁,不该让与会代表带走的绝不能带走,做到会内会外有别。

3. 安排与会人员离会。做好与会人员返程票的订购和与会人员住宿场地的清退,并做好与会人员离会的送行工作。

4. 会后新闻报道工作。会议中形成的有关决议和方针,一旦形成文字后，即可通过传播媒介广泛宣传、以推动会议精神的贯彻落实。

二、会务工作的基本要求

所谓“台上一场戏，台下千日功”，会议工作也是如此。要开好一个会议，要求筹办人员应有一定的素养和技巧。具体来说，会务工作的基本要求是：

（一）充分准备

任何一种会议，无论规模大小，均要求有会前的充分准备。准备工作必须有详细具体的计划。这是保证会议顺利进行的首要前提。

（二）严密组织

严密组织是会议得以顺利进行的保证。严密组织首先指整个会议系统能形成一个灵活畅通、操纵自如的整体。其次是会议议程和日程的严密安排。其三是对突发事件预先应有一定的防范措施，防患于未然，以保证会议顺利进行。

（三）热情服务

会议的服务工作也是会务的主要工作内容之一。热情周到的服务是保证会议圆满成功的重要环节。

（四）确保安全

这是会务工作的一项基本要求。一是保证与会人员的人身安全；二是保证会议内容的保密，一些具有一定保密性的会议，更应重视安全保卫工作。

第三节　会议的控制与效率

一、会议的控制

(一)严格会议审批关

控制会议就是少开会、多办实事,关键在于严格把好会议审批关。可开可不开的会议就不要开,能合并开的就坚持合并开。对必须开的会,也应尽量控制会议规模和会议的时间,能在一天开完的会议就不要开两天。能通过电话会议等形式开的会就不要用常规会议形式来开。

(二)端正会风,提高会议质量

会风是思想作风在会议过程中的表现,如开会迟到,发言拖拖拉拉甚至放空炮,借开会之名游山玩水等均是不良会风的表现。要根治不良会风,首先应改变领导人把会议看成自己工作的全部的观念,把行文办会作为自己工作重点的思想。其次,严格会议纪律,准时开会,准时散会。再次,严格限定发言人的发言时间,力求少说空话,有的放矢。最后,要节省会议费用,反对铺张浪费,提高会议质量。

二、会议的效率

会议的效率指投入少量的时间、人力、财力和物力达到会议的满意效果。会议的控制就是为了提高会议的效率。日本企业家士光敏夫提出的“会议律”观念,就是一种会议效率的概念。他的“会议律”有五个提倡:“开会提倡争论,提倡各抒己见,提倡全体发言,提倡不超过一小时,提倡站着开。”可见,在日本,人们是非常讲究会议效率的。在美国也是如此,人们越来越意识到不能让会议占去太多的时间,于是考虑如何在有限的时间内开好一个更有效的会议,这种想法就诞生了美国的会议策划专家。在1987年美国报刊列出的最吃香的25种职业中,就有一种是会议策划行业。会议策划专家的工作就是为提高会议效率而专门作策划的。

那么如何提高会议的效率呢?提高会议效率的方法有很多种。前面我们提到的控制会议的两个方面均是提高会议效率的有效途径,这里再补充讲一点关于会议成本预算和会议效率的关系。

在经济领域,人们计算效率时总率先考虑成本投入的多少。会议作为一种社会活动,当然也得讲究经济效益,但由于会议活动更主要的是一种决策活动、精神活动,很难像别的经济活动那样用成本来控算其效率。但我们可以通过参加会议人员所花费的时间量价值及后勤服务工作的花费来计算会议成本,通过这种计算来考虑如何减少成本,提高会议效率。

会议成本是指参加会议人员总量在会议期间的时间量价值与会议期间后勤工作等实际经费开支之和。

1. 参加会议人员花费在会议期间的时间量价值包括三项内容:①与会者的工资及其从本单位取得的其他收入。②因会议时间而减少的个人工资与其他收入之和以外的劳动产值,个人劳动产值一般为其工资与其他收入的3倍以上。在此我们取3倍,也就是说,因会议时间而减少的个人工资与其他收入之和以外的劳动产值为上述第①项的两倍。③因参加会议而引起的日常性领导工作停顿所造成的损失。这种损失以上述第①、②项之和的两倍计算。

2. 后勤工作等实际经费开支,主要有会议室租用费、文件材料制作费、会议用品费、交通费、会议人员路途、伙食补贴、住宿费、工作人员伙食、住宿、补贴等。

会议成本计算公式是：

会议成本 = $(2\times3)\times(G_{平}+S_{平})\times T\times n$ + 会议后勤工作等实际开支

其中：G 为参加会议人员各个人的单位工作小时工资数。

S 为参加会议人员各个人每单位工作小时取得的工资外其他收入值。

“平”为平均值。

T 为参加会议人员各个人的实际到会时间(小时)。

n 为参加会议人员人数。

下面，我们以一个单位的会议计算一次会议的成本。

假如，某市卫生局召开一次全市范围下属医院院长工作会议，与会院长共有 60 人，卫生局参与会议的共有 15 人，出席会议人员共有 75 人。会议秘书人员 5 人。会期 3 天。

再假定：上述参加会议人员月平均工资为 3000 元，日平均工资为 100 元，每个人工资外收入日平均为 50 元，到会议地点平均路费补助为 50 元，会议期间住宿费每人每天 200 元，伙食补助费每人每天 100 元。文件制作费平均每人 50 元。会议租用会议室 5 个，日平均每个会议室收费 500 元，其他费用不计。

那么，本次会议的成本为：

$$
\begin{aligned}
\text{会议成本} &= 6\times(100+50)\times3\times80+50\times75+(200+100)\\
&\quad \times80+50\times80+500\times5\times3\\
&= 216000+3750+24000+4000+7500\\
&= 255250(\text{元})
\end{aligned}
$$

这样一次中等城市的某局工作会议成本竟然达到 255250 余元，平均每个会议代表花费 3190 元，3 天的会议，超过了他们一个月的工资。

以上例子说明,一次一般性会议的成本居然如此高,更不用说一些高级的会议了。会议成本的预算告诉我们,应少开会、开好会、节省会议开支,尽量争取在最少的会议成本下,开效率最高的会议。

第四节　会见与会谈

一、会见和会谈的涵义

会见指双方会晤。凡身份高的会见身份低的,或是主人会见客人,又称接见或召见。反之,凡身份低的会见身份高的或是客人会见主人,称为拜见或拜会。古时,拜见君主,又称谒见,觐见。接见和拜会后的回访,称回拜。目前,在国内不作上述区分,一律称会见。

会见就内容而言,可区分为礼节性、政治性、实务性几种会见。

礼节性会见即通过会见这一行动,彼此显示或向外界显示相互的关系或对特定问题的态度。礼节性会见一般时间较短,话题宽泛,气氛较轻松、随和。

政治性会见一般涉及双边关系,国际形势等重大问题。通常通过这种会见来显示双方的态度或就某个问题达成双方一致的意见。会见时间相对比较长,气氛比较庄重。

实务性会见指涉及企业、商业贸易、文化交流等具有一定商务意义的内容而进行交涉的过程。相对而言,会见有一些实质性内容,会见时间相对比较长些。

会谈是指双方或多方就某些重大的政治、经济、文化、军事等共同关心的问题交换意见,也可以指洽谈业务。《韦氏新大学词典》关于“会谈”是这样解释的:会谈是一种通常的、正式的意见交换,例如磋商。或可以说一种两人或更多的人对共同关心的事情的商讨。会谈的范围可大可小,可以就一些局部性问题而展开会谈,也可以就国家安全和国际和平等问题展开讨论。随着会谈双方身份的高低不同,会谈的规格也就有所不同。可见,会谈从内容上而言比会见更为正式些,政治性或专业性也更强。

二、会见会谈的意义

随着我国改革开放的不断深入,全球化时代的来临,国家与国家之间,企业与企业之间,部门与部门之间,人与人之间的种种交往将更为频繁。这种交往的一种表现形式就是会见与会谈,人们通过这种行为方式加强相互间的了解和合作,通过会见和会谈,来树立自己的良好形象。因此,我们说,会见和会谈在生活中具有重要的意义。作为秘书,应精心筹划好每一次领导的会见或会谈的工作。

三、会见会谈的工作程序

会见会谈工作一般是由秘书部门安排的,属于秘书礼宾工作范畴。根据国际惯例和我国的具体国情,归纳会见会谈工作程序如下:

1. 秘书在接到对方提出会见要求时,应及时将对方要求会见会谈的目的、人员、姓名、职务及会见什么人报告给领导。如作为主方在接到客方的会见会谈要求时,应及早给予答复,答复内容应包括会谈时间、地点、会谈主要人员及会谈的主要问题等。如因故不能会见,应向对方婉言解释。

2. 在决定参加会见后,应及时确定具体参加会见人员。会谈人员的确定应根据会谈内容和会谈规格确定。如对方有高级领导出席,那么我方也应安排相应领导出席会见会谈。一般而言,会见人员不宜过多,主谈人员由最高领导担任。会谈相对人数不受限制,但会谈因涉及的内容业务性、政治性比较强,故应认真考虑选择具有较高素养的人员参加。

3. 地点和时间的安排。会见会谈之前,对会见会谈的场所应作合理安排。一般会见会谈的场所最好选择在离客人下榻处最方便的地方。如客人安排住宾馆,那么可借用宾馆的会议厅或会客室作为会见会谈的地点,如参加人少,可直接安排在客人房间。但一般较为正式的会见会谈还是安排在正规会议室为宜。当然,能安排在本单位的专门会客室或会议室是最亲切的方式。

会见会谈的时间和地点及内容应预先安排,并制订日程表,等客人到后,人手一份。如时间较长的会谈,那么具体每一次会谈的时间和地点均应在日程表上明确注明。在会谈期间,还应留出适当的时间安排客人的文化娱乐、参观游览等活动,以表示主人的盛情和友好。

4. 座次安排,会见和会谈略有区别。按照惯例,会见一般因参加人数少,故安排在办公室或会客室就坐居多,宾主各坐一边,有时也穿插一起相间而坐。更多时候,会见以“马蹄型”位置安排比较多,也有“圆形”或“长方形”的(见图1)。一般情况下,主方通常在左边一侧就坐,客方在右边一侧就坐,译员、记录人员均在主人和主宾后边就坐,如人比较多,可以后边加座。

会谈多以双边为主,也有多边会谈。几个人会谈座次安排同会见的一样,如多人的会谈,需专设会场,通常采用长方形、椭圆形或圆形桌子就坐，宾主相对而坐，一般以门为准，左方为主人，右方为客人(见图 2)。

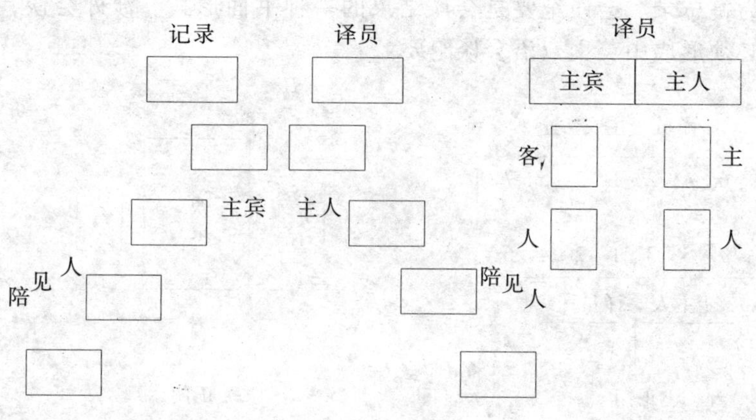

图 1

5. 会见会谈场所安排。除座位安排外，场所还得安排足够的扩音器及录音录像设备。事先准备好足够的椅子，在每个座位上应有座位指示卡。如有外宾，应备有中外文指示卡。会谈场所，还应配备足够的茶水、饮料等。

6. 会见会谈时，一般主人应比客人提前到达，等客人到达时，应在门口迎候。如主人不到大门口迎候，也应安排礼仪人员迎候，引入会客厅。

7. 会见会谈结束时，主人应将客人送到车前或门口，握手道别，待客人离去方可退回。如需要合影留念，有关人员应事先安排合影图，以防人多杂乱。按礼宾次序，以主人右手为上、主客双方间隔排列为原则，第一排均应安排身份重要的人，两端均安排主方人员为宜(见图 3)。

8. 会谈纪要整理。一般会谈结束后，均要形成一个会谈纪要,交双方会谈代表签名盖章才能生效。会谈纪要应简明扼要,把会谈商讨后达成一致意见的内容整理成有关的几个条目,作为备忘录。会谈纪要是会谈结果的一种书面形式。涉外会谈,必须形成中英文双语会谈纪要。

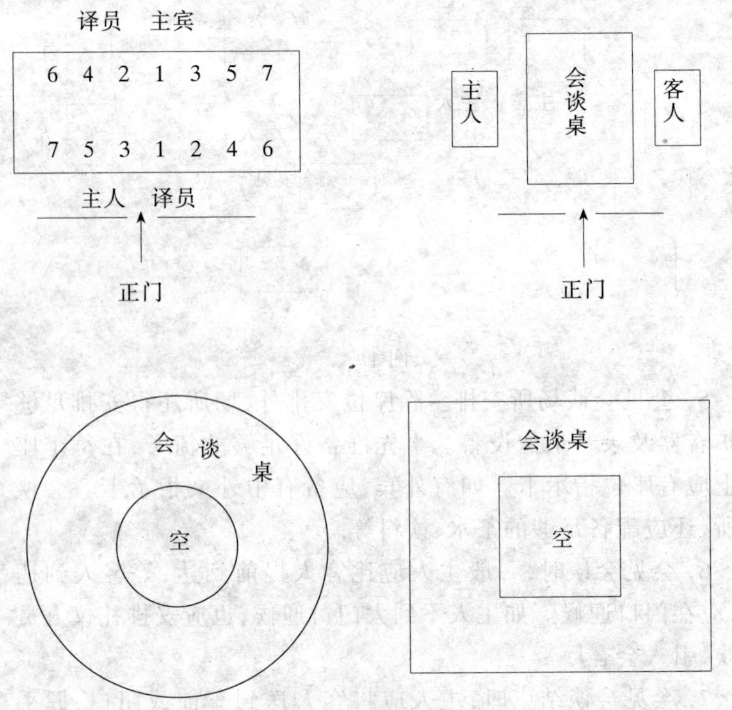

图 2

①主人　④客方陪同
②主宾　⑤主方陪同
③第二主宾　⑥摄影师

图 3

第五节　常见仪典筹划与组织

在秘书的事务活动中,包含了筹划或协助筹划一些仪典。在秘书的工作范围内,常见的仪典有很多,如开业典礼、奠基典礼、落成典礼、签字仪式、开幕式、就职仪式、发奖仪式、授勋仪式,等等。现就节日庆典、开幕式及签字仪式作一些介绍。

一、节日庆典的筹划

节日庆典指的是一种庆祝性的典礼,指在一些法定的节日,如国庆节、元旦、三八妇女节等举办的特别庆祝活动。节日庆典经常运用联欢会、团拜、宴请、文艺演出、舞会等形式,比如一年一度的春节联欢会、学校为校庆而举办的庆祝活动等。

一般节日庆典筹划的程序:

(一)庆典前准备工作

1. 事先拟出特邀嘉宾的名单。庆典活动特邀嘉宾的选择应根据庆典试图达到的宣传面,考虑人选范围包括政府领导、新闻媒介的记者、主管部门的领导、员工代表及各界知名人士等。名单确定后,应印制精美请柬,并提前五天左右寄送。

2. 筹划好庆典活动程序表。如属小型庆典,组织者有一份计划即可。如属大型庆典,应有专门的庆典策划,应将庆典活动程序表打印,分送有关部门和有关人士。

3. 为领导准备好庆典活动开幕时的祝词。

4. 庆典场地布置。场地布置应显示出节日喜庆和热烈隆重的气氛。一般主席台的布置是重点,更应突出节日气氛。场地内必要的音响、照明、录音录像等设备也必不可少。

(二)庆典开始及进行中的工作

1. 特邀嘉宾的入席,应有专门的礼仪小姐引导。如有必要可以增加签到活动,签名簿作为日后的纪念。

2. 场内安排工作人员若干名,维持场内秩序,同时也负责为来宾倒茶、引路等。

3. 庆典活动开始后、秘书应注意台上台下的联络协调,以保证庆典活动顺利进行。

(三)庆典活动尾声

一般隆重的庆典,在结束时,还要配备热烈的音乐或燃放礼花,营造喜庆气氛。

一般而言,节日庆典时间不长,比较简单但事先的准备工作必须充分,这样才能保证在较短的时间内营造出最热烈的喜庆气氛。

二、开幕式的筹划

开幕式类似于庆典活动,只不过比庆典活动更简单,更具有礼仪性。开幕式是一种活动揭开序幕的表现形式,包括各种博览会、文化艺术展览等。

开幕式的筹划程序：

1. 确定开幕式的参加人员。包括主持人，特邀来宾、工作人员等。如属涉及双边关系的开幕式，则邀请人士相对多一些，还包括新闻界人士。

2. 开幕式现场布置。一般开幕式就地进行，场地布置只需适当考虑增加一些桌子、椅子及国旗、扩音设备等。有些开幕式配有剪彩仪式，有关剪彩的绸带、剪子等预先也得备好。

3. 开幕后，先由东道主发言，然后可安排客人简短致辞。无论开幕词、贺词等均应言简意赅、热情庄重，忌长篇大论。

4. 开幕式大部分是站立举行、不安排凳子就坐。目的之一就是为了节省时间提高效益。故致开幕词后，一般就进行剪彩仪式。剪彩的场面应安排录像或摄影，可以作为提供新闻报道的图片资料，或作为部门的纪念性材料。

5. 开幕式后，还可安排短暂的参观活动。有时，可能还安排酒会招待。

三、签字仪式的筹划

当不同的利益集团就特定的问题达成协议并需签订合同、协议或条约时，一般均要举行签字仪式。在一些涉外贸易团体中，这种签字仪式的举行就更频繁了。

签字仪式的筹划程序：

1. 参加签字仪式的签字人一般是参加谈判的首席谈判者，有时也可能是本组织更高一级的领导，这样才能显示其庄重性。一般参加谈判的人员均一起参加签字仪式，签字仪式一般在谈判最后进行。

2. 签字仪式前，准备好签字文本和签字时用的文具和国旗，安排好双方的助签人员。

3. 签字仪式。一般在签字场内设置长方形签字桌并覆盖台布。桌后安排双方签字人的坐席,左方为主方,右方为客方。签字桌前放置需签的文本和签字用的文具,中间摆放旗架,其上悬挂双方组织的标志。如图4。

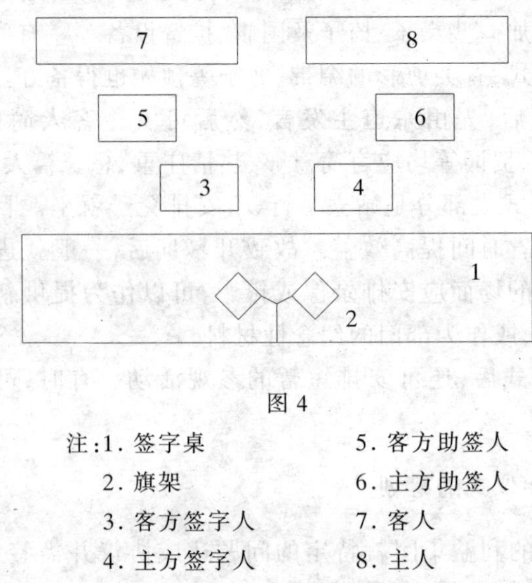

图4

注:1. 签字桌　　5. 客方助签人
2. 旗架　　6. 主方助签人
3. 客方签字人　　7. 客人
4. 主方签字人　　8. 主人

4. 签字仪式开始,双方签字人员进入签字厅。签字人入坐时,其他出席人员分别列于各自的签字人的座位之后,双方的助签人分别站立于各自签字人的外侧,以协助自己的签字人翻开文本、指明签字处。当签字人在本方文本上签完字后,由双方助签人互相传递文本,由签字人再在对方保存的文本上签字。之后,双方签字人交换文本,互相握手,有时还共同举杯祝贺。

第十三章 信访述要

信访工作是机关、团体及企事业单位的一项经常性工作,也是秘书工作的重要组成部分。做好信访工作,直接关系到各级领导能否发扬社会主义民主,保障人民民主权利和合法权益;能否接受群众监督,保持同人民群众的密切联系;能否及时了解社情民意,为领导决策提供信息和建议;能否妥善处理新时期人民内部矛盾,维护社会稳定等重大问题。因此,信访工作是一项政治性很强的群众工作。

第一节 信访工作的涵义、性质与特点

一、信访、信访工作的涵义和要素

信访是指公民、法人或者其他组织采用书信、电子邮件、传真、电话、走访等形式,向各级人民政府、县级以上人民政府工作部门反映情况,提出建议、意见或者投诉请求,依法由有关行政机关处理的活动,是人民群众参与管理国家事务和社会事务的民主权利,是社会客观矛盾的反映。

信访工作是指负责处理人民来信和接待人民来访的工作。信访工作是党和国家机关、人民团体、企事业单位一项长期的群

众性的政治工作,是领导工作的一个重要组成部分,是各级领导的应尽义务和职责。

完整的信访工作包括六项基本要素:信访人、信访受理者、信访形式、信访内容、信访处理者、信访结果。

(一)信访人

采用书信、电子邮件、传真、电话、走访等形式,反映情况,提出建议、意见或者投诉请求的公民、法人或者其他组织,称为信访人。

(二)信访受理者

信访受理者包括政党、国家机关、人民团体和企事业单位。改革开放以来,新闻机构如报社、电视台、电台的宣传舆论监督作用日益突出,他们已成为信访活动的重要受理者之一。

(三)信访形式

信访形式包括书信(含电子邮件)、走访、电话、电报、录音带、录像带等形式,主要是书信和走访两种。

(四)信访内容

信访内容是指信访者所反映的情况、问题和要求。

(五)信访处理者

信访处理者指的是直接处理信访问题的单位和部门,其中有的即是信访受理者,有的则是接受信访受理者转交的单位和部门。

(六)信访结果

信访处理者对信访内容作出适当处理,信访者反映的问题获得圆满解决,提出的要求得到合理满足,这就是信访结果。

二、信访工作溯源

信访作为一项社会政治活动,自有文字以来就有记载。《大戴礼记·保傅》记载，尧当政时，有"进善之旌"，舜当政时，有"敢谏之鼓"。夏禹时对信访问题的处理已具备了管理的雏形。禹曾在衙门口放置钟、鼓、磬、铎、鞀，以备信访者用。"教寡人以道者击鼓，谕以义者击钟，告以事者振铎，语以忧者击磬，有狱讼者击鞀。"此后历代基本上都有处理信访问题的官职，但在等级制度森严的奴隶社会，信访活动实际上只存在于奴隶主阶级之间。

封建社会，信访权利开始逐渐扩大到平民百姓。历史上有名的"公车上书"事件就是平民、小知识分子向统治者提出异议的例证。至今脍炙人口的《杨三姐告状》、《杨乃武与小白菜》等戏剧，就是封建社会老百姓上访告状，争取"民主"权利并获得成功的少数事例。

真正将信访和信访工作作为社会主义民主制度的组成部分是在中华人民共和国成立以后。1950 年 11 月，中共中央办公厅秘书室向毛泽东同志报告群众来信来访情况时，首次提出把处理人民来信来访作为一项专门工作。1951 年 6 月，中央人民政府政务院在《政务院关于处理人民来信和接见人民工作的决定》中，正式把处理接待人民来信来访列为各级人民政府的工作。建国以后，党中央曾三次召开全国性的信访工作会议，对信访部门的机构建制、干部配备、工作原则、工作制度都作了许多重要的指示和规定。五十多年来，各级信访部门的工作取得了显著的成绩。

目前，县级以上党政机关都设有信访部门，全国专兼职信访工作人员约有 30 万人。党的十一届三中全会以来，随着我国改革开放的不断深入和扩大，企业信访、涉外信访工作也开始发展起来。信访关系不仅反映出社会政治关系，而且大量地反映出社会经济关系。信访工作不仅成为各级党和国家机关、人民团体、企事业单位负责人以及专兼职信访人员的工作职责，也是秘书部门的工作内容之一。

三、信访工作的性质和特点

信访工作是一项综合性很强的秘书性质的工作，既有秘书工作的辅助领导、反馈信息、协调关系等为领导服务的性质，也有直接为人民群众解决问题、回答咨询、宣传政策与法律等为群众服务的性质。

信访工作具有如下特点：

（一）高度的政策性

高度的政策性是由信访工作的性质决定的。一方面，信访工作是信访部门或秘书人员代表机关、团体、企事业单位接受、解释、处理人民群众在来信、来访中提出的问题和要求，在工作中必须坚持按照党和政府的政策办事。另一方面，群众来信来访内容本身涉及政策问题。据有关资料表明，涉及各种政策的信访问题约占来信来访总数的90％左右，其中约30％是反映政策执行情况的，60％是要求解决的实际问题涉及政策的（包括对现行政策提出意见和反映有关组织或人员违反政策的行为）。[①]这些信访内容和要求，有些是根据“分级负责、归口办理”原则，转请有关地方和部门处理的，有些是由信访部门直接做工作的，也有些是需要信访部门和有关部门联合工作才能解决的。如党的十一届三中全会以后对大批老干部的冤假错案的平反和遗留问题的解决，信访处理者如果不能在工作中执行政策，体现政策，落实政策，是收不到如此良好效果的。

（二）广泛的监督性

广泛的监督性是由信访部门的职能决定的。监督性表现

① 见中办、国办信访局编著：《信访学概论》，第91页。

在:①信访部门与党的纪检部门和政府的监察部门一样,都是根据群众的检举、揭发、控告等要求开展工作,对有关部门和领导形成监督作用,但它又不像纪检、监察部门那样,可以行使检查、处分等监督权力。它是通过"分级归口"、"互相配合"的原则,查办、督办的方式形成对有关部门、领导的监督。②信访部门不同于公、检、法、工商、税务部门,它不受职权范围的限制。群众来信来访的面很广,渠道很宽,所以信访部门的监督也很广泛。政策法律监督、道德舆论监督无处不在,无所不包。③由于信访工作是由群众首先发起的,所以信访部门在查办、督办过程中实际上起到了间接代表广大人民群众对有关职能部门和领导的监督作用。

(三)综合的服务性

综合的服务性是由信访部门属有的秘书工作性质决定的。辅助领导、综合服务是秘书工作的宗旨。面对群众,信访工作是信访部门和秘书人员努力为群众排忧解难,全心全意为人民服务;面对领导,信访工作是信访部门和秘书人员协助领导接待、处理群众来信来访,为领导工作服务。以上两个服务的根本目的,就是为顺利开展、完成党和政府的现阶段中心工作服务。同时,信访部门也兼有信息部门的作用,在处理信访问题的同时也收集社会上的各种信息,使下情上达,为领导制定、贯彻和完善决策提供服务。

第二节　信访工作的原则

总结长期的实践经验,信访工作形成了以下基本原则:

一、坚持实事求是，一切从实际出发

“实践是检验真理的惟一标准”。坚持实事求是，一切从实际出发，这是我党一贯倡导的优良作风。但是有一段时期内，这一优良作风被肆意践踏。党的十一届三中全会将实事求是再次提到党的思想路线的高度。在这一思想路线的指引下，信访工作排除了各种“左”倾和右倾思想的干扰和影响，协助各级党政组织平反了大量的冤假错案，保证了党的路线、方针和政策的正确实施，这是全国人民有目共睹的。今天的信访工作，仍要注意彻底清除“左”的或右的思想影响，坚持实事求是的原则，重事实，重证据，重调查研究。

坚持实事求是，就应不偏听偏信，注重科学的调查研究，掌握第一手材料。应该看到，信访人在信访中反映的情况和问题大部分是真实可靠的，但也有一些信访人，站在维护个人或小集团利益的立场，夸大、缩小甚至歪曲、捏造某些事实。因此，信访工作人员一定要以客观的眼光看问题，坚决摒弃先入为主的观点，不偏听不偏信，认真地进行调查研究，掌握第一手材料，作出准确、公正、科学的结论，避免盲目性，克服片面性和虚假性。

坚持实事求是，就应不扣帽子，不打棍子，以客观事实和证据作为办事依据。信访是人民群众的一项民主权利，也是人民群众对党和政府信任的一种表现。信访工作人员要深刻认识到这一点，在受理信访时要坚决克服“左”的思想影响，不能动辄就给信访人扣上“诬蔑领导”、“干扰政府工作”等帽子，甚至无限上纲，棍棒齐下，使单纯的信访问题复杂化、扩大化，不仅使信访人反映的信访问题得不到解决，而且又让其多了一重思想情绪和精神包袱。

二、依照政策法令办事

政策是党和国家根据不同时期的路线、任务制定的行动准则;宪法、法律、法规、规章是人民的根本利益和意志的体现,它是由国家制定或认可,并以强制方式保证实施的行为准则。在全民政治素质不断提高,法制不断健全,法律意识不断增强的今天,以政策法令作为处理信访问题的准绳,是时代的要求和人民的呼声。再者,信访工作本身就是通过信访处理形式,向信访人宣传、落实党的路线、方针、政策和国家的法律、法规,为信访人排忧解难的过程。因此,在调查研究、掌握事实、分清是非的基础上,要做到,凡符合政策法令的,应当及时解决不得推委拖延;对于法律、法规、规章和政策无具体规定,而实际需要解决的,应当依据法律、法规、规章和政策的精神,酌情予以解决;一时解决不了的,应当说明情况或者报告上级,要求协助解决;对提出过高或无理要求的,应当依据法律、法规、规章和政策予以解释说服或者批评教育。总之,只有将党的政策、国家法律落到实处,信访问题才能得到妥善的处理。

三、分级负责,归口办理

"分级负责",是指根据信访所反映的问题的内容和性质,按照从中央到地方的各级组织序列,属于哪一级组织职权范围内的问题就由哪一级组织负责,一般不作越级处理。"归口办理",是指某一级组织受理的各类信访问题,根据业务范围和职责权限,归到同级组织范围内的相关部门处理。例如,有关军烈属、残废军人、复退军人要求优抚安置,残疾人员的就业安置,社会救济及救灾等问题由民政部门处理;有关民事、刑事案件的申诉,由人民法院处理;有关不服党纪处分,检举揭发党员、党员干部违纪问题，由党的纪委处理，等等。对各部门来说，凡属于本部门职责范围内的问题，要主动承担，认真处理，不得推委扯皮；对于涉及到几个部门，情况比较复杂的问题，应联合办理，由信访人的原单位或原处理单位为主负责处理，有关部门予以积极的配合和协助。

“分级负责，归口办理”的原则不仅能克服各级各部门的官僚主义，落实工作责任制，提高办事效率，而且也有助于各级各部门领导直接了解本级本部门工作中存在的问题，改进领导作风和方法，更好地指导工作。

四、处理实际问题与进行思想教育相结合

群众在信访中反映和要求解决的问题是多方面的，它往往涉及群众的切身利益。信访人个人的政治素质、经济地位、文化水平、道德修养乃至性格等方面各不相同，思想状况也比较复杂。因此，在处理信访问题时，既要坚持实事求是，按政策办事，又要在认真解决实际问题的同时，区别情况，做好耐心细致的思想教育与疏导工作，引导群众正确进行信访，以利于信访问题的顺利解决。

人民群众在信访中提出的各种问题和要求并非都是合理合法的，对此，要坚持做思想教育与疏导工作，避免矛盾激化。要将处理实际问题与进行思想教育结合起来，坚持摆事实讲道理，以理服人，重视感情交流，增进理解，促使多种矛盾向有利于解决问题的方面转化，要把思想教育与疏导贯穿于信访活动的全过程。当然，对那些要求过高，超出政策允许的范围，甚至得寸进尺，纠缠不休，采取不正当手段以图达到无理要求的信访者，要坚持原则，说明情况，进行适当的批评教育。对目无法纪，无理取闹，触犯法律者，必须依法处理。

五、及时办理，就地解决信访问题

人民群众通过信访渠道反映情况、表达意愿，都希望能及时处理，就地解决问题，这是他们的本意和愿望。所谓及时办理，指的是各级信访部门在“分级负责，归口办理”的原则下，认真、及时处理属于本地区本部门的信访问题，不应拖拉延误，力求在尽可能早的时间内、尽可能小的范围内将问题处理妥当，避免小事变成大事，个人问题变为群体问题，扩大和激化社会矛盾，给人民群众在物质上、精神上带来诸多损失，给党和政府的工作带来较大影响。就地解决信访问题，就是把信访问题解决在基层或当地。之所以要坚持就地解决信访问题的原则，是因为大量的信访问题都发生在基层，“解铃还需系铃人”，基层组织对信访人反映的问题了解得最清楚，知道问题的关键与解决的途径和办法；可以方便群众，避免群众往返奔波、劳民伤财；可以减少越级信访在转办中的周折，提高信访办理效率。

坚持及时办理，就地解决信访问题的原则，还应注意把握：

1. 防患于未然，将可能出现的犯罪遏止在萌芽状态。许多刑事、治安案件的早期发端往往是由人民内部的小矛盾引起的。信访中的许多问题，本来只是细小的矛盾纠纷，但如果在工作中推委扯皮，或浮而不实，就会使许多本来可以解决在萌芽状态的小事扩大为治安案件或刑事案件。因此，信访工作也是社会治安综合治理工程中的一个组成部分。

2. 现“访”现办，不使现实信访问题变成历史问题。建国以来由于党和政府一些路线、方针、政策的失误，也由于信访工作在某些方面未落实到实处，致使有些问题没有及时得到解决，日积月累成为一大批历史旧案。我们要吸取历史教训，处理信访问题一定要做到一次到位，避免重复信访，不使初信初访变成重信重访,初访户变成老访户,现案拖成旧案。

3. 事关群众利益的信访问题,更要及时处理,避免激化矛盾和酿成事端。集体上访固然是群众反映自己意愿和要求的一种形式,但其负面效应很大:第一,不利于社会安定,不利于机关、单位工作的正常进行;第二,集体上访更导致劳民伤财;第三,容易被极少数别有用心的人利用。因此,我们应该把工作做早、做细、做深,在集体上访的苗头刚出现时,就及时把问题解决掉,把矛盾化解在基层,把群众稳定在当地,既为人民办了实事,又可减轻各级组织的工作压力。

第三节　信访工作的任务与作用

一、信访工作的基本任务

(一)为党和政府的中心工作服务

党和政府各个时期的中心工作是以社会主要矛盾的变化为客观依据的,一切革命工作必须服从这一核心并为之服务。毫无疑义,信访工作必须为党和政府的中心工作服务。当前,我国已进入社会主义现代化建设的历史新时期,我们要坚持为经济建设服务,为改革开放服务,为维护、巩固稳定的政治局面和社会环境服务,为社会主义精神文明建设服务。

(二)按照政策法令,实事求是地处理信访问题,为群众排忧解难

我们现在从事的是一场旷古未有的经济建设和政治改革,大变动、大变革势必会带来各种意想不到的问题。新情况、新问题、新矛盾层出不穷,大量地、集中地、甚至尖锐地反映到信访渠

道中来。信访工作就是要以对党和人民高度负责的精神,认真对待和切实处理好群众反映的各种各样的问题,为群众排忧解难,全心全意地为人民群众服务。

(三)及时向党和政府反映信访中有价值的信息

信访信息具有直接性、广泛性、实在性、灵敏性等特点,有着独特的不可替代的作用。做好信访信息工作,近年来已经成为信访工作的重要内容,成为信访工作为党的中心工作服务的有效手段。有价值的信访信息,可以为党和政府的各级领导制定决策提供依据,可以反馈党和政府的决策实施的情况,可以及时掌握影响社会稳定的矛盾和问题,可以促进各级领导和职能部门工作的改进。

(四)正确处理人民内部矛盾,调整党群、干群关系,维护社会安定团结

信访工作部门处理的问题,基本上属于人民内部矛盾。但这类矛盾一旦处理不当,会直接影响社会的安定团结,影响我们的经济建设和改革开放大业。信访工作担负的正是在党和政府的政策、法令实施过程中,调整党群、政群、干群和群众之间的关系的"微调"工作。理顺情绪,平衡心态,化解人民内部矛盾,遏制犯罪,维护良好的政治和社会环境,使全国上下同心协力建设社会主义。这是信访工作的基本任务之一。

(五)发扬民主,保护群众的信访权利,调动群众的社会主义建设积极性

信访群众依法进行信访的民主权利是《宪法》规定的,受到国家法律的保护。具体说来,信访群众在信访活动中享有下列权利:(1)对党和国家机关及工作人员提出建议和批评;(2)向有关党和国家机关提出申诉、控告或者检举;(3)向有关党和国家机关反映问题、提出要求;(4)向党和国家机关咨询法律、法规、

规章和政策;(5)依照规定程序向有关党和国家机关催促处理、要求答复和复查信访问题。

信访部门有责任保护群众的这些权利。一要悉心听取、了解群众的信访内容和要求,重视其中的正确合理部分并予以及时的解决,对有重要创见的建议,要加以采纳,并给予表扬和鼓励;耐心说服、劝解其中的误会和不合理部分,疏通思想情绪,消除消极因素。二要维护信访群众的合法权益,采取有效措施,防止信访群众遭受打击报复。对打击报复者,要严肃处理直至追究法律责任。同时也要教育群众正确行使民主权利,在信访活动中遵守信访法规和规定,维护正常的信访秩序,依法文明信访。如实反映情况,不捏造或歪曲事实,不蓄意诬告陷害他人;不在走访中滋事哄闹,破坏公私财物,侮辱、殴打或者跟踪、纠缠信访工作人员;不占据办公场所,妨碍公务,不在机关所在地滞留露宿;不携带枪支弹药、管制刀具等有碍公共安全的器物到接待场所;不将老、弱、病、残、幼、婴舍弃在接待机关和单位;不张贴大小字报、散发传单、静坐示威或聚众闹事,不冲击机关和会场。

二、县级以上人民政府信访部门的工作职责

县级以上人民政府应当设立信访工作机构。县级以上人民政府工作部门及乡、镇人民政府应当按照有利工作、方便信访人的原则,确定负责信访工作的机构(以下简称信访工作机构)或者人员,具体负责信访工作。

县级以上人民政府信访工作机构是本级人民政府负责信访工作的行政机构,履行下列职责:

1. 受理、交办、转送信访人提出的信访事项;

2. 承办上级和本级人民政府交由处理的信访事项;

3. 协调处理重要信访事项；

4. 督促检查信访事项的处理；

5. 研究、分析信访情况，开展调查研究，及时向本级人民政府提出完善政策和改进工作的建议；

6. 对本级人民政府其他工作部门和下级人民政府信访工作机构的信访工作进行指导。

三、几种常见的信访工作形式

（一）专线电话

在一些大中型城市，电话这一现代通讯工具比较普及，群众可以通过有关部门设立的专线电话，直接向各有关部门反映问题，提出建议和意见。专线电话的工作人员随时受理市民来电并分送有关领导或部门落实办理。目前专线电话有政府部门的"市长热线"，有企业的"厂长专线"，有新闻机构的"读者热线"、"投诉热线"等。这些"专线"、"热线"对于改进行政、企事业单位的工作作风，反腐倡廉，以及为群众办实事、排忧解难等方面，都起了很好的作用，是目前方兴未艾、行之有效的一种信访形式。

（二）电子邮件

随着互联网的日益发展，电子邮件已经越来越普及，成为现代社会信息交流的重要工具。信访部门应该设立专门的电子邮箱，向社会公布，以利于信访人用这一形式信访。信访部门应有专人管理电子邮箱，随时处理相关信件。

（三）领导接待日

在党政机关或企事业单位中，确定几个单位时间为群众来访接待日，由领导轮流接待来访群众，听取意见，帮助解决问题。这种方法有助于领导"解剖麻雀"，见微知著，了解群众的普遍愿望和要求，掌握群众的思想脉搏，进一步做好面上的工作。

(四)上访接待室

信访接待站是建国以来就有的接待形式,现称为上访接待室。它隶属于各级政府、企事业单位秘书机构,是信访工作最主要和最基本的形式。一般情况下,县级以上机关设有专门的接待室和专职工作人员;乡镇一级如无场地条件,可以不设专门的接待室,但设有专职或兼职信访工作人员,负责专门接待群众信访事项,调查、处理信访问题。

四、信访工作的作用

信访工作的作用综合起来有以下四方面:

(一)联系群众作用

党和政府制定的各项政策和法律,从根本上来说都是为了最广大人民群众的利益,都是为人民大众谋福利;另一方面,人民群众又是完成社会主义建设大业的依靠所在。信访工作使我们能够随时倾听群众对党和政府的政策、法律的方方面面的意见、建议,使我们少犯或不犯错误。历史经验告诉我们,什么时候我们的信访工作做得认真负责,什么时候我们党和政府与人民群众的关系就密切,我们党和政府的威信也会提高,我们也真正做到为人民大众谋幸福。

(二)民主监督作用

随着社会主义民主和法制建设的推进,各项工作透明度的提高,人民群众参政议政的民主意识正在不断增强。信访工作是群众发扬社会主义民主,行使人民民主监督权利的重要形式。它的作用,首先是群众信访活动对党政机关工作形成自下而上的监督,然后在信访部门交办、督办、查办中又形成自上而下的监督。

（三）信息反馈作用

信息是进行科学决策的基础和依据。信访工作由于面向群众，广泛接触群众，经常倾听群众意见、建议，这一工作性质，处于收集信息的有利位置。党和政府的各项方针、政策、指示、决定科学与否，实施顺利与否，群众很快就能反映到信访部门。所以，信访工作具有收集来自群众的各种信息，随时为决策层提供、反馈有参考价值的信息，辅助领导进一步做好工作的作用。

（四）安定团结作用

在加快经济建设和改革开放的新形势下，正确处理人民内部矛盾，调动一切积极因素，化消极因素为积极因素，是我国政治生活的主题，也是维护社会稳定的重要基础。信访工作就是通过正确处理人民内部矛盾来协调关系，增强团结，维护社会的稳定。

第四节　办理信访的程序与规则

一、信访工作程序和要求

信访工作程序，根据信访具体形式，分为处理来信程序和接待走访程序。

（一）处理来信的程序和要求

处理来信的程序可分为：拆信——阅读——登记——办理（包括报告、转办、催办、查办）——答复（存查）。

处理来信的要求是：

1. 仔细拆信

收到群众来信，必须及时拆阅，做到不积压、不错收、不遗失。拆信时应注意保持信封上邮票、邮戳、地址的完整无损，看清来信的正文和附件，防止漏取、散失，然后把来信放在信封上方装订在一起，并在信的右上角加盖收信印章。

2. 认真阅读登记

认真阅读信件，弄清来信全部内容，并在事先准备好的工作笔记、登记簿或卡片上逐项填写，有附件的来信要详细注明。

3. 及时办理

在完成了拆信、阅读、登记这些准备工作后，信访工作进入了真正意义上的办理阶段。这一阶段的处理要根据信件的内容而定，一般有以下几种：

(1)报告。工作人员应将阅信时发现需要作综合反映的情况和重要、重大问题报告给领导阅批。按信访工作原则，重要、重大问题不漏报，无关紧要问题不滥报。报告形式可以采用综合反映或摘报，送主管领导审阅。

(2)转办。按照“分级负责，归口办理”的原则，将有关信件分别转给对口单位和部门处理。转办视信件内容、轻重缓急等情况，又可分统转、单转、函转、要回报、抄转等形式。因此，信访工作人员一要熟悉政策和上下级机关的权限及业务范围，使转办的信件及时、准确；二要注意保护来信人的民主权利，不能将检举、控告信件和材料转到被揭发、控告的单位和个人手中，而应转给被揭发、控告单位或个人的上级或上两级领导机关处理。

(3)承办、催办、查办。来信中凡由上级领导信访部门交办的问题，或兄弟信访部门转来该由本部门处理的问题，应由本信访部门人员承办。或作深入了解、解决，或会同有关部门联合办理，或提出处理意见，呈报上级部门批示解决，或再转交有关部门解决。对于交办、转办的信件，要经常或定期催促办理。函转和要回报的信访信件，通常是上级领导或信访部门认为需要调查处理的重要、重大问题，这种信件的处理要有专人负责，转交时要立案登记，转发后要定期催办，要求下级部门按期回报承办结果，然后进行认真审结，并将该结果报送领导审阅，经领导同意后方可答复信访者，查办过程中形成的所有文字材料都要立档保存。

4. 谨慎答复，小心存查

答复指信访部门以回信的方式答复来信人提出的有关问题。凡信访部门能够解决的问题，应按有关政策、法律明确答复。对于转出去办理的信件，要告诉来信人此信的下落，请他与有关方面联系。对于重要、重大问题的回信，须经有关领导审批后方可作出。对个别字迹混乱、无名可查之类的疑难信件，信访工作人员亦不可随意处置，应将其妥善保存，以待日后查处回告。

(二)接待走访的程序和要求

接待走访程序可分为：登记——归口——接谈——办理(归口办理、当面办理、介绍去有关单位办理)。

接待走访的要求是：

1. 认真登记归口

任何走访群众都须履行登记手续，信访部门通常在来访者登记后还须由接待人员作初步交谈，根据走访者反映问题的内容和性质，介绍走访者去具体部门归口详谈。

2. 善于接待谈话

归口接待谈话要认真、专心、耐心听取走访者的陈述，不可粗暴、急躁，打断走访者的申述。遇到不善言谈者，应循循善诱，创造良好的谈话气氛，以便全面了解走访人的意图和上访内容。遇有听不清楚的或特别重要的问题，要及时问清楚，尤其是事情发生的时间、地点、人物、起因、经过、结果、基层部门处理意见等重要因素，一定要弄清楚，同时要边听边问边作记录(也可使用录音设备)。接待谈话完毕后，应将记录的主要内容复述给对方听，以防记错或漏记。如走访者带有文字材料，应该先看材料，了解事情大致轮廓，再问有关重要情节或有疑点之处；或者边看边谈。谈话中要注意观察走访者的情绪与健康状况，注意做好情绪稳定工作，如遇病重者要及时与医疗部门联系，妥善处置。

3. 分门别类办理

通过谈话后，信访工作人员要根据走访者陈述的情况和要求，按照“分级负责，归口处理”原则，用口头介绍或开介绍信形式，介绍走访人到各有关单位、部门联系处理；或以发函形式，将走访者反映的问题函告有关地方和部门处理；一些可以当面答复的问题，应按照政策、法律当即明确答复，解释走访人可能提出的问题或疑问。

近年来，群众走访基本上都随身携带书面走访材料，因此有些工作可以参照来信处理程序办理。

无论是来信还是走访的办理，都要注意发挥县一级及县以下基层信访组织的作用，努力把信访问题解决在基层。

二、信访办理规则

国家行政机关负责人及工作人员在信访活动中应当遵守下列规则：

1. 各级国家行政机关按照职责范围、信访事项性质和信访人所属系统，分级负责、归口办理信访事项。

2. 对信访事项属本机关职责范围的，直接受理；非本机关职责范围的，向责任归属机关转办或交办；属于上级国家行政机关职责范围的，向有关上级机关报送。

3. 涉及几个地区或部门的信访事项，由所涉及的地区或部门协商受理，对受理有争议的，由上级国家行政机关协调。

4. 信访事项责任归属机关已经合并的，由合并后的机关受理；已经撤销的，由其上级机关受理。

5. 对超越直接责任单位走访的，接待部门应向其告知责任归属机关；对揭发、控告国家行政机关和工作人员，重要情况反映和批评建议，重大突发性事件等特殊走访，按有关规定办理。

6. 对上级机关交办并要求汇报结果的信访事项，下级机关在受理之日起，三个月内办结、上报。不能如期上报的，要说明情况。上级机关对处理结果有异议的，可要求其复查并汇报复查结果。

7. 对于信访人的合理建议和正当批评，应当听取、采纳，并给予鼓励。

8. 对于信访人的申诉，应当调查、核实；明确性质，正确处理，处理意见要同申诉人见面。

9. 对于信访人的揭发和控告，应当查明事实，作出公正处理，处理结果应当通知揭发、控告人。

10. 不得对信访人刁难、歧视和打击报复。不得对信访事项置之不理，敷衍塞责，推委顶拖。

11. 不得对外透露工作秘密，不得扩散信访人要求保密的内容，不得将控告、检举材料转交给或者泄露给被控告、被检举的单位和个人，以及擅自公开控告人、检举人的姓名、身份。

12. 信访人对信访事项的处理结果不服的，可向原承办机关申请复查或凭承办机关的书面处理决定向上一级机关申请复查。复查受理机关应当在接受之日起，三个月内做出复查答复。

13. 经上级机关复查确认处理正确的信访事项，承办机关和上级机关不再受理，但应对信访人做疏导教育工作。

总之，办理信访，必须以事实为根据，以法律、法规、规章和政策为准绳,必须贯彻“分级负责,归口办理”的原则,努力做到件件有着落,事事有结果。所以,工作人员必须做到:认真学习马列主义、毛泽东思想和邓小平同志建设有中国特色社会主义的理论,学习“三个代表”重要思想,学习党的路线、方针、政策和国家的法律、法规和规章,不断提高自身的思想政治水平和政策水平;遵纪守法,廉洁自律,秉公办事,自觉抵制和反对不正之风,全心全意为人民服务;勤奋工作,忠于职守,热情接待来访群众,认真处理人民来信,如实反映他们的意见和要求,合理解决他们的问题。只有这样,才能做好信访工作。

第十四章　保密工作

保密工作是秘书部门的一项重要工作。秘书部门位于整个工作系统的中枢位置，秘书人员与领导有非常密切的接触，知密早，知密多，为了维护国家和本单位的利益，秘书部门和广大秘书人员必须确立明确的保密意识和保密观念，确保国家和本单位的秘密不外泄。

第一节　保密工作的意义

一、保密工作的涵义

所谓秘密，是指在一定时间仅限一定范围人员知悉，不准公开或不宜公开的信息和事物。秘密有三个层次，第一个层次是个人的秘密，在现代法律中称为隐私权，受到法律的保护；第二个层次是社会集团（如团体、企事业单位等）的秘密，指为了维护该集团的利益，在一定时间和范围内不宜公开的事项；第三个层次是国家秘密，指关系国家的安全和利益，依照法定程序确定，在一定时间内只限一定范围的人员知悉的事项。本章所指的秘密，是后两个层次的秘密，主要是指国家秘密。对上述秘密加以保护，使之在一定的时间和范围内不外泄，这种行为称之为“保密”。

保密工作,是指从国家的安全和利益出发,将国家秘密控制在一定的范围和时间内,防止泄露以及被非法窃取利用所采取的一切必要的防范措施与手段。

二、保密工作的由来与发展

保密工作是伴随着国家和阶级统治的产生而产生的,在我国,可以追溯到商周时期。相传由商末周初的军事家姜尚所撰的《太公六韬》这部兵书记载:“游士八人,主伺候变,开阖人情,观敌之一,以为间谍。”八个壮士扮作游客身份,到敌方去刺探消息,可见此时敌对双方已经把自己的机要事情作为秘密严加保守。我国古代对保密的研究也具有悠久的历史。《易·系辞》就有论述:“君不密则失臣,臣不密则失身;几事不密则害成(‘几’通‘机’)。”这大约是我国历史上对失密所造成的严重后果的最早文字论述。汉代刘向在给汉成帝刘骜的一封劾奏外戚专权的上疏中写道:“审固机密,览往事之戒。”从此之后,“机密”一词逐渐被广为使用。

随着国家形态的逐渐成熟,人类社会对国家机密的保守工作也日臻完善。在我国历史上,汉代对泄密的官员定有“漏泄省中语”、“泄密书”、“探密事”等一系列罪名。轻者,免官成庶人或处以“鬼薪”、“髡为城旦”,重者“腰斩”或“弃市”。三国时的魏国在朝廷中设中书令和中书监等官职,分管国家秘密事务。唐代以尚书、中书、门下三省长官共议国政,国家机密由中书、门下执掌。《旧唐书·岑文本传》中有“于是以文本为中书侍郎,专典机密”的记载。宋代由于内外矛盾加剧,对国家秘密的管理在唐代的基础上有了改进,突出了对军务密事的控制,设立了枢密院,直接“掌军国机务……出纳密令”(《宋史·职官》)。清雍正十年,设军机处,专司军事秘密,“掌书谕旨,综军国之要,以赞上治机务”(《大清会典》)。清代规定:密折不准与人商酌或让同僚知悉。下行御批谕,不准横传,相邻不准互通,路过不得打听。下行密本收存前,非亲办者偷看以致泄密,要罚杖六十;重者,判三年徒刑。

保密工作在古代社会受到重视,在现代社会中,更是各国公务活动中的重要组成部分。我国党和政府向来十分重视保密工作。建国前,适应对敌斗争的需要,中央多次就保密工作发出指示,作出规定,主要有《中央关于秘密工作的指示》(1930 年 4 月)、《中央关于保密工作的通知》(1937 年 1 月)、《保守党内秘密条例》(1937 年 5 月)、《秘密工作的几个规定》(1939 年 4 月)等。建国后,党中央在 1950 年 10 月 15 日作出了《关于加强保守党与国家的机密的决定》。1951 年 6 月 8 日,周恩来总理发布中央人民政府政务院命令,公布施行《中央人民政府政务院保守国家机密暂行条例》。新时期以来,由于国际国内形势有了新的变化,经过长时期的酝酿,1988 年 9 月 5 日,七届人大三次会议通过了《中华人民共和国保守国家秘密法》。《保密法》是保密工作的根本大法,标志着我国的保密工作进入了依法治密的新的发展阶段。

三、保密工作的意义

保密工作是党和国家整体工作的一个重要组成部分,它关系到国家的安全和利益,关系到社会主义建设事业和改革开放的成败,所以,应该引起我们的充分注意。

(一)保密工作是党和国家工作的一个重要组成部分

在国家机关、武装力量、政党、社会团体、企业、事业单位中,都拥有一定的国家秘密事项。具体来说,凡是某一事项泄露后会造成下列后果之一的,即危害国家政权的安全,削弱其对外的防御能力;影响国家统一、民族团结和社会安定;损害国家在对外活动中的政治、经济利益;影响国家领导人和外国来访要员的安全;妨害国家重要的安全保卫工作;使保护国家秘密的措施可靠性降低或者失效;削弱国家的经济、科学实力;影响国家机关依法行使职权等,都属于保密工作的范围。所以说,保密工作的涉及面相当广泛,是党和国家工作的一个重要组成部分。在战争年代和建国初期,由于阶级斗争的尖锐激烈,人们对保密工作的利害关系较清醒,保密意识比较强。但进入新时期以来,由于国际国内局势的变化,人们对泄密的危害性往往难以认清,容易产生模糊认识。比如,一些人认为,现在搞改革开放,再讲保密,不合时宜。事实并非如此。在我国,剥削阶级作为一个阶级已经消灭,阶级斗争已经不再是我国社会的主要矛盾,但阶级斗争还将在一定范围内长期存在,并且在一定条件下还有可能激化。西方敌对势力亡我之心不死,已经而且必将利用各种渠道,加紧收集我国的政治、经济、军事、科技等方面的重要情报。如果我们在保密工作中不严加防范,失去应有的警惕,就有可能使党和国家的安全和利益遭到不可弥补的重大损失。因此,当前加强保密工作,严守党和国家秘密,不仅极为重要,而且也十分迫切。

（二）保密工作是保持国家政治稳定、社会稳定的重要保障

历史告诉我们,国家秘密,关系着国家的安全和利益,一旦泄露,将直接影响到国家政治、社会稳定。国家在政治、经济、军事、外交等方面的一些重大决策、措施,如果在酝酿产生的过程中泄露出去,就有可能引起社会波动和人心混乱,造成国家政治局势的动荡,影响社会稳定,导致国家在政治上或外交上陷入被动。海湾战争期间,美国空军参谋长迈克尔·杜根将军,就是由于违反美国国防部规定,公开谈论美国可能袭击的伊拉克境内

的军事目标，并泄露了有关驻扎在波斯湾的美军规模的机密情报，而被解除职务(1990 年 9 月 18 日《人民日报》载)。这说明，保守国家秘密、维护国家与社会的稳定，在世界各国都同样重视，对各种泄密、窃密事件，都严加防范与严肃处置。

(三)保密工作是保卫和促进改革开放和社会主义现代化建设的重要手段

改革开放以来，我国对外国际交往、科技交流、贸易往来日益增多，国人同境外人员的接触联系也日趋频繁。国内外各种势力利用我国对外开放的各种渠道，采用公开或隐蔽、合法或非法的手段，千方百计地攫取我们的秘密。这就必然对保密工作提出新的更高的要求，以保卫和促进社会主义现代化建设。在政治领域，既要提高领导机关的透明度，又要对国家事务活动中的秘密事项有所控制；在经济领域，为扩大对外经济合作，更好地利用外资，既要对外提供必要的资料，又要注意国家的安全和利益；在科技领域，既要积极开展国际交往，又要保护我国科技秘密的安全。20 世纪 80 年代，我国景泰蓝与宣纸工艺技术的泄密事件，就是需要认真记取的教训。必须清醒地认识到，今后国家实力的强弱、国际市场竞争的胜败越来越取决于经济、科技实力，因而国际间科技、经济竞争将越来越激烈，我国经济、科技方面的秘密必将成为境外各种势力窃密活动的重要目标。宣传、贯彻各项保密法规，加强全体工作人员的保密意识，严防各类经济、科技秘密外泄，是我国保密战线的一项重要任务。

第二节 保密工作的特点

保密工作的终极目的，是为了维护国家的安全和利益，保障改革开放和社会主义建设事业的顺利进行。因此，为国家和人民的根本利益服务，是保密工作的根本性质。与此相应，保密工作具有政治性、群众性、封闭性和相对性的特点。

一、政治性

政治性是保密工作最突出的特点。因为，保密工作是随着国家的发展而发展的，而国家是阶级斗争不可调和的产物。作为国家工作一部分的保密工作，它在外御强敌、内保社会安定方面，起着十分重要的作用。在我国，保密工作是为无产阶级政治和社会主义制度服务的，具有明显的政治性和阶级性。特别是党的十一届三中全会以来，随着党和国家工作重心的转移，为改革开放和社会主义现代化建设保驾护航，成了我国保密工作的中心任务，其政治色彩更加鲜明。

二、群众性

《宪法》第五十三条规定，保守国家秘密是公民的义务。我国《保密法》第三条规定："一切国家机关、武装力量、政党、社会团体、企业事业单位和公民都有保守国家秘密的义务。"这是因为，与广大人民利益密切相关的国家秘密广泛存在于各行各业之中，只有动员人民群众加入保密工作的行列中来，才能最大限度地保守秘密。所以，坚持走群众路线，紧紧依靠群众是做好保密工作的可靠保证。我们不仅要依靠各级专职保密机构和专职保密干部,还要宣传和组织广大人民群众,尤其是所有涉密人员,提高警惕,增强保密意识,只有这样,才能使我们的保密工作日臻完善。

三、封闭性

保密工作的封闭性是由秘密的本质属性决定的。所谓秘密,就是在一定的时间内只能让极少一部分人掌握的信息和事物。这种秘密,如果不加以保守或保护,一旦被外人知晓,就是泄密,如果在社会上公开,就不再成为秘密。所以,保密工作说到底就是对自己的秘密采取各种防范措施,使之不外泄。保密工作的封闭性和今天国际社会加强交流的趋势产生了矛盾。要加强国家的经济实力,提高我国的国际地位,就必须加强对外交流,但是,这必将给我国的保密事业带来压力。为了解决保密工作的封闭性和对外开放的矛盾,就应当积极防范,采用行政的、法律的和技术的强制措施与手段,保守国家秘密。诸如经常向涉密人员进行保密教育,建立严格的保密制度,广泛开展保密检查,直至国家为保密工作立法,都是主动积极地进行防范。而且,要尽快改变我国保密技术落后的现状,迎头赶上,增加保密技术的防御和保障能力,使我国的保密工作适应改革开放的新形势。

四、相对性

相对性是针对保密工作的时间性与一定的区域性(即保密范围)而言的。任何秘密总是局限在一定的时间与范围之内。再核心的秘密,也有一定的涉密范围。世界上没有绝对的、永恒的秘密,只存在着涉密人员多少、保密范围大小与保密时间长短的区别。时过境迁,情况变化,原来的秘密事项就可能解密或降密。比如，每年高等教育全国统一考试前，当年启用的试题、参考答案及评分标准，属绝密级的国家秘密，一旦泄露将会影响社会的稳定，使国家利益遭受特别严重的损害，但在高考之后，试卷即自行解密。也正是由于保密工作具有相对性，所以，在《保密法》与《保密法实施办法》中，才作了有关降密与解密的规定。保密工作的相对性也使国家档案在一定条件下得以对外开放，供有关人员利用。

第三节　保密工作的方针与内容

我国的保密工作涉及到各行各业、千家万户，只有明确我国保密工作的方针、法律规定的秘密范围与秘密等级，明确保密工作的任务和内容，才有利于保密工作的开展。

一、保密工作的方针

《保密法》规定："保守国家秘密的工作，实行积极防范、突出重点、既确保国家秘密又便利各项工作的方针。"

对这一方针，我们可从以下几方面理解：

积极防范——保密工作本身是一种防范性工作，这是由保密工作封闭性的特点所决定的。我们应该立足防患于未然，主动地把工作做在前面，做深做细，而不能被动地等出了问题再来抓，不能简单地把保密工作局限在追查失密、窃密事件上。

突出重点——这可从保密部位和保密内容两方面来说。部位是指党和国家秘密比较集中的地方、部门和岗位，属于保密的重点；内容是指那些关系党和国家安全和利益的秘密事项，核心秘密就是重点。就秘书部门而言，所经办的绝密文电、重要的会议和活动、重大的经济情报、关键的技术指标等，都属保密的重点。对重点部位和内容，应严加防范，确保万无一失，达到绝对安全。

既确保国家秘密又便利各项工作——这是为了使保密工作适应对外开放的基本国策。确保秘密是前提，为了确保秘密，必须坚持内外有别的原则。所谓内外有别，指国内与国外有别，党内与党外有别，干部与群众有别，涉密人员与非涉密人员有别。确保秘密与便利各项工作的开展是事物的两个方面，要妥善处理，该保密的一定要保密，不该保密的一定要开放，要有领导有控制地放宽对非核心秘密的限制，以有利于各项工作的开展。

二、保密范围和密级划分

《保密法》对国家秘密的范围和密级作了具体规定：

(一)保密范围

1. 国家事务的重大决策中的秘密事项；

2. 国防建设和武装力量活动中的秘密事项；

3. 外交和外事活动中的秘密事项以及对外承担保密义务的事项；

4. 国民经济和社会发展中的秘密事项；

5. 科学技术中的秘密事项；

6. 维护国家安全活动和追查刑事犯罪中的秘密事项；

7. 其他经国家保密工作部门确定应当保守的国家秘密事项。

用国家法律形式确定国家秘密的基本范围具有重要意义。首先，它使我国公民对国家秘密有一个基本了解，有助于履行《宪法》和《保密法》规定的每个公民的应尽义务；其次，它向国内外表明，任何人以非法手段窃取、刺探、收买、提供或者泄露已予公布的属于国家秘密范围内的事项,都是违反我国法律的行为,必须负法律责任;再次,它也给国家机关各业务部门及有关单位指出了应从哪些方面规定本系统业务工作中的国家秘密的具体范围。

(二)密级划分和保密期限

密级的划分,是依据国家秘密事项一旦泄露后,对国家的安全和利益损害的程度来区分的。国家秘密的密级分为"绝密"、"机密"、"秘密"三个等级。

"绝密"是最重要的国家秘密,泄露会使国家的安全和利益遭受特别严重的损害;"机密"是重要的国家秘密,泄露会使国家的安全和利益遭受严重的损害;"秘密"是一般的国家秘密,泄露会使国家的安全和利益遭受损害。与此相适应,1990 年 9 月 19 日国家保密局发布的《国家秘密保密期限的规定》指明:"国家秘密的保密期限,除有特殊规定外,绝密级事项不超过三十年,机密级事项不超过二十年,秘密级事项不超过十年。""国家秘密的保密期限,自标明的制发日起算;不能标明制发日的国家秘密,自通知密级和保密期限之日起算。"

规定秘密的级别和保密期限有重要意义。秘密等级越高,需采取的保密措施越严格,相应地,耗费的人力、物力也越多。再则,如果所有秘密的等级相同,真正的核心秘密就会得不到有效的保密。而实际上,属绝密级的国家秘密事项在国家秘密中所占的比例极少,为了确保核心秘密,对那些凡是与国防和战略利益、政治安定和社会稳定、秘密情报来源和手段、技术保密措施、各种对外关系无关的秘密事项,一般不应定为绝密级。规定和及时变更保密期限也同样有利于节省人力、物力。任何事物都处在不断发展变化之中,国家秘密同样如此。随着时间的推移,今天是国家秘密,明天就可能不是国家秘密了。如果不根据情况对保密期限作出规定并及时进行调整，就会使保密工作脱离实际，不利于社会主义建设事业。

二、保密工作的内容

保密工作的内容，就是紧紧围绕着保守国家秘密的总目标，积极进行国家保密法规的宣传和贯彻，加强保密检查，发展和应用保密技术，以及对泄密案件认真严肃的查处。

（一）宣传和贯彻国家保密法规

保密法规是指一切有关管理国家秘密问题的法律规范的总称。我国的保密法规主要由以下几个部分构成：

1.《宪法》中有关的保密规定。

2.《中华人民共和国保守国家秘密法》。

3. 国家基本法律中有关保密的规定（如《刑法》第九十七条、第一百八十六条；《刑事诉讼法》第三十四条、第一百一十一条；第七届全国人大常委会第三次会议通过的《关于惩治泄露国家秘密犯罪的补充规定》等）。

4. 有关专门法中对保密的相应条款。

5. 保密行政法规（如《保密法实施办法》）。

6. 地方和中央国家机关各部门制定的保密规章。

这些保密法规，明确规定了我国保密法律关系主体（国家机关、武装力量、政党、社会团体、企事业单位以及公民）应享有的权利和义务，是我们开展保密工作的法律准绳。大力开展保密法规的宣传教育，有助于使广大公务人员和人民群众认识我国保密法规的社会本质、特点及其作用，提高遵守和执行保密法规的自觉性。保密法规的宣传教育，包括法规的宣讲和解释工作以及保密法律基本知识的普及，其目的是提高公民的守法、执法能力，加强其保密意识。同时，应采取可能的方法，向广大公民介绍国际、国内窃密与反窃密斗争的形势和情报窃密活动的特点、方法,介绍我国保密战线中的先进事迹和泄密案例。除宣传教育外,还要经常检查保密法规的贯彻落实情况。

(二)加强保密检查

我国《保密法》规定:"机关、单位应当对工作人员进行保密教育,定期检查保密工作。"《保密法实施办法》第六条规定:"涉及国家秘密的机关、单位,应当进行经常性的保密教育和检查,落实各项保密措施,使所属人员知悉与其工作有关的保密范围和各项保密制度。"这里所指的保密检查,是指保密主管部门或有关机关、单位的领导部门,依据保密法规的规定,采用一定的形式和手段(包括技术手段),调查了解涉密单位或工作人员是否履行保密义务和责任的一种活动。

保密检查的内容,一是检查保密工作方针政策和保密法规制度的贯彻执行情况;二是检查保密组织机构落实及其建设的情况;三是检查保密设施的配置和保密环境的安全保密情况;四是检查有无泄密事件的发生及其对泄密事件的查处情况。保密检查是各单位各部门做好保密工作的必要途径,它对于各涉密机关、单位深入开展保密工作起着重要的促进作用。尤其是新时期以来,许多单位的领导同志和一般工作人员面对改革开放的新形势,"敌情"意识减弱,把保密工作置于"次要"或"不要"的位置上时,保密检查尤其显得重要。例如据某报报道:20世纪80年代,某市农科所将他们培育的还处于萌芽中的小麦矮品种——矮源矮变一号赠送给了日本;某领导把江苏的优良猪种——梅山猪种无偿地赠送给法国,使法国的猪种培育缩短了20年;某科学院一科技人员出国进修,竟然把我国研究多年的中药豆腐果、竹红菌和山海棠等研究课题带出国。这一系列泄密事件,充分证明我国保密战线形势之严峻,也充分证明了保密检查的重要性。

当然,保密检查必须严格按照保密法规进行,形成制度。同时,保密检查要突出重点,并与保密宣传教育紧密结合。只有这样,保密检查才能真正起到促进保密工作建设、完成保密任务的根本作用。

(三)发展和应用保密技术

保密技术是指专门用于保守秘密的技术设备和技术手段。保密技术是随着人类保密的需要而产生的,有着悠久的历史。保密技术的发展是与人类秘密信息传播手段的发展相吻合的。在人类社会发展的很长一段时期中,人们保守和传播秘密信息的手段都较简陋,所以人类的保密技术也相应较简陋。只是在近几十年中,由于科技的突飞猛进,带来了人类社会信息传播技术的革命,也促进了保密技术的飞速发展。在我国,自党的十一届三中全会以后,科学技术迅速发展,大大促进了通信技术的发展和办公自动化。城乡电话普及率越来越高,电子计算机、传真机、复印机等各种先进的电子技术设备迅速进入办公系统,广泛运用于处理国家秘密信息。但是,电子设备在工作时会发生很强的电磁辐射,把信号传播出去,由于微波通信、卫星通信的应用,许多信息又进入空中传递,如不采取必要的技术措施,就很容易造成泄密。

目前,我国正在发展、推广和应用的保密技术主要有两大类:第一类是涉密信号保护技术,它是通过技术手段防止信号被人截获,从而实现保密目的的技术。这类技术,除了以前常用的暗语和密码电报、信件外,现在还发展了把信号控制在尽可能小的空间,或通过改变信号的传播方式以达到保密目的的技术,例如专网电话技术、跳频通信技术和电子计算机屏蔽技术等。第二类是涉密物体(即实物)安全保护技术,例如防复印复制技术、保密文件资料粉碎机、文件箱防窃、防丢报警技术等。总之,在现代科技高度发展的社会中,只有运用现代技术加强保密防范,才能真正达到保守国家秘密的目的。

(四)泄密案件的查处

查处泄密案件,也是保密工作的重要内容。我国《保密法实施办法》对什么是泄露国家秘密作了明确解释:"'泄露国家秘密'是指违反保密法律、法规和规章的下列行为之一:(一)使国家秘密被不应知悉者知悉的;(二)使国家秘密超出了限定的接触范围,而不能证明未被不应知悉者知悉的。"

造成泄密事件发生的原因多种多样,错综复杂,常见的有:境外势力想方设法刺探我国秘密;我内部人员政治立场不坚定,被境外势力收买;某些人保密观念弱,保密法制意识差;一些单位保密制度不健全,保密知识不普及;保密技术落后等。

虽然我们在法律上对故意泄密和过失泄密采取的惩罚手段有区别,但不管什么原因造成国家秘密泄露,都会使国家利益受到损失。因此,我们除加强各个环节的保密措施外,还应建立和健全泄密事件的报告与调查制度,严肃对待泄密事件的查处。

第四节　秘书工作与保密

一、秘书在保密工作中的重要作用

秘书工作与保密工作有着密不可分的联系。秘书工作虽然是一项辅助性工作,但它直接为领导机关和领导工作服务,承担着处理文件、掌握信息、综合调研、办理日常事务等工作,发挥着承上启下、协调左右、参谋助手的作用。所以,秘书人员不仅要有一定的文化程度、较强的文字表达能力，还必须守口如瓶，严守党和国家的秘密。与其他部门及其工作人员相比，秘书部门和秘书工作人员在保密工作上具有以下特点：

(一)知密多

秘书处于领导身边，掌握着广泛的国家秘密。一般情况下，凡领导掌握的秘密，秘书往往也会知道。因为秘书部门和秘书工作人员不仅接收和处理党和国家及上下级机关发来的各种文件、电报，而且由于为领导决策服务的需要，秘书部门，尤其是党政领导机关的秘书部门，还与各条战线、各业务部门有着密切的联系，掌握和具体处理政治、经济、科技、文教及社会生活等各方面的大量信息。

(二)知密早

同样，由于领导部门是秘密的原发点或集散处，围绕领导工作的秘书必然是较早知道秘密的人。例如国家粮油调价，或某些人事变动，领导部门决策后，就会让秘书撰拟文件，逐级下发。秘书虽然对这类决策没有发言权，但他们最早知道这类秘密。

正因为秘书部门和秘书工作人员在保密工作中具有上述特点，所以自然地成为保密工作的重点。一些别有用心的人也常常把窃密的焦点投向秘书部门和秘书工作人员，可以说，秘书人员是保密战线的前沿战士。

二、秘书部门保密的重点与方法

秘书部门的保密重点，包括口头保密、公文保密、会议保密和通讯与办公自动化设备使用过程中的保密四个方面。

(一)口头保密

秘书工作人员掌握着大量的秘密，是重要的密源，所以必须做到谨言慎行，时时绷紧保密这根弦。不仅在我国，在西方国家也是如此。据安娜·埃克丝蕾主编的《韦氏秘书手册》介绍,在美国,作为一名秘书,对上级和公司的忠诚,也表现在“该保密的事,就应绝对保密,你不应该给别人任何一点暗示”,“不能说出可给官方公布的任何情报”。各级秘书部门和全体秘书人员,应该时刻牢记《党和国家工作人员保密守则》中规定的“不该说的机密,绝对不说”,“不在公共场所和家属、子女、亲友面前谈论机密”。

(二)文件保密

文件是党和国家秘密的一种主要存在形式,也是历来保密与窃密斗争的一个焦点。文件和政令,往往涉及一些重大决策和政治、军事、经济、外交和科技等方面的重要国家秘密。据报载,原中国人民银行外事局办公室副主任田野,将机密文件及绝密情况非法提供给香港《明报》,致使国家经济遭受重大损失。1994 年 4 月,田野被依法判刑。秘书部门是各机关、单位公文处理的主管部门,做好文件保密,是秘书部门保密工作的一个重要方面。在公文处理的各个环节中,必须严格执行国家保密法律、法规和有关保密规定,确保国家秘密的安全。

1. 印制

一切秘密文件都必须按照领导批准的发送范围计算印刷份数,不得擅自多印多留。印制过程中形成的蜡纸、衬纸、废页,应及时销毁。复印文件必须经过批准,并应将复印件与正本文件一同保管。

2. 登记

秘密文件的收发、分送、传递、借阅、移交、销毁等各个环节都应进行登记,使文件在运转过程中有记载、有着落。

3. 传阅

秘密文件传阅应严格限制在规定的范围之内,不能自行扩大。阅读秘密文件一般要在办公室或阅文室，不准擅自带回家中阅读。高级干部须要在家中阅读的，必须按有关保密规定办理。

4. 传递

传递秘密公文，必须采取保密措施，确保安全。秘密文件不准通过普通邮政传递。利用计算机、传真机等传输秘密公文，必须采用加密装置。绝密级公文不得利用计算机、传真机传输。机要通讯人员在递送秘密文件时，途中不准办理无关事项，也不准托他人顺便捎带文件。

5. 保管

秘密文件必须存放在有安全保障的库房或文件柜内，并有专人管理。

6. 归档

每年办理完毕的秘密文件，应按照文书归档的要求，收集齐全，立卷归档。

7. 销毁

凡需要销毁的秘密文件，必须登记造册，经主管领导批准后，派专人护送到指定的造纸厂监督销毁。不得向废品收购部门出售秘密文件。

(三)会议保密

会议是决策议事的一种重要方式，不少会议的内容直接涉及党政军、经济、科技和外事等方面的国家秘密，一旦泄露出去，将会危及国家安全和利益。秘书部门和秘书人员必须重视会议的保密工作。

1. 会前保密工作

(1)凡涉及秘密的会议，应严格确定出席、列席人员，对会议工作人员也要严格审查。未经批准，无关人员不得进入会场。

(2)召开秘密程度较高、较大型的会议,主办单位要与保卫、保密部门取得联系,要求专人负责保卫保密工作,制定会议纪律和保密措施。

(3)选择会场的地点及会场的扩音、录音等设施,要有安全保障。会址选择要利于保密。尽量不在饭店和内、外宾混住的宾馆召开秘密会议。

2. 会中保密工作

(1)加强保密教育。会议一开始,就应宣布会议保密纪律。任何与会者,不得擅自向外泄露会议秘密,各新闻采访单位的到会人员所采写的新闻必须经过会议组织者的审查。

(2)会议文件和录音、录像管理。会议秘密文件要划定密级,统一编号,登记后按规定范围分发。绝密文件,休会时应交会议保密室集中保管。如发现文件失少,应立即报告,及时采取措施补救。秘密会议须录音、录像的,必须事先批准,录音、录像带应作密件保管。

3. 会后保密工作

(1)文件回收。会议结束后,凡需收回的秘密文件必须按照要求回收。工作人员应清理会议场所,不能遗落会议资料和笔记本。

(2)与会人员回本单位后,只能按会议要求在指定范围传达会议精神,不得擅自扩大范围。

(四)通讯与办公自动化设备使用过程中的保密

随着现代科学技术的发展与普及,现代化的通讯与办公设备已逐渐在各级党政机关和企事业单位推广使用。这些设备的使用,提高了办公的效率和质量,但同时也给保密工作带来了新的问题。无线通讯易于被窃听,电子邮件也极易泄密,计算机的电磁波辐射泄密、存储泄密等,都是实际存在的。对于这些问题,除了采取一些必要的技术措施外,秘书人员还应切实做到:秘密信息必须在采取了保密措施的各种有线、无线通信工具和计算机网络中传输,如发传真,应当加密传发;遵守“明来明复,密来密复”的原则,不在加密通信渠道中输送一般信息;未经主管领导批准和因特定的工作需要,不能使用本单位的通信工具擅自与境外的机构、人员联络。

总之,秘书人员在保密工作中位置特殊,责任重大,必须有强烈的保密意识和高度的保密责任心,要严格遵守《党和国家工作人员保密守则》的具体规定:

1. 不该说的机密,绝对不说;

2. 不该问的机密,绝对不问;

3. 不该看的机密,绝对不看;

4. 不该记录的机密,绝对不记录;

5. 不在非记录本上记录机密;

6. 不在私人通信中涉及机密;

7. 不在公共场所和家属、子女、亲友面前谈论机密;

8. 不在不利于保密的地方存放机密文件、资料;

9. 不在普通电话、明码电报、普通邮局传达机密事项;

10. 不携带机密材料游览、参观、探亲、访友和出入公共场所。

第十五章　日常事务

日常事务管理工作，是秘书部门工作任务的组成部分。秘书部门的事务管理，包括值班事务、接待事务、印信管理及行政事务管理工作。秘书部门处理好大量的日常事务管理工作，能使整个机关、单位工作正常运转，各部门协调运作。

第一节　日常事务管理的基本要求

秘书部门是机关单位的综合办事机构，直接为领导工作服务，工作是否得力，直接关系到领导机关的指示能否顺利贯彻，各项任务能否圆满完成。而大量的日常事务管理工作，在其中起着很大的作用。要完成这些工作，秘书部门和秘书人员必须做到"三个坚持"，即坚持为人民服务的根本宗旨，坚持按政策原则办事，坚持勤俭办一切事业。

一、坚持为人民服务的根本宗旨

秘书工作"三服务"的指导思想，要贯穿在秘书工作办文、办会、办事的整个过程中，秘书工作涉及面广，千头万绪，既有信息调研、综合协调、辅助决策、督促检查等事关全局决策与管理的大事，又要协助领导处理大量具体的乃至琐碎的事务。秘书工作的事务性强，而且秘书工作的事务性还具有“大事多、急事多、杂事多、难事多”的特点。秘书部门上连领导，下连群众，牵动着方方面面，既是机关、单位的“枢纽”，又是“门面”和“窗口”，哪一个环节处理不好，都会影响到全局工作。比如，接待工作既具体又烦琐，接待工作的好坏，是热情周到，主动服务，还是“门难进，脸难看，事难办”，直接影响到整个机关、单位的声誉和形象。只有确立“三服务”的指导思想，把为领导服务与为群众服务统一起来，牢固树立全心全意为人民服务的根本宗旨，才能认真负责，不厌其烦地处理好大大小小的具体事务，甘于平凡，乐于奉献，做好日常事务管理工作。

二、坚持按政策原则办事

日常事务管理工作，既关系着全局工作，也往往涉及群众利益，一定要按政策原则办事。比如，印信是机关、单位权力的象征，是法定效用的标志，印信管理是非常严肃的工作，要为领导把好“印信关”。哪些该用印，哪些不该用印，不能开具空白介绍信，等等，一切应按政策原则办事，决不能顾及情面，随意处置。在日常事务管理中，不少工作涉及人、财、物的管理，关系着群众的切身利益，政策性强，更不能等闲视之。处理不当，直接影响到群众的积极性，也会造成工作的损失。

三、坚持勤俭办一切事业

日常事务管理中势必涉及财物管理。秘书部门一定要坚持勤俭节约，反对比阔气、讲排场、图享受、挥霍浪费的奢侈之风。1995 年 1 月，江泽民同志在中央纪委第五次全会上的讲话中指出：“我们的民族历来有勤俭节约的好风尚好传统，我们的国家要勤俭建国，我们所有的领导机关和领导干部、所有的部门和单位,都要勤俭办一切事业。”秘书部门在日常事务管理工作中,能否坚持勤俭办事,责任重大,一定要为领导把好关。比如,广大群众对于用公款大搞宴请的“吃请风”深恶痛绝,秘书部门就应从反腐败斗争的高度,坚持原则,做出表率,坚决抵制,这是责无旁贷的。

第二节 值班事务

一、值班工作的重要意义

值班是秘书工作部门的重要日常工作之一,县市以上的党政领导机关以及有关国计民生,社会治安等方面的重要部门,一般都设立值班室,保证任何时间都有工作人员代表领导部门处理公务。许多机关、团体、企事业单位在下班之后,也常有专人值班,以处理一些突发事件或紧急情况。如果说,办公室(厅)是一个机关或企事业单位的窗口,那么,值班工作则是直接发挥窗口作用的一项工作。

值班室和值班人员首先是机关、单位的形象代表。外单位来人联系工作,一般由值班人员接待。在机关工作时间之外,值班人员是本机关和领导同志的总代表,直接处理经常性的接待工作。他们的工作态度和工作能力,会给来访人员留下第一印象。所以,值班人员工作得好与坏,直接影响本机关、本单位的声誉。

其次,值班工作能保证信息的及时传递。信息的一个重要特征是时效性。一个单位的值班室往往成为这个单位所辖的地区或系统的信息总汇处、联络中心,沟通着上下、左右、内外的信息。例如，一到汛期，全国抗洪防汛指挥部的总值班室 24 小时不间断值班，每隔数小时汇集一次全国的汛情，重大险情还必须随时通报，只有这样，领导部门才能随时掌握全局情况，作出合理的决策。总之，对任何一个单位来说，上级领导随时可能下达指示，基层单位、职工群众也随时可能有新情况新问题产生，这类信息，必须有值班部门即时处理，或立即向领导汇报，请求指示，或自行解决。信息工作做好了，领导才能妥善处理。所以，值班室要根据本机关本单位的职能及时传递和本机关本单位有关的信息，时刻保持上下、左右的信息网络联系畅通无阻。

二、值班工作的任务

值班形式大致有三种类型：(1)专职值班室。这类值班室设有专职值班员，实行 24 小时昼夜值班制度。省、自治区、直辖市以上党政机关，地区、县及大、中城市的区级政权机关，部队、公检法部门、高级宾馆饭店等特殊工作性质的部门一般都设立专职值班室。(2)专职值班与其他干部轮流值班相结合的值班制度。白天由值班人员值班，晚上、周日和节假日由专职值班人员和其他干部配合值班。(3)轮流值班制度。不设专职值班室，由干部轮流负责机关、单位下班后和节假日的值班工作。

值班工作的任务，主要有以下几项：

(一)信息沟通

这是值班工作的一项基本任务，它包括上情下达和下情上达两个方面。所谓上情下达，一是把上级机关的指示、通知，及时传达给本机关领导同志；二是把本机关做出的有关指示、通知，及时传达给下级机关和单位；三是根据实际情况和有关原则，回答下级机关和单位询问的有关问题。所谓下情上达，就是把基层单位反映的情况、动态、问题和建议，及时反映给本机关的领导部门和领导同志。无论是上情下达还是下情上达,都应该认真做好记录,及时反馈信息。

(二)承办领导交办事项

领导交办的任务是多方面的,大致有:通知有关人员参加会议,向上级部门请示某个问题,协助沟通人员之间的工作联系,承担领导同志生活服务的部分工作,本单位领导向职能部门临时交办的事项等。值班人员应积极主动地办好这些事情,并向领导汇报办理结果。

(三)负责工作接待

对外来联系工作的人员,值班人员应热情接待,酌情处理。如果值班室能答复、处理的,则直接按有关政策规定妥善处理;需由有关职能部门处理的,则应转请有关职能部门接待处理;问题重大的,则应请示有关领导后另行定夺;需由领导直接接待处理的,则应做好会见的具体安排。在接待中,不论联系单位大小、上级或下级,值班人员都应热情、诚恳、耐心,讲究礼节。

(四)处理急文和突发事件

值班人员在节假日和领导下班期间,要担负起处理急文和突发事件的任务。收到的急件,要登记处理,根据情况有的要立即送给领导批阅。如发生生产、交通事故,偷盗、失火案例,食物、煤气中毒,敌特破坏和自然灾害等突发性事件,要立即采取紧急措施,并及时汇报主管领导。例如上海石油化工总厂曾发生一次停电事故,由于厂部值班室及时报告领导,领导在短时间内指挥各部门妥善处理,由此减少损失1000多万元。

(五)承担本部门、本单位的一些基础性服务工作

如,掌握上级及所属单位电话号码;掌握本单位及所属单位领导同志家庭居住地址、家庭电话号码;掌握单位领导人的去向和活动,以便遇到紧急情况能及时报告或请示。还要做好诸如

购买车船票、派车等事务性工作。

三、值班工作制度

值班人员在工作期间，必须严格遵守值班工作制度。值班工作一般有以下几种制度：

(一)值班岗位责任制度

值班岗位责任制度，是对值班工作的职责范围及值班纪律的明确规定。值班人员必须尽职尽责，坚守岗位。有事必须提前请假，由主管领导另行安排人员值班。在值班室内不得进行娱乐性活动，以保持值班室的严肃性。

(二)填写值班日志制度

在值班期间接收到的信息，掌握的动态，处理的问题及尚未办结和备忘的工作，应该用简洁、明确的文字，提纲挈领地写在值班日志上，为下一班值班人员提供工作方便，也可日后备查。

(三)交接班制度

值班人员在值班期间未完成的工作，不仅应该记载在值班日志上，还应逐项交待给下一班的值班人员，以保证值班工作的连续有效性。交接班制度很重要，稍有不慎，可能就会给工作带来困难，甚至出现大的漏洞，造成不应有的损失。

(四)保密制度

值班室是信息的枢纽，工作中常常涉及一些带有机密性的事情和文件，所以，要求值班人员认真执行有关保密规定。值班日志和值班报告要妥善保管，闲杂人员不准随意进入值班室，值班人员不与无关人员谈论秘密事宜，不在电话里传递任何秘密事项，不得随意透露领导人的行踪。

(五)请示报告制度

值班人员应有一定的处理问题的权力界限，对于超出权限的重要事项,应本着认真、慎重、负责的原则,先请示,后办理,不得擅自主张。如遇有十分紧急的情况,也必须边请示边处理,尽可能请领导作出决断。

第三节 接待事务

一、接待工作的意义和作用

接待工作是秘书部门一项经常性的事务工作。尤其是在改革开放的今天,各机关单位都加强了与其他机关、单位的联系和交流,对外合作交流也更加频繁。因此,秘书部门的接待工作比以往更多更重要。在接待工作中,秘书人员起着双重作用。一方面,他们是领导同志的缓冲带,通过他们把一部分没有必要由领导亲自接待的来访者过滤分流,使领导者有更多的精力和时间处理更重要的事务。另一方面,负责接待工作的秘书人员又是来访者心目中该机关单位的代表,接待人员是否有礼有节,是否能为来访者提供热情周到的服务,使其满意而归,是本机关单位能否建立良好的公关形象的重要一环,关系到本机关本单位的工作开展和业务发展。所以,秘书部门的接待事务有着不可忽略的重要意义和作用。

二、接待工作的原则

(一)诚恳热情

诚恳热情是接待工作的首要原则。不管来访者是上级机关或部门的领导,还是下属单位的群众,都是本单位的服务对象。美国的秘书部门要求自己的工作人员,不管主管领导人对每个来访者抱什么态度，秘书或行政助理人员对他们都要亲切接待，笑脸相迎。实际上，如果秘书人员时时把自己当作本机关本单位的代表，时时把搞好工作、促进本单位的业务放在第一位，这种诚恳热情的态度就不会是一种职业性的虚情假意，而是一种出自内心的真诚。

(二)注重礼仪

礼仪是符合社会习惯、尊重对方的交际方式。在接待工作中注重礼仪，能使来访者心情愉快，有利于双方的交流。如果对方是来商谈某笔业务，这类礼仪将会促进业务的商谈。如果对方是一个怨气满腹前来上访告状或者兴师问罪的人，也会因为接待人员礼貌的接待而收敛怨气，有助于问题的解决。

(三)热心助人

无论哪种类型的来访者，他上门来必有事商谈。作为接待人员，在原则允许的情况下，应该采取热心助人的态度，尽可能给对方提供方便。例如给来访者提供食宿交通，帮助参观访问或给洽谈业务的来访者联系单位或部门。如是基层群众上访，要耐心解答问题，或转请相关部门处理。如需请主管领导出面，接待人员应积极协助联系。总之，接待人员对来访者应该采取热心助人的态度。

(四)讲求实效

接待工作的最终目标是要把事情办好，必须坚持实事求是、讲求实效的原则。在接待来访者时，要采取最有利于解决问题的形式。例如在帮助联系主管领导或相关部门时，要简捷、快速，如接待人员自己可以接待、回答问题，也要简洁、明了，合情合理合法地给予解答。有外宾或上级机关领导同志来访，要坚持不铺张浪费、少花钱、多办事的原则，不搞花架子。

三、内宾接待工作

所谓内宾，是指上级单位或兄弟单位前来检查视察、参观访问、业务洽谈的来访者。内宾接待应做好以下几项工作：

(一)了解来宾情况，做好接待准备

接受任务后，应先了解来宾的人数、姓名、性别、身份、来访目的、抵达日期以及所乘车、船、飞机的班次等。根据以上情况，安排好来宾的食宿、接客人员和车辆。

(二)安排好来宾的活动和日程安排

来宾抵达后，在详细了解来宾意图的基础上，商定全部活动和日程安排，落实陪同人员和车辆，并尽快与有关单位、部门联系，以保证全部活动的顺利进行。

(三)安排来宾顺利返回

根据日程安排和来宾的要求，预订好返程车船票或机票，并安排好送客人员和车辆。

四、外事接待工作

(一)外事接待工作的原则

外事接待，政策性强，必须按照国家有关外事接待的方针政策、工作部署和统一的外事口径开展工作，并接受当地外事部门的指导和统一管理。在外事接待中，凡属应该请示、报告和没有把握的问题，都应请示外事部门，不能自作主张，自行其是。

外事接待工作的原则是：

1. 在坚决维护国家主权和利益，维护民族尊严的前提下，发展同各国的经济文化交流和友好往来，不做任何有损国格和民族尊严的事。

2. 坚持我国在国际交往中不论国家大小一律平等相待的

原则,尊重各国的风俗习惯,不把我国的生活习俗强加于人。

3. 坚持内外有别的原则。凡属机密事项,未经有关领导部门批准,不得在对外交往中泄露。

4. 活动安排要有针对性,注重实效,生活安排应力求周到。

总之外事接待工作要做到:既坚持原则,严守纪律,平等相待;又热情友好,文明礼貌,不卑不亢。

(二)外事接待工作的程序

外事接待工作有简有繁,但大致包括以下几点:

1. 接待准备

接到任务后,要详细了解外宾情况,包括外宾的人数、国别、性别、年龄、身份和来访目的,要适当了解外宾所在国的政治、经济和文化习俗,拟好接待计划,做好各方面的联系和准备工作,包括食宿、接送车辆及迎接的领导人,以及外宾的参观、访问和业务洽谈的日程安排。

2. 接待实施过程

首先是迎接客人。要根据客人的职务、身份,安排适当的领导人前去迎接,车辆也需与来宾的身份相符合。其次是由接待负责人与外宾商定访问安排。一般均需安排主要领导会见和宴请,会见的程序和宴会的席次也需事先拟定。主人可根据国家规定,根据不同对象赠送礼品或纪念品。要确保外宾的人身安全,切实做好安全保卫工作。外宾离境时,需安排人员和车辆送客。

(三)总结

客人送走后,接待部门应核算经费,并写出接待工作小结,以利于今后的工作。

第四节 印信管理

一、印信的作用

所谓印信，即印章和介绍信。它们是代表印信所有者的机关、单位或部门的具有权威性的信物。

印章，又称图章，秘书部门管理的印章一般有两种：一种是机关单位的公章，一种是主管领导人因工作需要刻制的个人签名章或图章。机关、单位的印章，代表该机关、单位的正式署名，所以通常要求刻制单位的全称；单位领导人的签名章、图章，一般为某项公务专用。如单位的银行支票，除盖有机关、单位的公章外，还得加盖主管领导人的签名章。这种签名章，不代表个人，而代表主管领导人的身份。

机关、单位的印章是机关、单位权力的象征和职能的标志，具有一定的权威性，这种权威性来自机关、单位及其领导人的法定性。各级各类国家机关都是按有关的组织法和编制法建制的，社会团体和企事业单位业经注册登记也具有法定地位；领导人都是经过法定程序产生的，担任一定的职务，具有某种权威。而印章就是机关、单位及领导人的职责权限的象征。一份文件，一经盖上机关、单位或单位领导人的印章，就表示已经受到该机关、单位的认可并正式生效。

介绍信是以本单位的名义向对方单位介绍前去联系工作的人员的身份和任务的专用信函。介绍信一般有两种形式，一种是在单位信笺上写上大致固定格式的文字，签上本单位全称并盖上公章，这种介绍信多用于某些临时性的需要给予一定说明的事项。最常见的是另一种用铅字印刷的联单式介绍信，文字和形式固定，通常姓名、人数、身份和联系事项需临时填写，使用时必须加盖单位公章。

二、印信的制发

印章的制发是一件十分严肃的事，国家有特定的规定。1955年国务院曾颁发《关于国家机关印章的规定》，1979年又颁发了《国务院关于国家行政机关和企业、事业单位印章的规定》，此后又有一些补充规定。根据资料，在此将印章制发的规定摘要如下：

1. 国家行政机关和国营企业、事业单位的印章，一律为圆形。

2. 省、自治区、直辖市所属各委、办、厅(局)、行政公署，以及设置的主管专门业务的领导小组或办公室等机构的印章，直径是四点五厘米的圆形，质料为铜质，中央刊五角星，五角星外刊机构名称，自左而右环行，由省、自治区、直辖市人民政府制发。

3. 自治州、县、自治县、市、市辖区人民政府的印章，直径是四点五厘米的圆形，质料为铜质，中央刊国徽，国徽外刊机关名称，自左而右环行，由省、自治区、直辖市人民政府制发。

4. 乡镇人民政府和市区街道办事处的印章，直径是四点二厘米的圆形，质料为塑料质，中央刊五角星，五角星外刊机关名称，分别由自治州、县、自治县、市、市辖区人民政府制发。

5. 各级国家行政机关所属的工作单位以及国有的工厂、矿山、农场、公司、商店、学校、医院等企事业单位的印章，一律是直径四点二厘米的圆形，质料为塑料质，中央刊五角星，五角星外刊单位名称，自左而右环行、或者名称的前段自左而右环行，后段自左而右横行，分别由各级国家行政机关制发。

6. 印章所刊名称，应为本机关单位的法定名称。省、自治区、直辖市所属各委、办、厅(局)、行政公署以及设置的领导小组或办公室等，冠省、自治区、直辖市的名称。自治州、县、自治县、市人民政府的印章，不冠省、自治区、直辖市的名称。市辖区、乡、镇人民政府和市区街道办事处的印章，分别冠市、县、自治县或市区的名称。印章所刊名称字数过多，不易刻印清晰时，可以适当采用通用的简称。

7. 印章的印文一律使用宋体字和国务院公布实行的简化字。民族自治地方的自治机关印章，还应将汉文和当地通用的少数民族文字并列。

8. 负责制发印章的机关对于印章的刻制，必须根据保守国家机密的原则进行严密的监督，承担刻制机关、企事业单位印章的工厂或刻字社，须取得行政机关的委托书和公安部门的准许，方能刻制。

单位印章具有法定权威性，严禁伪造印章或使用伪造印章，违者将受到法律的惩处。

介绍信的印制相对简单些，一般文字和格式自拟，须持单位证明去印刷厂印制。

三、印信的使用和保管

印章在正式颁发启用前，应备文通知有关单位。为了防止伪造，要作印模留底并报上级主管机关备案。

印章一般应由指定的秘书人员统一保管使用。按照保密规定，保管者不得委托他人代盖印章，更不得自己随意带出办公室，或交他人拿走使用。保管印章的地方应装配坚固的锁，有条件的机关、单位，最好放在保险柜里，随用随取随锁。

盖章要严格按规定的制度办事，原则上，盖机关、单位的印章，应由机关、单位负责人审核批准；盖部门的印章，应由部门负责人审核批准。但属一般日常具体事务的盖章，可依照惯例，授权印章管理人员掌管。各级办公室都应备有用印登记册，主要登记用印时间，用印的部门或个人，用印的事由，用印的数量，用印批准人，用印经手人，监印人等。登记册要妥善保存，以便日后核查。

用印必须清楚、端正，公文盖印要盖在单位署名的中间，不可压住正文。介绍信通常盖两次印，一次盖在正文与存根的连接线正中，各占半颗印；另一次盖在单位署名上，盖印时，握法要标准，印泥（油）要适度，用力要均匀，落印要平稳，使字形清晰以求庄重、美观和有效性。

介绍信的管理和使用也要建立严格的管理和使用制度，介绍信应指定专人掌管。开介绍信须经主管领导批准。介绍信要严格按规定内容填写，存根和正文应保持一致。字迹要端正、清晰，不得随意涂改，用印要规范。要注意填写有效期，做到一事一信，或到一个单位填写一张介绍信。严禁开空白介绍信，以防遗失或被人窃取利用。

第五节　行政事务管理

所谓行政事务管理工作，是指办公室管辖的机关、单位的后勤工作，它包括机关、单位的工作场所环境管理、干部职工的生活管理以及机关、单位全部财产的管理。行政事务管理工作范围广，事务杂，但又是绝对不可缺少的。在有些机关、单位，这些工作专门有一个部门来负责，如国务院、省、自治区和省辖市的办公厅（室），专门设置机关事务管理局（处），许多大专院校，则设立总务处，也有些单位设立行政科。但一般机关、单位是在办公室中指定专人负责此项工作。

行政事务管理主要包括环境管理、生活管理、财物管理。

一、环境管理

环境管理可分为内环境管理和外环境管理。内环境管理是指围墙之内的环境管理，又可以分为室内和露天两部分。外环境管理指机关、单位的大门、围墙及周边环境的管理。从横向看，环境管理又可分为环境美化和安全保卫两个方面。环境管理是精神文明建设的一部分，好的环境管理不仅能促进工作人员的身心健康和工作效率，还是全体工作人员精神面貌的反映。

二、生活管理

生活管理包括宿舍管理、食堂管理、车辆管理、医务室管理和浴室、理发室，托儿所管理等。这类事务中的很大一部分，将逐步实行社会化管理，使机关、单位不致成为一个小而全的社会。但是，由于历史的原因，目前许多这类事务还得由机关、单位的秘书部门来管理或解决。由于这些事务直接涉及干部职工的生活，直接影响到他们的工作积极性，因此，秘书部门应本着工作第一、为群众服务的原则，尽力而为，量力而行，尽量把工作做好，把事务管好，以利于广大干部职工全身心地投入工作。

三、财物管理

任何机关、单位，都有一定的固定资产，也都有财务收支方面的事务，秘书部门一定要建立和健全物资设备的管理和使用制度，减少不必要的损坏，尽量延长使用期。严格财经纪律，严格遵守国家的有关规定，厉行节约，反对浪费。

第十六章　办公自动化

进入21世纪以来，以电子信息为特征的现代高新技术已全面进入我国各级办公领域，由此带来了办公方式的根本性变革。对秘书工作来说，要适应快速发展的形势，提高工作效率和服务质量，当好领导的参谋助手，一个重要途径就是充分利用办公自动化技术。这就要求秘书人员应注重学习，掌握办公自动化的技术。

第一节　办公自动化的涵义与意义

一、办公自动化的涵义

（一）什么是OA

办公自动化也称办公室自动化，其英文名称为 Office Automation，简称为OA。这是自动化的一个分支，由美国通用汽车公司D·S哈德于1956年首创。这是一门综合性很强的学科。国内外对办公自动化所下的定义各有所异。一般认为：办公自动化是以先进的科学为理论基础、行为科学为主导，综合运用信息技术，包括微电子技术、自动化技术、计算机技术和通信技术等完成各种办公业务，充分有效利用信息资源，以提高生产效率、工作效率和工作质量,使办公工作更规范、科学、合理、有效。

办公自动化主要有三大特点:

1. 在使用手段上,办公自动化综合运用了现代计算机和通信等高新技术,涉及行政管理、电子、文秘、机械和物理等多个领域,本身是一门综合性的技术。

2. 在服务对象上,办公自动化的服务对象是办公活动,信息处理是整个办公活动中的主要业务特征。

3. 办公自动化最终目的是提高办公质量和办公效率,促使办公工作规范化、制度化,提高办公人员决策质量,为决策提供全面服务。

在办公室工作中,OA 是指采用诸如传真机、复印机、文字处理机、多媒体、计算机等一系列的现代化办公设备,并利用现代通讯手段,把各地的设备联系起来,用于文字处理、文件传递、电子邮件、图像传递、资料查询和经济、社会模拟等,是更全面、广泛、迅速地收集整理,加工传输使用信息技术的一门学问。

办公自动化是随着计算机技术的发展和系统科学、行为科学、网络通信技术等有关学科的发展而逐步发展完善起来的。

(二)OA 发展的四个阶段

美国是办公自动化的发源地。其办公自动化发展大致经历了四个阶段,这四个阶段也代表了世界办公自动化发展的历史。

第一阶段是 20 世纪 50 年代到 70 年代中期。它是以单机应用为中心,主要进行单项数据的处理;设备有文字处理机(Word Processor)、复印机(Photocopier)、传真机(Facsimile machine 简称 Fax)等。这一阶段主要在办公程序的一些个别环节实现自动化。

第二阶段是 20 世纪 70 年代中期到 80 年代中期。在计算机技术应用的基础上,逐步建立了计算机局部网络系统。即把办公室的办公设备连成办公自动化网络系统,应用了一些综合技术,如自动交换机与文字语言系统等,使办公自动化通过声音发展到文字、数据、图像,增加了自动化的信息存储、检索和数据处理等内容。这一阶段计算机技术应用占重要地位。

第三阶段是 20 世纪 80 年代中期到 90 年代中期。办公室管理由局部网络向跨学院、跨地区、跨国界的联机系统发展,建立了许多企业间或地区间庞大的计算机网络。采用了更多综合设备,如多功能工作站、电子邮件、综合数据通讯网等,从而实现办公室业务综合管理的自动化。这一阶段计算机网络和通信技术被广泛应用,进一步完善了计算机通信体系,建立起了全球范围的信息高速公路。

第四阶段是 20 世纪 90 年代中期以后。办公自动化向更高、更广、更深的方向发展。这一阶段有三方面特点:一是集成化。开发出包括文字、声音、图像、数据等信息管理的办公信息处理以及通讯的综合系统。二是智能化。将办公信息的收集、形成、管理、处理等工作与人工智能结合,成为面向高层领导及管理的智能化的辅助决策、计划、控制、管理的办公自动化系统。三是将办公自动化(OA)与信息管理系统(Management Information System 简称 MIS)结合,组成统一的更大范围的管理系统。

面对世界新技术革命及社会信息化的挑战,我国自 20 世纪 80 年代中期起,掀起了办公自动化的热潮,从中央到地方的各级政府部门率先引入办公自动化技术,以此提高政府的办公效率、办公质量及决策的科学化水平。我国办公自动化发展可以划分为三个阶段:

1. 第一阶段:20 世纪 80 年代初期至 80 年代中期

这个阶段主要在典型试点的基础上开发某些办公自动化系统，探求中国发展办公自动化的模式，制定我国办公自动化的发展规划，采用一些单一功能的办公自动化设备，实现单项业务的自动化。

2．第二阶段:20 世纪 80 年代中期至 90 年代初期

在全国范围内开展办公自动化试点，建立一批能体现我国最高水平的国家一级办公自动化系统，如国务院办公厅办公自动化系统。在引进国外先进的办公自动化设备的同时，国内办公自动化设备生产企业初具规模，产品质量和生产能力大大提高，同时对全国通信网络着手进行大规模改造，办公自动化的标准工作也取得很大进展。

3．第三阶段:20 世纪 90 年代以来

从中央到地方，全国市级以上的机关和大中型企事业单位都不同程度地实现了办公自动化。如上海市人民政府的办公系统，使用超级小型机建成通信网络，使用局域网连接多台微机构成整个系统，在办公事务方面开发了文字处理、行文管理、文档管理、办公日程管理、轻印刷、电子邮件系统、机关事务处理等软件包，办公效益显著提高。又如，当前我国正在进行的“三金”工程(即“金卡”、“金关”和“金桥”)，其主要结果之一就是发展办公自动化。“金卡”工程让人们不必带现金就可上街购物，外出旅行，受付、转账等都可以使用电子货币，实现了无现金交易，从而加快了企业的资金周转，提高了经济效益，促进了金融业、商业与国际接轨。“金关”工程将实现电子数据交换，免去各种烦琐表格的重复填写，而完全由计算机连网处理，实现无纸贸易。“金桥”工程是金卡、金关以及其他一切“金”字工程(如金企工程、金税工程等)的基础，是指建设国家信息化社会的基础设施(Infrastructure)，即建设国家公用经济信息网，作为国家“中速

的信息国道”。换句话说,“金桥”工程的实施将为我国发展办公自动化事业奠定坚实的物质基础。

(三)OA 系统三要素

办公自动化系统是通过计算机网络把一个组织管理所需的空间和时间构成一个整体,从而提高办公效率,避免损耗,改善工作环境,建立一个有效信息一体化系统。

办公自动化系统涉及六方面内容:其一是人。即办公室的工作人员,包括领导决策人员、专业管理人员和文秘辅助人员。他们必须具备现代化的思想和现代化的技术和业务技能。其二是信息。因为办公室工作主要内容就是信息处理。秘书的调研督查、撰拟文稿、筹办会议、接待来访、文书档案等工作均是一种对信息的采集、存储、加工、传输等的过程。办公自动化的功能就是能优化信息,从而最有效、最充分、最迅速地利用一切有价值的信息。其三是各种先进的办公用具、设备以及管理方式及工作程序等。目前,以电子计算机为中心形成的信息处理系统,正是办公自动化的标志。比如复印机、计算机、传真机、可视电话等。其四是办公机构,这是构建办公自动化系统的要素之一,办公机构切忌重复设置,人浮于事。其五是办公制度,建立一套科学、规范、合理的办公规章制度,有助于办公自动化的深入推进。其六是办公环境,包括物质的和抽象的、内部的和外部的。物质环境包括办公楼的地理分布和周边环境。抽象环境指办公系统与其管辖的各种实体间的制约影响等。

(四)OA 发展趋向

办公自动化的发展方向可以用四个“I”来概括:第一就是信息服务(Information Service),即可向用户提供社会政治、经济、法律、军事、文化、体育等方面的信息。第二就是人机对话(Interaction and Interface),即指人发出命令,机器执行,并得出反馈信息；人们可以根据反馈信息再作反应。第三就是智能化(Intelligence)，即在各种设备中应用微电子技术和计算机技术，使这种设备成为智能机器，即人工智能。第四就是集成化(Integration)指大规模和超大规模集成电路的应用。在办公自动化系统中，把计算机、传真机、文字处理机和通信设备等有机结合在一个产品中。

(五)OA办公室模拟

办公自动化后，一个本来充斥着档案柜、文件匣，到处塞着表格和办公用品的办公室又会是什么样子呢？

所有的文件、档案的存储将被输入一张小小的塑料软盘上。需要使用时，可以把内容按文件指令调出，然后随时通过连接的打印机打印出来。如需要修改，那么在显示屏上就可以直接进行。此时屏幕取代了纸，键盘取代了笔，自然，打印机更替代了昔日烦琐的抄写和复写工作。秘书不必几易其稿，领导也不必用红蓝色几番批改，一切均可在电脑上直接操作。昔日办公室缺了人就停止了运转，如今即使人去楼空，多功能电话机不仅会录下对方的电话内容，而且可以在显示屏上显示电话内容并提醒主人。建立局部网络后，为文件的传送、发放提供了捷径。只要在网络工作站上发一条命令，所有该收文的部门均可以准确快速地收到所有文本。如果有些数据在自己办公室找不到，那么可以通过网络到共享数据库中马上找到。总之，一切将变了个样，秘书将会有更多的时间担当领导人的参谋，更好地实现“三服务”、“四个转变”的目标。

二、实现办公自动化的意义

前面我们已描述了办公自动化的美景。具体而言，实现办公自动化具有以下几个方面的重要意义。

(一)提高办公效率和办公质量

秘书部门的工作纷繁复杂、大大小小的事务不计其数。一个秘书每天有一大半的时间是在打字、抄写、接电话当中度过的。比如传统的一篇文稿从起草到最后定稿,往往要经历几上几下反复多次修改誊清的过程。相反,如在文字处理机上进行,那么文稿的修改可以无数次地任意进行,最后打印出来的稿件总是非常规范,美观又清晰。据计算,手写一篇稿件同文字处理机打出来一篇稿件的时间约有 10 倍之差,即秘书可以节省 80%~90%的时间,可以提高 1~10 倍的工作效率。同时,也可以大大提高工作质量。同时,通过办公自动化处理办公室工作,自然差错也更少。

美国有一种只有火柴盒大小的信息库。据说可以贮进一座藏书 100 万册、每册有 20 万字的大型图书馆的全部资料。目前,我国的一些具体部门尤其是档案系统,需要收集管理的资料极其丰富,人们往往为查阅一份资料得泡在档案室一整天,可能仍查不到所需材料。如现在的档案室和图书馆的资料均能贮藏在一个信息库中,那么不仅可以节省许许多多劳动力,更可以提高整个工作运转的效率和质量。

现在我们经常看到或听到的电话会议,其实也是办公自动化的运用。现代化的通讯设备可以支持召开远程会议,一些远在他方的人不仅可以及时了解到信息,而且还可以节省许多赴会的费用。既节省开支,又能迅速解决问题,缩短信息传递、反馈的时间,提高工作效率。

总而言之,实现办公自动化,打破了以往靠两只手、一支笔办事的传统办公方式,不仅节省了秘书的时间,提高了办公的效率,有利于办公室实行更有效的科学化管理,秘书可以有更多的时间辅助领导决策,从根本上提高秘书工作的质量。

(二)促进办公室管理的全面改革

实现办公自动化的意义不仅在于一般的提高工作效率和提高工作质量,而且还在于管理系统上的空间、信息资源和人力资源的合理利用和开发。具体表现在以下几个方面:

首先,实行办公自动化可以促进管理的科学化。如本来一个需1小时方能安排好的会议通过电子日程表和电子备忘录在2~3分钟内就可以完成。至于会议改期或撤销等指令也随时可以发出,并能提醒人们注意所列事项,等等。这样可以使办公室的管理人员从大量的事务性工作中解放出来,集中更多的精力考虑研究办公室工作的核心内容。

其次,实现办公自动化可以合理地、更有效地享用信息资源。比如以往一些古老的资料因为查询等的不方便,以至于终年束之高阁,很难发挥应有作用。光盘缩微技术的应用,使人们收集、查询、利用信息的速度将成倍成倍地加快,信息资源将得到更好的合理利用。同时,运用现代化的设备还可以对信息进行去芜存精、合理存储和再加工,使信息发挥最大的作用。

其三,实现办公自动化可以促进秘书人员素质的提高,而且是一种从心理素质、知识结构到业务操作能力的全面提高。一些作风懒散、知识水平低、文化涵养浅薄的秘书将被淘汰,具有全新智能结构的秘书将越来越受欢迎,从而更好地改进办公室系统的工作风气。一种秩序井然,高雅、文明的全新办公环境将焕发出崭新的魅力。

其四,实现办公自动化会大大节省办公费用。由于现代化通讯设备的充分利用,人们可以快速地收到有价值的信息,信息就是金钱。抓住信息就可以为企业或公司带来种种经济利益。比如,电话会议系统显然可以节省许多差旅费用,带来明显的经济效益。又如,实现办公自动化后,部门的人员编制可以大大削减,从而节省大笔的工资福利开支。

第二节　办公自动化的功能与设备

一、办公自动化的主要功能

不同行业的办公自动化其功能也不相同。一般而言,工矿企业办公自动化技术比较复杂一些,机关、事业单位相对简单一些。作为办公室的秘书人员,不可能精通全部的技术和设备,但大致应了解与秘书工作相关的办公自动化系统的主要功能。

(一)文字、文件及数据处理功能

1. 文字处理功能

运用办公自动化系统,可以在计算机或网络终端的屏幕上迅速处理各种文件、资料,包括输入、编辑、排版、复制、打印、存储等。运用计算机,使用应用软件,可以对资料进行增删修改,组成新文件;还可以根据需要确定文件的输出格式,并能打印输出具有固定格式的文件,如信息、通知、请示、申请等。20 世纪 70 年代末,就出现了像 Wordstar 文字处理软件,之后又有了 Word perfect、Microsoft word、WPS 等,1998 年美国 Microsoft 公司推出 Windows 98,后又有不断升级版软件问世,有 Window2000,Window Me、XP 等,文字处理软件的功能越来越完善。

2. 信息查询功能

办公自动化系统能高效率、大容量地登记、分类、储存、检查各种信息资料,并通过网络达到共享,还可以对一些非合同用户或其他无权检索人进行信息加密加锁,从而安全保密地向特定用户提供文字、数据、图表资料服务。

3. 数据处理功能

数据处理主要是通过计算机的应用来完成。它先将大量信息以数据形式存入计算机的存储器中，并根据需要对数据进行修改、删除、增加和查询，可广泛应用于如企业的库存管理、报表统计、账目记算、财务管理、情报检索等。

（二）图像、声音处理功能

1. 图像处理功能

这里指的是图形和图像两大类。照片和统计图等是办公事务中常用的图形和图像。图形和图像可以容纳大量的信息，人眼阅读图形和图像所表达的信息速度是阅读文字的许多倍。图形和图像处理包括图形图像的输入、储存、处理、识别、传送和输出。

图形和图像的处理功能，一是利用计算机存储处理的数据，组成简明的图表，使复杂冗长的数字报表，成为直观、形象的图形展示在人们眼前。二是把光学字符阅读器纳入办公自动化系统，从而可以直接读到各种手写或打印的资料，然后对其进行处理。

2. 语音处理功能

语音是语言的声音表达。语音处理功能包括语音合成系统和语音识别系统。语音合成易将存在计算机内的文字信息转换成人们能听懂的自然语音信号；语音识别则是计算机识别、合成和存储，使计算机能听懂并执行声音命令，并与自动电话联系，实现电话的自动拨号、自动接话、自动记录、自动广播等。

（三）行政管理与决策支持功能

1. 行政管理功能

办公自动化系统能编制日程安排，制定工作计划，制定经费预算，处理财务账目，从而能达到最佳的利用人力、财力和物力，最有效地利用空间和时间，提高行政管理效率。

在重要的首脑机关，办公自动化系统还具有实现辨识身份，检测危险品，防范袭击骚扰，保卫重要场所等自动化功能。

2. 决策支持功能

决策支持功能是办公自动化系统是否成熟的标志。决策支持系统是辅助决策而不是取代决策。它主要是用数据处理和模型处理的方式来寻找最佳的解决问题的方法和模式。

决策支持是从数据库、管理科学、人工智能、电子通讯、系统工程学等基础上发展起来的。办公自动化的目的是使全部信息处理都实现自动化，产生一种对领导决策的"决策支持功能"。

(四)网络通信功能

网络通信技术是 OA 领域的关键技术之一。传统的通信方式只是信函、电报、电话等。而 OA 系统采用的现代化通信技术包括：分组交换数据通信，交互式可视数据；图文电视智能用户电报、图文传真、电子邮件、可视电话，交互式的 webTV、视频会议等。

网络通信功能，首先可以使办公人员共享各种集中保管的资料文件等。秘书在办公室内便可与各地联系，直接索取资料或传送资料。其次，可以使各地区、企业、部门之间相互传递文件、资料、声音、图像等。

二、办公自动化的主要设备

一个比较完善的办公自动化系统，其设备种类主要有文字处理设备、信息传输设备、信息存储设备、图形图像处理设备、会议支持设备和邮件处理设备等。其中最常见常用的设备包括电脑文字处理机、复印机、扫描仪、传真机、多功能电话机、缩微胶片系统、光盘、信件开封机、封口机、折叠机、打孔机、碎纸机、电话电视会议系统等。对一个秘书人员而言，对这些设备均应掌握和使用。下面,选择一些重点设备加以介绍。

(一)电脑文字处理机

这是办公室工作中经常使用的文字处理设备。“四通”、“长城”便是一种电脑文字处理机,其内部表盘与微机基本相同,是功能比较单一的专门进行文字处理的专门化微机。一般由主机、键盘、显示器、打印机和磁盘驱动器组成。汉字输入方式,可以用汉语拼音、五笔字型、代码等多种汉字输入法。除输入汉字外,还具有同时输入多种外文的功能,能显示存储输入的文件,具有较强的编辑功能和多种公文字体和多种版面设计和制表功能,可直接在普通纸、复写纸和蜡纸上打字。这种文字处理机大大优于机械中外文打字机,能快速提高办公效率,优化办公质量。

(二)扫描仪

扫描仪是文字和图片输入的主要设备之一,它能通过有关的软件把文字和图片信息扫描输入计算机,然后,对这些信息进行识别、编辑、显示和打印等处理。

Microtk 公司在 1984 年推出了世界上第一台黑白扫描仪,1989 年,又推出了世界上第一台彩色扫描仪。

扫描仪的主要性能指标包括分辨率、色彩位数、扫描速度、幅面大小等。扫描仪的配套软件是扫描仪产品不可分割的一部分,在很大程度上关系到扫描仪使用的方便性和可靠性。配套中文软件包括中文驱动软件和中文扫描软件。一些扫描仪还配有字符识别(OCR)软件,图像文档管理系统和图像扫描处理软件。

（三）复印机

复印机是由微电脑控制的，采用静电方式复制文字、图表等的现代化办公机器，有热敏式、静电式和激光复印机等几种类型。静电复印机是最为普通的一种。

复印机的优点：一是可以在不损耗原件的前提下，准确迅速地任意复制多份；二是可根据需要对原件进行相同或放大、缩小复制。有的复印机还具有多种颜色复印和对原件进行缩放的功能。复印机的复印速度每分钟 8 至 50 页不等。目前，一种更先进的智能激光复印机具有记忆功能和编辑功能，可进行双面复印和自动局部复印或局部抹除等。

目前常用的复印机有日本佳能（CANON）和理光（RICOH）以及上海施乐等。

（四）传真机

传真指利用电话网在机关、企事业单位或个人用户之间进行传真通讯。它比电传优越之处在于实现真迹传递，即图表、文书、信息等能迅速呈现于对方面前。传真机是最常见的非计算机化的图形系统，是一种远距离的图像复制机。它能将文件复制品完全准确地传送到任何距离，既有电话的速度又具有办公室内复印机的复印功能。传真机一般用公用电话线，并同电话机连接和接通，只要发送装置和接收装置兼容，图像就能传送和接收，甚至可以在国际范围内传递。用户还可使用传真机进行文稿的复制。

传真电报与电传相比，其主要优点是，输入端的材料无须打印，而且复杂和详尽的材料均可以完全准确地一模一样发送出去，并且传真机比电传机快 50 多倍。佳能（CANON FAX－450）传真机就是传真机的一种。

(五)多功能电话机

多功能电话机属于办公自动化网络通讯设备之一。多功能电话机种类很多,有传像电话、电话应答等。

传像电话是电话机和小型交互式电视的结合,使两人打电话时能相互看到对方。

电话应答系统可以使办公室人员免除对一些简单问题作答,也称电话记录器或电话应答机。它可以在秘书不在时,用电话应答机接电话,并能录下对方的电话内容,还可以向对方提出问题,然后记录下对方的回答。接收到的电话内容则可由录音机录下来写在留言纸上。

(六)缩微胶片

缩微胶片属于信息存储设备。它是利用缩微技术,把文件、档案和资料拍摄成缩微胶卷或胶片,用来存储信息。在一张148毫米×105毫米的全息缩微胶片上,可以记录3000个缩微点。每个缩微点可摄入《人民日报》一版的内容。一张全息缩微胶片可以容纳一年《人民日报》的全部内容。

(七)信封启口机

信封启口机有两种:一种靠压杆操纵;另一种是自动启信机,用力或电力操纵。自动启信机使用方法是将信封放入机内,用传送带一一送到切割部位。信封的上沿切掉后,自动退出机器,掉到接收箱内。自动启信机一般用于处理数量较多的信件。

(八)信封封口机

信封封口机可湿润封口上的胶水,封好信封口。信封可自动送入封口机,使用封口机可将大量信封封口,而且封得很牢。

(九)信件折叠机

如有大量信函、发票、声明、价目表等待发邮件需要及时折叠,可使用信件折叠机。

信件折叠机通常是自动的,可自动将信件送入、折叠好,并堆放整齐。只需调整标尺上的一个旋纽,就可以改变折叠的部位,将信件单折或双折。折好的信件会自动弹出,经一活动的传动系统,按严格的顺序堆积好。该机还可以在需要撕掉一部分的函件上打出一条可撕的孔来,还可以用轮式切刀切掉信件的多余部分。

(十)电子计算机

电子计算机又称电脑,不需人的介入,电脑便可以高速地按照计算程序进行运算,它有处理复杂信息的能力。在装备有电子计算机的办公室里,工作人员在他们的办公桌上装有视频终端显示器与计算机和办公室内外的其他终端显示器相连接。信息可以从一个终端显示器传到另一个终端显示器,存储在记忆库里,通过他们的终端机也可以将某一信息从记忆库中提取出来。

(十一)会议支持设备

会议支持设备主要包括电话会议系统,电视会议系统和大屏幕投影会议系统等三个服务系统。其主要设备有与计算机联网的微型计算机、图形显示器、大屏幕投影仪以及电话和录音设备等。会前,可通过计算机将会议的议题、主要内容等有关资料显示在屏幕上,会议期间可随时通过计算机调阅所需要的资料或数据显示在屏幕上,会议形成的决议,输入计算机,在屏幕上显示,以供参加会议者审阅。

(十二)图形图像处理设备

图形扫描仪与电子计算机连接,可以直接将图形输入到计算机内,实现图形的存储、编辑和传递。一套完整的图像输入设备包括微处理机、摄像机、录像机、高分辨率图形显示器、大容量存储器和图形打字机等。

第三节　秘书工作与办公自动化

办公自动化是当今办公室的一场新技术革命。这场革命以其特有的高科技、新思维冲击着每一个办公室的工作人员。而秘书工作的工作内容和工作特性均决定了秘书惟有面对挑战，迎头赶上，方能适应时代的需要，适应现代办公室管理的要求。那么，现代秘书应如何适应办公自动化的要求呢？

一、改变传统观念

当今世界已进入了一个以微电子技术、遗传工程、新型建筑材料和能源开发为中心的技术飞速发展的时代。办公自动化就是其中的一个具体表现。一支笔、一张纸、一部电话机的传统工作方式，已全然满足不了高速发展的办公室工作的需要。秘书工作者如要更好地适应时代的需要，只有彻底改变落后的传统观念和工作方式，以信息观念、时间观念、效率观念和竞争观念武装自己。

二、发扬不断进取的精神

新时代秘书必须具有不断进取的思想。要努力培养自己对新知识、新技术的兴趣，不断吸取新知识的营养，并把学到的知识更好地运用于工作实践中。在工作中，努力发挥工作的创新性，不仅做好领导工作的助手，更要成为领导工作的好参谋，用与时俱进的理念武器自己的行动。

三、训练办公自动化的操作能力

秘书不仅要在理论上懂得办公自动化技术的原理及功能，更要在工作实践中学会熟练使用和操作。要勤学苦练，掌握办公自动化常用设备的具体操作，研究办公自动化的系统功能。利用自己熟悉行业工作规律和特点的优势，学会加工信息，编制程序，创造性地为办公室工作提供快速优质的服务。

附：

浙江省高等教育自学考试《秘书学概论》自学考试大纲

(一)本课程的目的要求

秘书学是研究秘书工作规律的学科。本课程的基本内容，包括了秘书学原理与秘书工作实务两个方面。通过自学，了解秘书学的研究对象、性质与体系，掌握秘书的职能、主体特征、智能结构及组织体系等方面的基本知识，深刻理解秘书工作的指导思想和秘书工作改革的指导方针，并掌握秘书工作实务的基本业务知识。

(二)必读教材

《秘书理论与实务》，朱传忠、叶明主编，浙江大学出版社

(三)自学考试的内容范围

第一章　秘书学概述

秘书学是一门研究秘书工作规律的学科。

秘书，是一种职务名称，指处于枢纽地位，主要以办文、办会、办事来辅助决策并服务于领导的人员，是领导的参谋和助手。

秘书工作，是指协助领导决策与管理所进行的各项辅助性工作。这就是秘书学的研究对象和研究范围。

秘书学的体系由秘书工作理论、秘书工作历史和秘书工作业务三部分组成。

从学科性质看，秘书学是兼有理论性和应用性，并以应用性

为主的学科。

第二章　秘书工作的起源与发展

一、中国古代秘书工作

秘书机构、秘书工作、秘书人员是与阶级、国家、文字相伴而生的。

秘书工作产生的标志是公务文书和秘书人员。

在国家形成以前的部落联盟时期,公务文书已经出现,秘书工作已经发轫。

“秘书”概念内涵的变异,经历从物到人的变迁。

我国秘书工作起源于部落联盟的昌盛时期,即黄帝至舜时期,距今约4100～4500年之间,到了商周时期,秘书工作已经在国家治理中占有十分重要的地位。

中国各个朝代秘书工作的特点。

二、中国近代秘书工作

晚清政府颁布《内阁属官官制》。在中国历史上首次设置名副其实的秘书工作机构。

辛亥革命后,南京临时政府在总统府下设秘书处。

三、中国现代秘书工作

国民党时期对秘书工作的改革与建设。

中国共产党秘书工作的创建与演变。

新中国成立后秘书工作发展的三个阶段。

四、国外秘书工作

西方秘书工作产生、发展与演变。

列宁对无产阶级秘书工作所作的贡献。

美国、日本、苏联和联合国秘书工作的现状。

第三章　秘书机构

一、秘书机构的设置

广义与狭义的秘书机构。

秘书机构设置的特点。

秘书机构设置的原则。

二、秘书机构的地位与职能

秘书机构是整个机关、单位的枢纽。

秘书机构具有参谋助手职能、综合协调职能和督促检查职能。

三、秘书群体结构的优化

秘书群体的优化,强调梯形的年龄结构、多元的知识结构、互补的智能结构、协调的气质结构。

第四章　秘书工作

一、秘书工作的特性

秘书工作的特性主要有辅助性、政治性与综合性。

辅助性主要体现在地位的从属性与工作的被动性两个方面。

政治性体现在阶级性、政策性和机要性三个方面。

综合性表现在秘书部门的综合办事性质上。

二、秘书工作的任务

秘书工作的任务，就是掌管文书，辅助决策，综合服务，一般包括十项具体任务。

三、秘书工作的基本要求

在新的历史下，对秘书工作的基本要求是高效、求实、创新。

四、秘书工作的改革与发展

1985年，党中央提出了新时期秘书工作的指导思想，即做好“三服务”，同时在秘书工作的工作方式和工作方法上要求做到“四个转变”。

做好“三服务”的关键，是坚持邓小平理论和党的基本路线。

“四个转变”的实质，是加强秘书部门的参谋职能，发挥参谋作用。它为秘书工作实行科学化管理指明了方向，体现了秘书工作发展的必然趋势。

从80年代中期开始，我国的秘书工作正逐步向制度化、规范化、科学化迈进。

第五章　秘书人员

一、秘书的类型

以秘书的服务对象来划分，可分为公务秘书与私人秘书。以工作职责来划分，主要有机要秘书、行政秘书、文字秘书、信访秘书、事物秘书、外事秘书等。以秘书担任的职务层次划分，可分为从秘书长到科员等几个等级。以能力类型划分，可分为参谋型、秀才型、公关型和办事型等类型。

二、秘书的政治素养

秘书人员的政治素养有坚定正确的政治方向、强烈的事业心、较高的理论政策水平和实事求是的思想作风。

三、秘书的智能结构

智能结构即知识和能力的综合反映，知识包括基础知识、专业知识和相关知识，能力包括表达能力、调研能力、交际能力、办事能力和操作能力等。

四、秘书的心理素质

秘书人员需要良好的心理素质，包括坚毅的意志、随和的性格、广泛的兴趣和善于自我控制的情感。

五、秘书的职业道德

秘书人员在职业道德上应做到忠于职守、廉洁奉公、团结合作、严守机密和文明礼貌。

六、秘书的人际关系

处理好人际关系对秘书来讲特别重要。人际关系具有个体性、情感性和对应性的特点。正确认识秘书人际关系特征的意义。

秘书处理人际关系的几种方法。

第六章　调查研究

调研研究的涵义。

一、调查研究的基本原则

客观性、实践性、群众性和综合性,是调查研究的基本原则。

二、调查研究的基本类型

调查研究的基本类型,按照调查对象的范围、调查时间、调查内容、调查方式来划分,主要有全面调查和非全面调查,经常性调查、一次性调查和跟踪调查,综合调查和专项调查,直接调查和间接调查。而其中最常见的是普遍调查、专项调查、典型调查、抽样调查和民意调查。

三、调查研究的程序

调查研究大体上可分为三个阶段,即准备阶段、实施阶段和完成阶段。

四、调查研究的方法

调查的方法，主要有文献调查法、实地观察法、访问调查法、问卷调查法和实验调查法。研究的方法主要有逻辑方法和系统方法。逻辑方法包括比较法、分类法、归纳法、演绎法、分析法和综合法。系统方法具有整体性、最优化和模型化三个最基本的原则。

五、调研报告

调研报告的类型，从内容上讲，有综合性调研报告和专题性调研报告，从目的上讲，有应用性调研报告和学术性调研报告。

调研报告的基本格式，主要由标题、前言、主体、结尾四部分构成。

调研报告的写作，要注意主题的确定、材料的取舍、提纲的拟定和语言的运用。

第七章　信息工作

一、信息与信息工作

信息、信息工作的涵义。

秘书与信息工作。秘书部门的信息工作，主要为辅助领导决策咨询、办文办事、管理事务提供各种信息。

信息的特点是，客观性、新颖性、时效性、可储存性、可扩充性、可传递性和可共享性。

信息的分类，按人的感知方式分，按运动状态分，按信息内容分，按信息形式分，按信息载体分，按信息范围分，可分成直接信息与间接信息，动态信息和静态信息，社会信息和非社会信息，内储信息和物化信息，语言信息和非语言信息，微观信息和宏观信息。

信息工作在社会中具有越来越重要的地位与作用。信息工作在秘书工作中也具有越来越重要的地位与作用。

二、信息工作的特点

及时、准确、全面地提供信息是信息工作的第一要素；突出重点，提高质量，适用对路；搞好超前服务，为决策提供有价值的依据；扬长避短，发挥优势，抓住特色；喜忧兼报，抓问题信息。

三、信息工作的原则

实事求是原则，时效性原则，主动性原则，整体性原则，内部性原则。

四、信息工作的内容

加强信息网络建设，做好信息的采集和筛选，加强信息的整体开发和综合利用。

五、信息工作的要求

信息开发要“求真”，信息编写要“求实”，信息选材要“求是”，信息把关要“求严”。

第八章　公务协调

一、协调的涵义与意义

协调的涵义。

协调的意义。

协调者的素质要求。

二、协调工作的原则

从属原则，依法原则，调查研究原则，平等协商原则，分级负责原则。

三、协调工作的内容

秘书工作部门的协调主要有政策协调、关系协调、事务协调。

四、协调工作的方法与艺术

协调工作的四个步骤。协调工作的六种方式。

协调工作的艺术主要指：一、要把握政策、原则与灵活、感情之间的“度”；二、要善于掌握时机；三、要讲究语言艺术。

第九章　督促检查

一、督查的涵义与意义

督查的涵义与历史沿革。督查工作的地位与意义。秘书部门督查工作的特点。

二、督查工作的原则

实事求是,突出重点,分流承办,注重时效,科学有序。

三、督查工作的内容

督促检查的主要工作,一是决策督查,二是专项查办,三是督查调研,四是督查的组织协调。

四、督查工作的方法

督促检查的工作方法主要有:跟踪督查法,督查调研法,举一反三法,典型推动法。

第十章　公文办理

一、公文撰拟

公文的涵义。通用公文,专用公文,公务常用文。

公文撰拟的特点:写作动机的制约性,写作思维的抽象性,写作体式的规范性,写作受体的确指性。

公文撰拟的原则,包括政策性原则,准确性原则,针对性原则,时效性原则。

二、行文规则

行文关系和行文方式。上行文、平行文、下行文。逐级行文,多级行文,越级行文,直达行文。

行文规则:按照隶属关系行文;按照职权范围行文;党政系

统分开行文;一般应当逐级行文。主送与抄送应准确得当。

三、公文处理程序与基本要求

收文处理程序。

发文处理程序。

公文处理的基本要求:及时、准确、安全、统一。

四、公文的立卷归档

公文立卷的意义。

公文立卷的基本原则。

公文立卷归档的范围和程序。

公文立卷的方法。

第十一章　档案管理

一、档案的属性和作用

档案的涵义。

档案的属性:原始记录性,信息性,知识性,实用性。

档案的作用:凭证作用,参考作用。

二、档案工作的基本原则

集中统一地管理国家全部档案。

维护档案的完整与安全。

便于党和国家各项工作的利用。

三、档案工作的内容

档案工作的内容，从具体业务上说，有档案的收集、整理、鉴定、保管、统计、检索、提供利用和编研等八项工作，统称八个环节。

四、档案的开发利用与档案工作的现代化管理

档案开发利用在档案工作中的地位。

档案开发利用工作的要求。

档案工作的现代化管理。

第十二章　会议组织

一、会议的构成、类型和作用

会议的概念。

会议的构成要素，包括形式要素、内容要素与程序要素。

按会议规模、会议性质、会议内容划分的各种会议类型。

会议的性质。

会议的作用：决策指挥作用，组织协调作用，动员教育作用，信息交流作用。

二、会务工作的内容与要求

会务工作的内容包括会前的准备工作、会间的组织调度工作及会后的整理服务工作。

会务工作的基本要求是：充分准备，严密组织，热情服务，确保安全。

三、会议的控制与效率

严格控制会议，提高会议质量。

讲究会议的效率，加强会议成本的核算。

四、会见与会谈

会见与会谈的涵义与意义。

会见会谈的工作程序。

五、常见仪典筹划与组织

节日仪典的筹划。

开幕式的筹划。

第十三章　信访述要

一、信访工作的涵义、性质与特点

信访工作的涵义。

信访工作六要素。

信访工作的性质。

信访工作的特点：高度的政策性、广泛的监督性、综合的服务性。

二、信访工作的原则

坚持实事求是；以政策和法律为准绳；分级负责，归口办理；注重思想教育和疏导；就地解决信访问题；件件有着落，事事有结果。

三、信访工作的任务与作用

信访工作的基本任务。

常见的信访工作形式。

信访工作的作用:联系群众作用,民主监督作用,信息反馈作用。安定团结作用。

四、办理信访工作的程序和要求

处理来信的程序和要求。

接待来访人员的程序和要求。

信访办理规划。

第十四章 保密工作

一、保密工作的重要意义

保密工作的涵义。

保密工作的意义:是党和国家整体工作的一个重要组成部分;是保持国家政治稳定、社会稳定的重要保障;是保卫和促进改革开放和社会主义现代化建设的重要手段。

二、保密工作的特点和指导思想

保密工作具有政治性、群众性、封闭性和相对性的特点。

三、保密工作的方针与内容

新时期保密工作的方针是:保守国家秘密的工作,实行积极防范、突出重点、既确保国家秘密又便利各项工作的方针。

《保密法》对国家秘密的范围和密级作了具体规定，这种规定对搞好国家的保密工作具有十分重要的意义。

保密工作的内容，就是紧紧围绕着保守国家秘密的总目标，积极进行国家保密法规的宣传和贯彻，加强保密检查，发展和应用保密技术，以及对泄密案件的认真严肃的查处。

四、秘书工作与保密

秘书部门和秘书工作人员保密工作的特点，一是知密多，二是知密早，所以，秘书部门和秘书工作人员被列为保密工作的重点。

秘书部门的保密重点，包括口头保密、公文保密、会议保密和通讯与办公自动化设备使用过程中的保密四个方面。

第十五章　日常事务

一、日常事务管理的基本要求

秘书部门与秘书人员要圆满完成日常事务管理工作，必须做到“三个坚持”，即坚持为人民服务的根本宗旨，坚持按政策原则办事，坚持勤俭办一切事业。

二、值班事务

值班工作的重要意义，首先表现在它是机关、单位的形象代表，同时，它又是机关、单位的信息及时传递的可靠保证。

值班工作的任务，主要有信息沟通、承办领导交办事项、负责工作接待、处理急文和突发事件及承担本部门、本单位的一些基础性服务工作。

值班工作制度包括岗位责任制度、填写值班日志制度、交接班制度、保密制度和请示报告制度。

三、接待事务

接待工作是机关、单位对外联系与交流的枢纽，秘书人员在接待工作中，既是领导的缓冲带，又是该机关单位的代表，对开展工作和业务都有很重要的意义。

接待工作的原则包括诚恳热情、注重礼仪、热心助人、讲求实效等四方面。接待工作要注意内外宾的区别。

四、印信管理

印信是一个机关、单位具有权威性的信物，在管理上要十分重视。

印信的管理包括印信的制发、使用和保管，必须严格按照规定执行。

五、行政事务管理

行政事务管理主要包括环境管理、生活管理和财物管理等三个方面，是机关单位的后勤工作。

第十六章　办公自动化

一、办公自动化的涵义与意义

办公自动化是计算机技术、现代通讯技术、系统科学和行为科学应用于办公室事务工作，使办公室管理更有效、更合理。办公自动化至今已经历了四个阶段。办公自动化涉及三个方面的内容,即人、信息和各种先进的办公用具、设备以及管理方式及工作程序。

办公自动化的发展方向是:信息服务、人机对话、办公智能化和集成化。

实现办公自动化的意义在于:第一,提高办公效率和办公质量;第二,促进办公室管理的全面改革。

二、办公自动化的功能与设备

办公自动化的主要功能有文字、文件及数据处理功能,图像、声音处理功能,行政管理与决策支持功能,网络通信功能。

办公自动化的主要设备有文字处理设备、信息传输设备、信息存储设备、图形图像处理设备、会议支持设备和邮件处理设备等。

三、秘书工作与办公自动化

办公自动化对秘书工作有极大的促进作用。现代秘书只有改变传统观念,发扬不断进取精神和训练提高自己在办公自动化方面的操作能力,才能适应现代办公室管理的要求。

修 订 后 记

《秘书理论与实务》系浙江省高等教育自学考试文秘专业秘书学课程的指定教材,除用作自考教材外,也深受高等院校秘书专业师生及广大秘书工作者喜爱。该书出版至今已整整十年了,发行已逾八万册。秘书学的研究与实践日新月异,为适应新形势的需要,本书的作者们进行了认真的讨论,并对全书作了全面修订。

本书由浙江大学人文学院教师和中共浙江省委办公厅的同志共同编写、修订。朱传忠、叶明对全书作了统稿、修改和审定。

本书编写分工如下:

朱传忠(浙江大学)　第一、三、四、十章

程梦祥(浙江省委办公厅)　第七、九章

陈一新(浙江省委办公厅)　第六章

朱方洲(浙江省委办公厅)　第八章

何春晖(浙江大学)　第五、十二、十六章

陈建新(浙江大学)　第十三、十四、十五章

徐国良(浙江大学)　第十一章

傅定华(浙江省级机关业余大学)　第二章

本书的编写得到了浙江省高等教育自学考试办公室,浙江省委办公厅秘书一处、秘书二处、调研写作处、信息督查处、保密

办、信访局及浙江大学出版社的积极支持，浙江大学出版社钟仲南编审为全书修订出谋划策，在此一并表示诚挚的谢意。

本书在编写和修订过程中，吸收了近年来秘书学研究的成果，参阅了一些有关论著、教材及秘书杂志中的文章，谨向有关作者致以谢忱。

编著者

2005 年 2 月

图书在版编目(CIP)数据

秘书理论与实务 / 朱传忠，叶明主编. —2 版. —杭州：浙江大学出版社，2005.3（2011.12 重印）
ISBN 978-7-308-02360-3

Ⅰ.秘… Ⅱ.①朱…②叶… Ⅲ.秘书学 Ⅳ.C931.46

中国版本图书馆 CIP 数据核字(2005)第 011708 号

秘书理论与实务
朱传忠　叶　明　主编

责任编辑　葛　娟
出版发行　浙江大学出版社
（杭州市天目山路 148 号　邮政编码 310007）
（网址：http://www.zjupress.com）
排　　版　浙江时代出版服务有限公司
印　　刷　浙江省良渚印刷厂
开　　本　850mm×1168mm　1/32
印　　张　11
字　　数　257 千字
版 印 次　2005 年 3 月第 2 版　2011 年 12 月第 23 次印刷
书　　号　ISBN 978-7-308-02360-3
定　　价　15.00 元

浙江大学出版社发行部邮购电话　(0571)88925591